Das goldene Buch
und der Orden der Akasha

MAIN Verlag

Printausgabe, erschienen 2019
1. Auflage

ISBN: 978-3-95949-310-9

www.main-verlag.de
www.facebook.com/MAIN.Verlag
order@main-verlag.de

Umschlaggestaltung: © Marta Jakubowska, MAIN Verlag
Umschlagmotiv: © shutterstock 314078741 / 110828579 / 518706793 / 392530561

Druck: Eisermann Media GmbH

Bibliografische Information der Deutschen Nationalbibliothek:
Die Deutsche Nationalbibliothek verzeichnet diese Publikation in der Deutschen Nationalbibliografie; detaillierte bibliografische Daten sind im Internet über http://dnb.d-nb.de abrufbar.

Mary Bathory

Das goldene Buch
und der Orden der Akasha

Queer

1

Emilio

Emilio verließ den Flughafen. Kaum war er im Freien, umfing ihn die wärmende Sonne, ein schwacher Wind wehte ihm einen fremden, angenehmen Duft in die Nase. Die ersten Palmen waren zu sehen und hießen ihn willkommen. Er setzte sich die Sonnenbrille auf und rollte seinen Koffer hinter sich her. Dann folgte er dem Mann, der seinen »privaten Transfer« übernehmen sollte. Emilio unterdrückte ein Kopfschütteln. Das war die Idee seines Bruders gewesen, der hatte es amüsant gefunden, ihn als Special Guest einzutragen – seine Freundin arbeitete im Reisebüro. Ein Privattransfer bedeutete offenbar nichts anderes als ein stinknormales Taxi. Der Fahrer lud seinen Koffer ein und sie fuhren los. Ein Gespräch war nicht notwendig, denn der Mann wusste, zu welchem Hotel er fahren musste. Abgesehen davon konnte er ausschließlich Griechisch.

Emilio störte sich nicht daran. Er kurbelte das Fenster herunter, um den Hitzestau im Auto abzumildern, und betrachtete die vorbeiziehende Landschaft, während einheimische Musik aus dem Radio trällerte. Es war schön hier, gab er zu. Die Gebäude waren ganz anders als zu Hause. Genau wie die Luft, das Wetter … warum überraschte ihn das?

Vielleicht, weil er noch nie zuvor in ein anderes Land gefahren war. Das Größte, was er gemacht hatte, waren Zugreisen innerhalb Österreichs und Deutschlands gewesen. Freiwillig hätte er diese Reise nicht angetreten, aber er hatte zu viele offene Urlaubstage und er wurde dazu verdonnert, diese jetzt endlich zu nehmen. Er arbeitete mit Versicherungen, was gut passte, da ihm Sicherheit sehr wichtig war. Deshalb hatte er sich auch etwas zusammengespart, denn mit einem finanziellen Polster fühlte er sich wohler. Wäre es nach ihm gegangen, wäre er wieder mit dem Zug gefahren oder hätte sogar zu Hause weitergearbeitet, doch das hatte sein Bruder diesmal nicht zugelassen.

Flieg nach Kreta!, hatte er gesagt. *Ich kenn da ein tolles Hotel. Du wirst es lieben!*

Eine Widerrede war zwecklos gewesen, da Henri den Urlaub bereits gebucht hatte. Dank seiner superflinken Freundin hatte er dafür weniger als eine Stunde benötigt.

Im Augenblick konnte er ihm nicht böse sein. Möglicherweise tat es ihm ja tatsächlich gut, eine Woche lang am Strand zu liegen und sich zu entspannen.

Wenn er nur wüsste, wie das ging. Ununterbrochen dachte er an die Reisespesen und an seine Arbeit.

Es dauerte nicht lange und sie erreichten das Hotel. Sein Koffer wurde ihm bis in die Eingangshalle getragen, obwohl er zu verstehen gab, dass dies nicht nötig wäre. Das Foyer war hell, glatte, graue Steinfliesen bildeten ein elegantes Muster auf dem Boden und weiße Marmorsäulen wanden sich bis an die hohe Decke. An der Rezeption stand eine junge, dunkelhaarige Dame. Emilio grüßte sie freundlich und nannte seinen Namen.

Sie lächelte, nickte und begann an ihrem Computer zu tippen, während sie in erstaunlich akzentfreiem Deutsch verlangte: »Ihren Pass, bitte!«

Emilio zog ihn aus seinem Handgepäck und überreichte ihn. Sie blinzelte und tippte weiter an ihrem Computer herum, diesmal mit gerunzelter Stirn, bis sie schließlich stoppte und ihn ansah.

»Einen Moment, bitte!«, bat sie und verschwand.

Ob das normal war? Kurz darauf kehrte sie mit einem jungen Herrn im Anzug zurück. Dessen Haltung war sehr gerade und er wirkte, als würde er großen Wert auf Perfektion legen, zumindest was seine Frisur betraf. Auch er hieß ihn willkommen, bevor er auf den Computerbildschirm blickte. Er tat einen tiefen Atemzug, bedachte seine Angestellte mit einem mahnenden Blick und sprach auf Griechisch. Die Frau öffnete den Mund, um etwas zu erwidern, doch ihr Gegenüber wedelte mit der Hand, als wäre sie ein lästiges Insekt, das er verscheuchen wollte, woraufhin sie verschwand.

Erneut sah er Emilio an und schenkte ihm ein strahlendes Tausend-Watt-Lächeln.

»Es tut mir sehr leid für Ihre Unannehmlichkeiten«, begann er. »Marissa ist noch relativ neu hier und ich fürchte, sie hat Ihr Zimmer … nun ja … doppelt gebucht.«

Oh. Nervös wechselte Emilio das Standbein. »Das bedeutet?«

»Unser Hotel ist vollständig belegt.«

Oh Gott! Hieß das, er bekam nun gar kein Zimmer? Aber er hatte dafür bezahlt! Die konnten ihn nicht einfach wegschicken. Was, wenn sie nirgendwo Platz hatten? Es war heiß und seine Kleidung klebte an ihm wie ein feuchter Fetzen, was seine Ungeduld noch verstärkte.

»Deshalb bleibt uns nichts anderes übrig, als Ihnen unsere Suite anzubieten.«

Ah. Emilio kniff die Augen zusammen. »Die kostet mehr.«

Der Mann, dessen Namenschild verriet, dass er Sasha Nikita hieß, hob abwehrend die Hände. »Nein, natürlich müssen Sie nicht mehr bezahlen. Immerhin liegt der Fehler bei uns.«

Erleichtert senkte Emilio die Schultern ein Stück. Er hatte gar nicht bemerkt, sie angespannt zu haben.

»Sind Sie einverstanden?«

Mit einer Suite? »Klar, kein Problem.«

Auch Sasha schien beruhigt, überreichte ihm die Zimmerkarte und winkte dann einen Angestellten heran. »Ihr Gepäck wird nach oben gebracht. Rio zeigt Ihnen gleich den Weg.«

»Danke!«

Sie fuhren in den dritten Stock. Sobald er allein war, wusch er sich Hände und Gesicht und ließ sich etwas erschöpft von der Anreise aufs große Doppelbett fallen. Die Suite bestand aus zwei Zimmern und einer Schiebetür in der Mitte. Das Bad wirkte hygienisch und schlicht. Im zweiten Raum befanden sich eine Couch und ein kleiner Tisch.

Die Sonne ging langsam unter. Er ging auf den Balkon, wo ebenfalls mehrere Sitzgelegenheiten und ein kleiner, kreisrunder Tisch standen. Langsam ließ er seinen Blick schweifen. Die Anlage sah toll aus. Er hatte Ausblick auf einen großen Pool und jede Menge Liegestühle, weiter weg erkannte er ein zweites Wasserbecken, dahinter Palmen und schließlich das Meer.

Ihm fiel ein, dass er Henri Bescheid geben wollte, wenn er angekommen war, also nahm er sein Handy und schrieb eine Nachricht.

Es klopfte an der Tür. Unerwartet brachte ihm ein Angestellter eine kalte Platte mit Schinken, Käse, Butter und Brot.

»Eine Aufmerksamkeit des Hauses, da Sie unser Abendessen verpasst haben.«

»Oh, vielen Dank!«

Mehr als essen würde er heute ohnehin nicht mehr tun.

Als er die Augen aufschlug, hatte er ganz vergessen, dass er nicht zu Hause war. Sein Hirn benötigte einige Sekunden, um das Hotelzimmer zu erkennen. Die Sonne schien bereits und sein Magen knurrte, weshalb er sich hungrig auf die Suche nach dem Frühstückssaal begab. Er brauchte nicht lange, um ihn zu finden. Kaum angekommen, fragte er sich, ob das Wasser hier genießbar war, dann erinnerte er sich wieder daran, dass er sich vorher bereits über alles informiert hatte. Henri hatte ihn ausgelacht, als er gefragt hatte, ob er spezielle Impfungen benötigte.

Während er ein Brötchen auf seinen Teller schob, fiel sein Blick auf hauchdünne Pfannkuchen und Waffeln. Sie sahen köstlich aus, doch er musste widerstehen. Das Zeug war viel zu fett. Er ging nicht einmal die Woche ins Fitnessstudio, um das jetzt zu ruinieren.

Nachdem er sein Mahl, bestehend aus einer Tasse Kaffee und dem Brötchen – beendet hatte, kehrte er auf sein Zimmer zurück. Dort zog er sich um und nahm die dafür vorgesehenen Badetücher mit. In Badelatschen spazierte er den Pool entlang, in dessen Mitte sich eine Palme auf einer kleinen Plattform befand, und suchte einen freien Platz. Er cremte sich den Körper ein und begann das Buch zu lesen, von dem er geglaubt hatte, es würde ihn interessieren.

Zehn Minuten später wusste er, dass er sich getäuscht hatte. *Egal*, dachte er. Lag er eben genau wie die anderen wie ein toter Fisch am Pool und bräunte sich.

Einfach nur entspannen!

Er ließ sich in die Liege sinken und schloss die Augen, während die Sonne seine Haut wärmte. Ein schwacher Wind schenkte zwischenzeitlich Abkühlung. In der Ferne glaubte er das Meer rauschen zu hören, einmal summte irgendein Insekt vorbei. Leute unterhielten sich oder bestellten etwas an der kleinen Bar, die nicht weit entfernt stand. Vielleicht sollte er sich etwas holen? Nein! Zuerst relaxen und an nichts denken.

Ohne es zu wollen, kam ihm seine Arbeit in den Sinn, die Versicherungen und was er tun würde, wenn er wieder zu Hause war.

Denk an was anderes!

Ob Henri wirklich seine Topfpflanze gießen würde?

Denk an was anderes!

An Philippe und ob sein Neuer ihn besser küsste als er …

Oh Gott! Verflucht! Denk an was anderes! Immerhin ist es fast drei Jahre her!

Drei Jahre, in denen Emilio keine feste Beziehung mehr gehabt hatte. Und selten Sex. Da er sehr sicherheitsliebend war, wollte er eigentlich etwas

Festes. Leider musste er aber feststellen, dass es gar nicht so einfach war, jemanden zu finden, der das ebenfalls wollte. Möglicherweise lag es daran, dass er nicht ausging, im Fitnessstudio mit niemandem sprach und auch sonst nicht gern unter Menschen war. Er war nie ein Party-Tiger gewesen und heute war er es noch weniger.

Genervt stieß er die Luft aus. Ihm wurde zu heiß, also kühlte er sich im Pool ab, indem er ein paar Runden schwamm. Danach holte er sich einen Drink und ließ sich auf seiner Liege von der Sonne trocknen.

Wie spät es wohl war? Er hatte seine Uhr nicht dabei, deshalb sah er auf sein Handy. Es war noch nicht einmal Mittag. Außerdem hatte er einen Anruf von Henri verpasst, der ihm daraufhin geschrieben hatte.

Und wie geht's? Wie gefällt dir die Insel? Schon jemanden kennengelernt?

Emilio rollte mit den Augen und antwortete.

Die Insel ist sehr schön.

Erneut versuchte er zu genießen, dass er hier war, als sein Handy piepte.

Du kannst abends in die Stadt gehen. Heraklion ist mit dem Taxi nur fünfzehn Minuten entfernt.

Ein paar Minuten später hielt er es nicht mehr aus, nichts zu tun, und machte einen Spaziergang durch die Anlage. Er entdeckte den zweiten Pool und eine Bühne, die offensichtlich für Shows gedacht war. Auf dem Frühstückstisch hatte ein Flyer gelegen. Heute Abend fand wohl irgendeine Tanzshow statt. Eigentlich mochte Emilio so etwas nicht, aber was sollte er sonst hier eine Woche lang machen? Es gab außerdem ein Spa und ein Fitnessstudio. Letzteres wäre interessant gewesen, wenn es hier nicht so heiß gewesen wäre. Abgesehen vom normalen Essenssaal gab es noch drei weitere Restaurants – ein italienisches, ein griechisches und das Four Seasons.

Schließlich erreichte er den Strand. Das Rauschen der Wellen war für viele entspannend, doch ihn stressten die Leute hier. Zudem mochte er keinen Sand an den Füßen, also machte er kehrt und ging zurück zum Hotel. In der Eingangshalle angekommen beschloss er, auf einen Sprung in sein Zimmer zu gehen, sich dort fürs Mittagessen fertig zu machen.

Vor seiner Tür traf er auf eine Griechin – der Kleidung nach zu urteilen gehörte sie zu den Reinigungskräften.

»Hallo!«, grüßte er freundlich.

Sie erwiderte den Gruß oder etwas Ähnliches in ihrer Muttersprache und wechselte dann etwas holprig ins Deutsche. »Sie wirken unzufrieden, falls ich das anmerken darf«, sagte sie.

Das sah man ihm an? Das hatte er nicht beabsichtigt. »Nein, es ist eine schöne Anlage. Wieso sollte ich unzufrieden sein?«

»Sie könnten sich an der Rezeption über weiteres Unterhaltungsprogramm informieren«, riet sie mit einem Lächeln, wandte sich ab und trug ein paar Handtücher weg.

Emilio tat, weswegen er gekommen war, und beschloss danach zur Rezeption zu gehen. Vielleicht hatte die Dame ja recht?!

»Kann ich Ihnen helfen?«, fragte jemand, kaum dass er den Eingangsbereich betreten hatte.

Emilio fuhr herum. Hinter ihm stand der Rezeptionist von gestern. »Ähm.« Verlegen räusperte er sich. »Gibt es hier irgendein besonderes … Entertainment?«

Sasha hob eine Augenbraue und zählte die Dinge auf, die Emilio bereits selbst herausgefunden hatte.

Man merkte ihm seine Langeweile wohl an, denn Sasha Nikita ergänzte: »Natürlich können Sie auch eine Tour machen.«

Emilio horchte auf. »Was genau macht man da?«

Sasha deutete auf einen Tisch in der Ecke, an dem eine Frau mit Brille saß. Vor ihr lagen jede Menge Prospekte.

»Die Reiseorganisatorin wird Ihnen diesbezüglich Auskunft geben.«

Alles klar. Also ließ er sich über die verschiedenen Tagesausflüge informieren. Er sah die Angebote durch. Normalerweise war er nicht sehr kulturinteressiert, aber er war erst seit zwei Tagen unterwegs und er langweilte sich bereits. Keine Ahnung, wie all die anderen das machten, er war nicht dafür geschaffen, nur ein fauler Urlauber zu sein.

Die Höhle von Psychro klang recht interessant. Der Ausflug fand morgen statt, die Abreise per Bus war bereits um sieben Uhr dreißig, Rückkehr am frühen Abend. Er meldete sich an. Immerhin wusste er so wenigstens, was er am nächsten Tag tun würde.

Beim Mittagessen ließ er sich Zeit, rief danach seinen Bruder für ein kurzes Gespräch zurück und ging anschließend doch ins Fitnessstudio. Dann duschen und etwas später zum Abendessen. Nachdem er alles für den Ausflug hergerichtet hatte, schlief er vor dem Fernseher ein.

Der Ausflug wurde anstrengender als gedacht, denn als er endlich den Bus verlassen durfte, lag ein kleiner, steiler Wanderweg vor ihm. Die Ablenkung von seinen Grübeleien an die Arbeit tat ihm allerdings ganz gut, denn so dachte er an nichts und setzte nur einen Fuß vor den anderen. Die Hitze tat ihr Übriges. Er schwitzte und schnaubte und bereute, so viel in seinen Rucksack gepackt zu haben. Aber er war nun mal ein vorsorglicher Typ und der Ausflug ging den ganzen Tag, da wollte er gewisse Dinge dabeihaben. Die konnte er wohl kaum alle in seine Hosentasche stecken. Handy, Geld, zwei Wasserflaschen, Taschentücher. Die Jacke bereute er allerdings. Er hätte sich die Wettervorhersage ansehen sollen. Henri hatte ihm zum Glück verboten, einen Regenschirm mitzunehmen, dieser wäre völlig unnütz gewesen. Selbst wenn es zu regnen beginnen sollte, was angesichts des klaren blauen Himmels nicht passieren würde, so hätte er eine Abkühlung willkommen geheißen.

Nach einer gefühlten Ewigkeit hielt die Reisegruppe an. Emilio schnaufte, eigentlich hätte er sich für besser in Form gehalten. So konnte man sich täuschen. Gierig nahm er einen Schluck aus seiner Wasserflasche, während die Reiseleiterin etwas über Zeus faselte. Zugegeben, er interessierte sich nicht dafür, was sie erzählte, war allerdings ein wenig neugierig auf das Innere der Grotte.

Schon am Eingang der Höhle kam ihm frische Luft entgegen, die er sehr genoss. Er nahm seine Kappe ab und fuhr sich durch die kurzen, braunen Haare, bevor er sie wieder aufsetzte. Am Rande seines Blickfeldes glaubte er zu sehen, wie sich etwas im Schatten bewegte. Mit der Sonnenbrille war es im Inneren zu dunkel, also nahm er sie ab und folgte der Gruppe die eisernen Stufen hinunter. Die Wände wurden von bunten Spots erleuchtet. An der Decke erkannte er Stalaktiten. Er betrachtete sie beim Weitergehen genauer. Wie konnte so etwas nur entstehen? Das war …

Sein rechter Fuß erwischte die nächste Stufe nicht. Er stieß gegen etwas oder jemanden, verlor den Halt und schaffte es auszurutschen. Das Gewicht seines Rucksacks tat sein Übriges und er kippte nach vorne. Im Fallen versuchte er noch das Geländer zu erwischen. Oder irgendetwas. Doch die anderen Leute wichen erschrocken zurück und so kugelte er ungehindert die Stufen hinunter. Aus einem Reflex heraus versuchte er seinen Kopf zu schützen, was ihm nicht ganz gelang. Das Metall der Stufen stieß gegen diverse Stellen an seinem Körper, bis er schließlich unten ankam, wo sein Hinterkopf hart auf dem Steinboden aufschlug.

War das sein eigenes Stöhnen? Gerade dachte er, dass er einige Prellungen von diesem Sturz davongetragen hatte, da wurde es dunkel um ihn. Mühsam blinzelte er und kämpfte dagegen an, das Bewusstsein zu verlieren.

Die schockierte Menge stand um ihn herum, eine besorgte Reiseleiterin versuchte seinen Kopf zu stützen.

»Oh mein Gott«, sagte sie. »Ist alles in Ordnung?«

Er fühlte, wie jemand seinen Kopf abtastete und bemerkte, dass ein Sanitäter ihn untersuchte. Es musste einer sein, denn auf seinem Hemd war ein rotes Kreuz gestickt.

»Tut das weh?«, wurde er gefragt.

Er zuckte zusammen. »Etwas. Eigentlich tut's überall etwas weh.«

»Ich kann keine offene Wunde finden«, sagte der Mann.

Langsam setzte Emilio sich auf. Alles drehte sich und kleine Sternchen tanzten vor seinen Augen. Als sie verschwanden, bewegte er sich vorsichtig. Etwas in seinem Rücken knackte, danach fühlte es sich besser an. Unwillkürlich musste er daran denken, wie er als Kind einmal von einem Baum gefallen war. Es war nur ein kleiner Baum gewesen und das hohe Gras hatte ihn aufgefangen, seitdem war er allerdings nicht mehr hinaufgeklettert. Das eben tat genauso weh. Ihm wurde ein Mineralwasser gereicht, was ihn aus der Erinnerung riss. Er sah auf das Etikett der Flasche, überprüfte das Datum und ob sie verschlossen war, erst danach trank er.

»Möchten Sie ins Krankenhaus?«, fragte der Sanitäter. Hier schienen alle sehr gut Deutsch zu können. Lag vielleicht daran, dass die meisten Gäste in diesem Land deutschsprachig waren.

Emilio schüttelte den Kopf, was er sofort bereute, trotzdem blieb er stark. Er wollte nicht ins Krankenhaus und dieses ganze Theater in einem fremden Land. Und die Kosten!

»Bin nur etwas ungeschickt gewesen, alles okay!«

Der Helfer und die Leiterin halfen ihm hoch. Da fiel ihm etwas ein.

»Wo ist mein Rucksack?«

»Ich habe ihn zur Seite gelegt, er ist Ihnen von der Schulter gerutscht. Hier!«

Emilio entdeckte ihn an die Wand des Gewölbes gelehnt. Etwas wackelig, aber zielstrebig ging er darauf zu und hob ihn hoch. War der schon immer so schwer gewesen?

»Nein, bitte!«, sagte der Sanitäter. »Ich trage ihn.«

Dann deutete er auf die Stufen. Die Tour war für ihn offenbar hier zu Ende.

Zurück im Hotel zeigte sich Sasha Nikita bestürzt über die Ereignisse, man könnte meinen, sie beträfen ihn.

»Die Sicherheit unserer Gäste hat für uns oberste Priorität«, stellte er klar. »Was Ihnen widerfahren ist, ist unverzeihlich.«

»Ach was, ich war eben etwas tollpatschig.«

Sasha schüttelte den Kopf. »Wenn Sie sich doch entschließen, ins Krankenhaus zu fahren …«

»Nein«, stellte Emilio klar. Ihm ging es schon viel besser, obwohl alles schmerzte. »Ein paar blaue Flecken stecke ich weg und schwindelig ist mir auch nicht. Essen und Schlaf, das brauche ich jetzt!«

Letztendlich willigte Sasha ein. »Na schön«, sagte er. »Falls Sie Ihre Meinung ändern, ich bin jederzeit für Sie da. Und sollten Sie sonst noch etwas benötigen …«

»Danke.«

»Bedauerlicherweise können wir Ihnen Ihr Geld nicht zurückerstatten …«

»Natürlich nicht.«

»… aber wir schenken Ihnen als Entschädigung vier Tage Aufenthalt in unserem Hotel, wann immer Sie möchten.«

Wie bitte? Echt? »Wirklich?«

»Selbstverständlich! Sie sind unser Special Guest.«

Ah, da lag der Hund begraben. Weil er unter Special Guest eingetragen war, dachten die wohl, er wäre jemand mit Geld und Einfluss und natürlich wollten sie keine schlechte Kritik bekommen.

Emilio sagte einfach nur »Danke!« und konnte endlich auf sein Zimmer gehen.

Das Erste, was er dort machte, war duschen. All den Schweiß und Dreck wegzuwaschen tat gut. Dabei untersuchte er sich selbst auch auf mögliche Wunden. Am Knie hatte er eine kleine Abschürfung, zum Glück war er gegen Tetanus geimpft. Hie und da waren wie erwartet ein paar blaue Flecken zu sehen, die in den nächsten Tagen ihre Farbe wechseln würden. Nicht gerade optimal, wenn man in der Badehose herumspazierte.

Nur mit einem Handtuch bekleidet verließ er das Badezimmer und marschierte zum Bett, auf dem sein Rucksack lag. Kurzerhand beschloss er, ihn später auszuräumen und erst einmal ein kleines Nickerchen zu machen. Das Einschlafen ging erstaunlich schnell, denn als ein Klopfen ihn weckte, war die Sonne erneut dabei, unterzugehen. Emilio war gar nicht mal so überrascht, dass ihm ein Abendessen aufs Zimmer gebracht wurde.

»Wir wünschen gute Erholung!«, sagte der Angestellte.

Etwas peinlich berührt, weil er noch nicht richtig angezogen war, bedankte Emilio sich und schloss die Tür.

Als sein Magen knurrte, bemerkte er, wie hungrig er war, er hatte das Mittagessen ja verschlafen. Also zog er sich an und begann zu essen. Dann ging er auf den Balkon und lauschte. Es war viel ruhiger als am Tag, weniger Leute waren zu sehen. Kleine Gruppen spazierten Richtung Theaterbühne. Emilio war viel zu aufgewühlt, um nur daran zu denken, dort hinzugehen.

Sein Handy klingelte und er nahm den Anruf entgegen.

»Hallo?«

»Hey, wie geht's?«

Henri. Wer sonst?

»Fantastisch.«

»Ich hab dir schon oft gesagt, Sarkasmus hast du nicht drauf. Also, was ist passiert?«

Emilio überlegte kurz. Sollte er ihm von dem Vorfall erzählen? Oder würde er sich zu viele Sorgen machen? Andererseits … er hatte nie etwas vor seinen Bruder geheim halten können.

»Ich hab einen Tagesausflug gemacht, wo man eine Wanderung macht, um eine Grotte zu besichtigen.«

»Wieso? Du hast ja einen Pool? Und Drinks. Und so!«

»Mir war langweilig«, gab er zu. »Ich hab nur an meinen Job gedacht. Und an Philippe.«

»Der ist doch Schnee von vorvorgestern«, erwiderte Henri. »Und wie hat dir dein Ausflug gefallen?«

Emilio biss sich auf die Lippe. »Ich bin die Stufen runtergefallen und musste frühzeitig zum Hotel gebracht werden.«

Schweigen.

»Ist das dein Ernst?«

»Ja.«

»Bist du okay?«

»Denke ja.«

Henri begann zu lachen, was Emilio etwas verärgerte.

»Das erinnert mich an damals, als du auf den Mini-Baum geklettert bist.«

»Haha«, machte Emilio lustlos.

»Schon gut, schon gut.« Henri beruhigte sich wieder. »Aber du bist selbst schuld, was machst du bei dreißig Grad auf einem Berg?«

»In einer Grotte«, korrigierte Emilio.

»Wie auch immer. Weißt du, was du jetzt tust?«

»Nein.«

»Du wirst die nächsten Tage nur machen, was ich dir sage. Du relaxt auf deinem Liegestuhl, genießt das leckere Essen, nimmst einen Drink, gehst abends in die Stadt und findest dort einen hübschen Griechen. Okay?«

Niemals. »Ja, Sir.«

»Melde dich morgen!«

Nachdem sie das Telefonat beendet hatten, kam in Emilio ein Gefühl von Leere auf. War er depressiv? Nein. Dafür gab es keinen Grund. Immerhin war er finanziell abgesichert, hatte einen guten Job, eine Familie, die ihn liebte – seinen Bruder und seine Mutter.

Und er war so langweilig, dass sein Freund ihn vor fast drei Jahren verlassen hatte. Einfach so. Noch am selben Tag, als er ihn …

Er schluckte. Der Kloß in seinem Hals ging nicht weg, seine Hände schwitzten.

Vielleicht war es Zeit für einen Drink? Mit diesen Gedanken im Kopf würde er ohnehin nicht einschlafen können. Die abendlichen Temperaturen waren mild und es gab tatsächlich eine kleine Bar im Freien, die geöffnet hatte, für alle, die die Show nicht mit ansahen oder anschließend herkamen. Der Barkeeper erklärte, dass er bei gutem Wetter täglich bis elf Uhr bediente. Nachdem Emilio etwas Alkoholisches bestellt hatte, setzte er sich. Der erste Schluck brannte in seiner Kehle, doch er fühlte sich besser. Er war kein Mensch, der das oft tat. Betrunken zu sein hatte er noch nie leiden können, andererseits war er im Urlaub und ein Glas würde ihn nicht umbringen.

»Schöner Abend, nicht?«

Die Stimme war direkt neben ihm. Ein Mann saß links von ihm und sah ihn an. Er trug ein weißes Hemd, seine blonden Haare waren ordentlich mit Gel nach hinten fixiert und bewegten sich nur leicht im Wind. Ein Blick aus blauen Augen durchdrang ihn. Der Fremde lächelte.

»Ich wollte Sie nicht stören, Sie wirkten etwas … gehetzt?«

Emilio war ein wenig irritiert, hatte er doch nicht erwartet, hier einen attraktiven Mann zu treffen, geschweige denn einfach so von einem angesprochen zu werden. »Na ja«, erwiderte er leicht verlegen. »Ich bin ein Workaholic und tu mich etwas schwer in Urlaubsstimmung zu kommen.«

Sein Gegenüber nickte. »Das verstehe ich. Sie möchten in eine bessere Position, dort wo Sie arbeiten, und geben sich deshalb Mühe?«

Emilio runzelte die Stirn. »Nein, eigentlich bin ich mit meiner jetzigen Position sehr zufrieden.«

»Dann steht einem Urlaub nichts im Wege.«

Unsicher lachte er kurz auf. »Da haben Sie recht.« Er hob sein Glas und prostete ihm zu. »Sie sehen ebenfalls wie ein Geschäftsmann aus. Im positiven Sinne natürlich.«

Jetzt war es der Fremde, der lachte. Es war ein angenehmer, dunkler Klang. »Ja, ich hänge sehr an meiner Arbeit.« Langsam beugte er sich näher und flüsterte: »Aber ich weiß auch, wann man sich vergnügen kann.«

Flirtete er mit ihm? Emilio war in dieser Hinsicht – laut seinem Bruder – schon immer etwas begriffsstutzig gewesen. Ein weiterer Schluck seines Getränks rann durch seine Kehle.

»Ja, zum Beispiel bei der Strandparty am Samstag«, mischte sich der Barkeeper ein und erntete einen Blick, der ihn verstummen ließ.

»Es ist schon recht spät und ich habe einen komplizierten Tag hinter mir«, erwiderte Emilio und erhob sich. »Vielleicht sehen wir uns morgen wieder?«

Kurz war das Gesicht des Fremden ausdruckslos, gleich darauf verzog er amüsiert seine Lippen. »Klar. Schlafen Sie gut!«

Er verabschiedete sich und kehrte auf sein Zimmer zurück. Was für ein verrückter Tag. Da er nicht besonders viel Alkohol vertrug, machte sich das eine Glas bemerkbar und brachte ihn dazu, vor sich hin zu summen. In seinem Zimmer wollte er sich am liebsten direkt schlafen legen, doch da fiel sein Blick auf seinen Rucksack, der unverändert auf dem Bett lag und auf ihn wartete. Zeit auszuräumen.

Er öffnete den Gurt, griff hinein und zog als Erstes seine unnötig mitgeschleppte Jacke heraus. Als Zweites ertastete er die Wasserflaschen. Irgendwie schien sein Rucksack immer noch voll zu sein.

Plötzlich stieß er auf etwas Hartes, Glattes. Es war groß. Was zur …?

Er zog das Etwas heraus und legte es aufs Bett.

Es war ein Buch.

Groß und schwer und aus … Gold?

Emilio fuhr sich übers Gesicht. Halluzinierte er? Er betrachtete das Buch genauer. Die Seiten waren dick und schienen miteinander verschweißt zu sein, öffnen konnte man es nicht. An der Vorderseite war eine Inschrift eingraviert.

Ohne nachzudenken, las er die ersten Zeilen laut vor. Ein kurzer Schwindel erfasste ihn, er war wohl nicht ganz fit. Wen wunderte es? Mit zittrigen Händen legte er das Buch beiseite und war überzeugt davon, dass es morgen verschwunden sein würde. Alles würde wieder normal sein. Er war lediglich müde, betrunken und brauchte wohl mehr Schlaf. Konsequent schaltete er das Licht aus und legte sich ins Bett.

2

Neuer Tag, neues Glück. Emilio erwachte mit leichten Kopfschmerzen, von denen er nicht wusste, ob er sie dem Sturz oder dem Drink zuschieben sollte. Schnurstracks marschierte er ins Bad, machte sich fertig und ging in den Frühstückssaal.

Heute würde er an überhaupt nichts denken! Das nahm er sich fest vor.

Entspann dich!

Sollte man da die Schultern nicht besser hängen lassen? Langsam senkte er sie.

Nach dem Frühstück ging er an den Pool und zwang sich, etwas zu lesen. Vielleicht würde dieses Buch ja noch spannend werden.

Das Wetter war genauso schön wie am Vortag, allerdings war der Wind stärker und verblätterte seine Seiten, doch davon ließ er sich nicht aus der Ruhe bringen. Nach einer Weile legte er das Buch beiseite und schloss die Augen. Den Stimmen um sich herum keine Beachtung schenkend, konzentrierte er sich nur auf das Gefühl der Sonnenstrahlen auf seiner Haut. Zu lange würde er hier nicht liegen, aber für einen Moment schaffte er es tatsächlich, sich zu entspannen. Seine Muskeln wurden schlaff und er sank in die Liege.

Bis … etwas Großes an seinem Ohr summte und ihn kitzelte. Aus seiner Ruhe gerissen fuchtelte er wie blind herum, um das Insekt zu vertreiben, bevor es ihn stach. Dabei war er etwas zu wild und kippte mitsamt seinem Liegestuhl um.

Fluchend rappelte er sich auf und richtete seinen Platz. Nicht weit entfernt hörte er, wie Kinder ihn auslachten. Als er zu ihnen sah, verschwanden sie im Wasser.

Da es Zeit fürs Mittagessen war, streifte er sich Hemd und Hose über und machte sich auf den Weg zum Speisesaal.

Nachdem er Spaghetti verzehrt hatte und gerade auf dem Weg zurück zu seinem Platz am Pool war, kreuzte ein Animateur seinen Weg und fragte, ob er Interesse an Strandvolleyball habe. Emilio lehnte ab, aber der Gästebetreuer gab nicht so schnell auf und informierte ihn darüber, dass der Schießstand nicht weit entfernt war.

»Was schießt man da?«, fragte er.

»Auf eine Zielscheibe mit einem Bogen. Das wird Ihnen gefallen!« Der Animateur nickte begeistert.

Emilio versuchte ihn abzuwimmeln, doch der Mann schien recht enthusiastisch und energiegeladen, sodass er sich seinem Schicksal ergab.

Was man im Urlaub nicht alles ertragen musste!

Wegen der Hitze krempelte er sich die Ärmel hoch. Der Schießstand war tatsächlich gleich um die Ecke. Nach ein paar Minuten half ihm ein anderer Animateur dabei, einen Armschutz und ein komisches kleines Fingerteil anzulegen. Eine kleine Ewigkeit später hielt er den Bogen nicht mehr falsch herum und schoss den ersten Pfeil ab.

Er traf die Scheibe nicht. Und die war verdammt noch mal genauso groß und breiter als er. Das konnte doch wohl nicht so schwer sein! Noch einmal spannte er den Bogen und ließ los. Diesmal wusste er überhaupt nicht, wo sein Pfeil gelandet war und er hoffte, niemanden verletzt zu haben.

»Übung macht den Meister!«

Überrascht stellte Emilio fest, dass der Fremde von gestern es schon wieder geschafft hatte, wie aus dem Nichts neben ihm aufzutauchen. Er hatte bereits befürchtet ihn sich letzte Nacht nur eingebildet zu haben. Bei dem Mann wirkte das Bogenschießen ziemlich elegant und sein Pfeil landete genau in der Mitte.

»Wow!«

Eine Hand wurde ihm entgegengestreckt. »Letztes Mal habe ich vergessen mich vorzustellen. Elias Smith.«

»Sie können Emilio sagen«, sagte er und schüttelte die Hand. Sie war weder verschwitzt noch rau.

»Ein schöner Name.«

»Danke. Ihrer auch.«

»Vielleicht kann ich Ihnen ein paar Tipps geben.« Das tat er. Er zeigte Emilio, wie er dazustehen hatte, wie der Bogen beim Spannen und Loslassen gehalten werden sollte und wann man ihn senkte und sogar, wie man den Pfeil richtig herauszog, ohne sich dabei selbst zu verletzen.

»Ich denke, ich bin trotzdem schlecht darin«, gab Emilio zu. »Mit Ihrer Hilfe sehe ich zumindest nicht mehr ganz so unbeholfen aus.«

»Ach was! Sie sehen gut aus.«

»Tatsächlich?«, rutschte es ihm raus, da er sich ziemlich verschwitzt und unelegant vorkam. »Ich glaube, ich sollte duschen gehen.«

»Auf Ihrem Zimmer?« Die blauen Augen funkelten schelmisch.

»Äh, ja.«

Elias schlenderte auf ihn zu. Sein Blick hielt ihn fest. »Kann ich mitkommen?«

Emilios Herz setzte einen Satz aus. »Das …« Sein Mund war wie ausgetrocknet. »Es ist nicht so … also … Ich bin durchaus interessiert, aber das geht mir zu schnell.«

Elias wirkte enttäuscht. »Wir sind im Urlaub.«

»Dennoch. Wir können uns gerne zum Abendessen treffen? Es würde mich freuen!«

Der andere schien nicht begeistert. Sein Unterkiefer zuckte zur Seite. Ärgerte er sich? Doch schon in der nächsten Sekunde schenkte er ihm ein Lächeln. »Okay. Vergiss mich nicht.«

»Das könnte ich nicht.«

Allerdings kam es ihm auf dem Weg in den dritten Stock so vor, als hätte er etwas anderes vergessen. Etwas Wichtiges, so sehr war er den gesamten Tag darauf fixiert gewesen, an gar nichts zu denken.

Eine Putzfrau verließ gerade sein Zimmer.

»Kalispera!«, sagte sie.

Die Frau war kleiner als er, dunkelhaarig und ihre Figur war ein wenig kurvig. Seinem Bruder hätte sie gefallen. Es war dieselbe Dame, der er schon einmal begegnet war. Aus Gewohnheit sah er auf ihr Namensschild. Barbarella. Ein ungewöhnlicher Name.

»Kalispera!«, erwiderte er den Gruß. »Und danke fürs Aufräumen.«

»Handtücher und Seife sind nachgefüllt«, sagte sie freundlich. »Es gibt Dinge, die sollten Sie nicht offen herumliegen lassen. Dafür gibt es den Tresor.«

Damit ging sie davon und ließ ihn zurück. Während Emilio die Tür öffnete, überlegte er, was sie gemeint hatte. Es fiel ihm wie Schuppen von den Augen. Er war der Überzeugung gewesen, es sich gestern nur eingebildet zu haben, doch dort lag es, mitten auf dem Tisch.

Das goldene Buch.

Perplex starrte er es an.

Also hatte es ihm wirklich irgendjemand in den Rucksack gesteckt?! In der Grotte? Wo sonst? Nur warum? Und wer?

Die ganzen Fragen machten ihn fertig. Er hob die Hand, traute sich aber nicht, es noch einmal anzufassen. Es war also kein Traum gewesen. Dieser Urlaub wurde immer verrückter. Weshalb musste ihm das alles passieren? Sonst war sein Leben recht angenehm und eintönig und so wollte er es auch. Unfälle, Doppelbuchungen, goldene Bücher, die einfach auftauchten … Das alles brauchte er nicht.

Bevor er weiter darüber nachdenken konnte, klopfte es an der Tür. Was war jetzt schon wieder? Kurz überlegte er, das Buch zu verstecken, doch ein zweites Klopfen ließ ihn zur Tür eilen.

»Bin schon da.«

Er öffnete und vor ihm stand ein junger Mann in einem schneeweißen Anzug.

»Zimmerservice!«

Emilio musterte ihn. Viel zu lange, denn sein Gegenüber sah verdammt heiß aus. Wo kamen plötzlich alle diese gut aussehenden Männer her?

Sein Haar war pechschwarz und mit etwas Gel oder Ähnlichem zurückgehalten. Eine Strähne hatte sich aus der Frisur gelöst und streifte seine hohen Wangenknochen. Seine Haut war hell und glatt. Die Augen waren sehr dunkel und von dichten Wimpern umrahmt. Und der Mund … dieser Mund!

Gott, was dachte er da? Er schüttelte den Kopf.

»Entschuldigung?«

Der Mann hob eine Flasche hoch. »Champagner.«

»Ich habe gar nichts bestellt.«

Aber dass du hier bist, stört mich nicht.

Reiß dich zusammen!, mahnte er sich.

»Geschenk des Hauses. Darf ich reinkommen und ihn abstellen?«

»Klar!« Er gab den Weg frei und kam nicht umhin, auf den Hintern des Angestellten zu blicken, als der an ihm vorbeiging.

Der stellte die Flasche auf den Tisch, direkt neben das Buch. Seine Bewegung war etwas zögerlich, fiel Emilio auf. Für einen Augenblick stand er unsicher im Raum und biss sich auf die Lippen.

»Kann ich Ihnen helfen?«, fragte Emilio.

Der Bedienstete griff sich nervös in den Nacken. »Es ist so, dass die Frau, welche das Zimmer vor Ihnen hatte, einen Ohrring verloren hat und ich sollte nachsehen, ob der hier ist. Es ist ein teures Schmuckstück, wissen Sie?«

»Ich glaube nicht, dass es noch hier ist«, gab Emilio zurück. »Die Putzfrau war gerade eben da. Ich schätze, sie hat auch gestaubsaugt.«

Sein Gegenüber verzog das Gesicht, was verdammt süß aussah. »Vielleicht hab ich trotzdem Glück. Stört es Sie, wenn ich …«

»Nur zu.«

Halb gebeugt suchte er den Boden ab. Da Emilio sich blöd vorkam, einfach nur herumzustehen, half er ihm. Weit und breit war nichts Glitzerndes zu sehen.

»Ich finde leider nichts.« Gerade wandte er sich erneut dem Angestellten zu, da ertappte er diesen dabei, wie er eindeutig auf das Buch sah.

Emilio runzelte die Stirn. »Was wollen Sie hier?«, fragte er misstrauisch.

»Oh mein Gott, da hinten!«

Emilio folgte seinem Blick zum Fenster. Doch da war gar nichts. Der älteste Trick der Welt und er war darauf reingefallen!

Mit einem großen Satz gelang es Emilio, dem Angestellten den Weg zum Ausgang zu versperren. Der angehende Dieb hielt das Buch schon in der Hand, an einem seiner Finger blitzte ein Ring auf.

»Was haben Sie vor?«, fragte Emilio.

»Nichts. Ich hole nur mein Buch ab.«

Emilios Augen weiteten sich. »Sie haben mir das Buch in die Tasche gesteckt?«

Ein Schulterzucken.

»Arbeiten Sie überhaupt hier?«

Jetzt grinste der Fremde. »Nein, aber der Anzug steht mir gut, nicht wahr?«

Ja, verflucht!

»Sie können nicht einfach Gegenstände in meinen Rucksack stecken und diese später wieder abholen!«, stellte Emilio klar. »Das ist illegal. Und was ist das überhaupt für ein Buch? Wieso verstecken Sie es? Haben Sie es gestohlen?«

Die Antwort war ein Schweigen. Er erinnerte ein wenig an einen Jungen, der Schokolade stibitzt hatte, fand Emilio.

»Oh mein Gott! Sie haben es gestohlen? Ist es aus echtem Gold?« Er war kurz davor auszuflippen.

»Ich denke ja.« Sein Gegenüber sah auf das Buch hinunter und hielt inne. »Was haben Sie damit gemacht?«

»Ich habe überhaupt nichts gemacht.«

»Sie haben einen Teil der Inschrift gelesen!«

Verwirrt erwiderte Emilio seinen Blick. »Woher wissen Sie das?«

»Sehen Sie!« Er hielt ihm das Buch hin.

Erstaunt musste Emilio feststellen, dass ein Teil der eingravierten Zeichen plötzlich grau geworden war. War das gestern schon gewesen?

»Äh …«

»Wie konnten Sie das überhaupt lesen? Das ist Altgriechisch!«

»Was? Nein, das ist eine ganz gewöhnliche …« Emilio besah sich der Schrift genauer und konnte sie nicht mehr entziffern. Was zur Hölle …? Hatte jemand das Buch ausgetauscht? »Das kann ich ja gar nicht lesen«, murmelte er irritiert.

»Sind Sie irre?«, wurde er angeschrien. »Haben Sie überhaupt eine Ahnung, was Sie angerichtet haben? Wenn die Bannsprüche entfernt werden, kann jeder x-Beliebige die Dämonen darin freilassen.«

Nun war der Punkt gekommen, an dem Emilio ihn nur noch anstarren konnte. Seiner Miene nach zu urteilen glaubte der Fremde jedes seiner Worte. Er wirkte fassungslos, so als wäre etwas Schreckliches geschehen.

»Okay«, sagte Emilio ruhig. Vorsichtig bewegte er sich zum Tisch und hob in einer, wie er hoffte, beruhigenden Geste die Hand. »Alles klar. Einen Moment bitte.«

Er hob den Hörer und wählte die Null für die Rezeption. Eine Frau meldete sich.

»Hallo?«

»Es hat sich ein Geisteskranker auf mein Hotelzimmer geschlichen …«

Die Verbindung wurde unterbrochen. Der Fremde stand vor ihm.

»Ich bin nicht verrückt«, sagte er schlicht. Fast hätte man ihm glauben können. »Sie müssen sich keine Sorgen machen, Emilio.«

»Woher kennen Sie meinen Namen?«

»Ich musste Sie ja finden. Egal. Was ich sagen will, ist Folgendes: Das alles hat nichts mit Ihnen zu tun. Also werde ich einfach wieder aus Ihrem Leben verschwinden und Sie vergessen, dass ich je hier war. Genießen Sie weiterhin Ihren Urlaub.«

Genießen? Pah!

Emilio verschränkte unwillig die Arme vor der breiten Brust. »Sie können nicht einfach so gehen. Eine Straftat ist eine Straftat und in Ihrem Falle sind es sogar zwei. Ich sage Ihnen, wir warten auf die Security und die wird Sie mitnehmen. Irgendwohin, wo Ihnen geholfen werden kann.«

Nun berührte er den armen, geistesverwirrten Mann sachte am Oberarm.

Der hob lediglich eine Augenbraue. »Ich gehe jetzt. Mit dem Buch.«

»Das glaube ich nicht. Ich bin einen halben Kopf größer als Sie und sehe deutlich kräftiger aus. Immerhin gehe ich jede Woche ins Fitnessstudio«, meinte er stolz.

War das ein abfälliges Zucken um seinen hübschen Mund?

»Hör zu, Mr. Fitness.«

»Emilio!«

Da kam sie. Eine blitzschnelle Bewegung. Ein Knie wurde gegen sein Zwerchfell gerammt, sodass alle Luft aus seinen Lungen wich, dann wurde er herumgerissen. Seine Beine waren für eine Sekunde in der Luft, bevor er rücklings auf dem Boden landete. Ächzend lag er da und konnte nicht glauben, was gerade geschehen war. So viel zum Thema Fitnessstudio. Er hätte Kampfsport machen sollen! Sein ohnehin malträtierter Körper schmerzte noch mehr. Schwerfällig wälzte er sich herum und schielte Richtung Eingang. Jemand versuchte gerade mit seiner Beute zu verschwinden. Der Fremde öffnete die Tür und lief zwei Security-Männern direkt in die Arme.

Ha!

Emilio versuchte etwas zu sagen, doch er bekam immer noch keine Luft. Schmerzhaft atmete er ein. Der Eindringling reagierte blitzschnell.

»Da sind sie ja endlich!« Er zeigte auf Emilio. »Das ist er! Ich wollte mich gerade fürs Abendessen zurechtmachen.« Er zupfte an seiner schwarzen Krawatte, »Da ist er in meine Suite eingedrungen und wollte mich bestehlen.«

Was? Emilio rappelte sich hoch. »Das ist nicht wahr! Er lügt. Gib mir das Buch!«

Er stürmte auf ihn zu, wurde aber von den Männern in Uniform abgefangen.

»Wir kümmern uns um ihn!«, sagten sie zu dem Fremden.

Das war völlig falsch! »Das ist mein Zimmer!«, rief Emilio, während er versuchte sich aus dem Griff der Securityangestellten zu befreien.

Der Fremde atmete scheinbar aufgewühlt tief ein. »Das behauptet er schon die ganze Zeit. Er scheint geistig abnorm zu sein.«

Geistig abnorm? Na warte!

Der nächste Angriffsversuch wurde ebenfalls abgewehrt. Mehr noch, die Männer trugen Emilio weg, egal wie sehr er sich sträubte. Seine Beine schleiften den Gang entlang.

Zu allem Überfluss winkte der Fremde ihm zum Abschied.

Zugegeben, sein aggressives Verhalten war kontraproduktiv gewesen. Ebenso, dass sein Hemd und seine Hose total verschwitzt waren. Man konnte ihn durchaus für einen Einbrecher halten.

Emilio war unglaublich froh, als Sasha Nikita ihren Weg kreuzte.

»Was soll das?«, fragte dieser.

»Der Kerl ist in Zimmer 203 eingedrungen und wollte etwas stehlen.«

Der zweite Mann lachte. »Hat behauptet, das wäre sein Zimmer!«

Sasha sah ihn an. Der Ausdruck in seinen Augen zeigte, dass mit ihm nicht zu spaßen war. »Das ist sein Zimmer!«

»Vielen Dank!«, sagte Emilio.

Die Security-Männer ließen von ihm ab und eilten zurück, um den wahren Eindringling aufzuhalten.

Wenig später saß Emilio mit einer Tasse Tee in der Hand mit Sasha in einem kleinen Zimmer. Möglicherweise ein Büro? War Sasha etwas Höheres als ein einfacher Rezeptionist? Im Moment war ihm das ziemlich egal.

»Dieser Vorfall ist unverzeihlich!«, sagte Sasha und griff sich an die Brust. »Ich möchte, dass Sie wissen, dass dies nicht unsere Standardqualität ist. In unserem Hotel ist etwas Derartiges noch nie zuvor geschehen.« Er nahm einen Zettel zur Hand. »Ich habe mir die Beschreibung des jungen Mannes, der Sie angegriffen hat, notiert. So erkenne ich ihn, sollte er es wagen, noch einmal hier aufzutauchen. Haben Sie dieser Beschreibung noch etwas hinzuzufügen?«

Die Security hatte den Eindringling natürlich nicht mehr erwischt. Emilio nahm den Zettel entgegen und musste bei den Notizen schmunzeln.

»Ca. 1,80 Meter, dunkelhaarig, schlank/athletisch, trägt Anzug.«

Sieht heiß aus.

Das sollte er besser nicht hinzufügen. »Passt so!«, sagte er und überreichte ihm das Papier.

»Und Sie sind sicher, dass Sie nicht zur Polizei gehen wollen?«, fragte Sasha.

Emilio war zunächst Feuer und Flamme gewesen, genau das zu tun. Allerdings hatte er seine Meinung abrupt geändert, als ihm die ganzen damit verbundenen Probleme aufgefallen waren. Er hatte keine Beweise dafür, dass er den Dieb nicht kannte. Der Fremde könnte die Polizei, genauso wie die Security, anlügen. Mit seinem unschuldigen Reh-Blick standen die Chancen nicht schlecht.

Emilio wollte keine Probleme. Er wollte seine Ruhe haben!

»Ich möchte nur Sicherheit«, antwortete er. »Wenn ich in meinem Zimmer bin.«

Sasha nickte bedächtig. »Ich verstehe.«

Emilio erhob sich, bereit zu gehen. Sasha tat es ihm nach und merkte an: »Sie haben noch nicht zu Abend gegessen. Probieren sie doch eines unserer drei Spezialitäten-Restaurants aus, Sie können es beim ersten Besuch gratis genießen!«

»Danke, ich passe.«

Heilfroh, dass er endlich gehen konnte, zögerte Emilio das Ende des Gesprächs nicht weiter hinaus und kehrte auf sein Zimmer zurück. Möglicherweise hatte der Fremde recht gehabt und er sollte das nun alles vergessen.

3

JONES

Puh! Das war knapp gewesen. Jones war ziemlich ins Schwitzen gekommen, so schnell war er aus dem Hotel geflohen. Das Buch war kein Leichtgewicht und hatte bei jedem Sprung schwer in seinem Arm gelegen. Jetzt glaubte er, sicher zu sein, und verlangsamte sein Tempo.

Die Nacht war lau und ruhig. Er entfernte sich von der Straße mit den Ständen, an denen einige Touristen noch Souvenirs einkauften. Er ging in die andere Richtung. Hier war außer ihm niemand, dennoch fühlte er sich verfolgt und blickte sich im Gehen um. Als sein Auto in Sicht kam, beschleunigte er seine Schritte. Es war das Beste, wenn er die Stadt auf dem schnellsten Weg verließe. Mit einem Klicken öffnete er die Tür und stieg ein. Ein Duftbäumchen baumelte am Spiegel und verströmte einen Geruch, den er nicht leiden konnte. Das Buch legte er auf den Boden vor dem Beifahrersitz, bevor er den Motor startete.

Er sprang nicht an.

Mist! Das konnte doch gar nicht sein? Was hatte die Karre bloß?

Hastig versuchte er es noch einmal.

Nichts geschah.

Gerade wollte er aussteigen, um einen anderen Weg zu finden, von hier zu verschwinden, da erschien eine breite Gestalt neben seiner Tür. Schwielige Finger klopften gegen die Fensterscheibe.

Jonas ließ die Schultern hängen. *Scheiße!*

Er ließ das Fenster herunter und eine hässliche, leider bekannte Visage mit breiter Nase und Glatze beugte sich hinein.

»Hallo, Joe!«

Jones lächelte freudlos. »Hallo, Svend. Und es heißt Jones.«

Svend lachte. »Ich finde Joe besser. So wie bei diesem Film. Den Affen muss man auch immer wieder fangen.«

Ein Augenrollen unterdrückend fragte Jones: »Wo ist deine Hälfte mit dem Gehirn?« Svends Blick zeugte von Unverständnis. Und Anstrengung. Versuchte er wirklich gerade zu denken? Dann wurde er beiseitegedrängt und eine schlankere, ebenso große Person zeigte sich. Sie hatte scharfe Gesichtszüge, wie mit dem Messer geschnitten. Passend zu ihrem kalten Charakter.

»Guten Abend, Saskia!«, grüßte Jones höflich.

»Gib uns das Buch!« Sie kam gleich zur Sache.

Als letzten Versuch schnappte er sich das Objekt der Begierde und stieg auf der Beifahrerseite aus. Sein Fluchtweg wurde jedoch schnell versperrt. Sie waren also doch zu dritt. Wie meistens.

Der Anführer riss ihm das Buch aus der Hand und in der nächsten Sekunde wurde er von seinen liebenswerten Begleitern festgehalten.

»Endlich!«, sagte der dritte Mann. »Nun hat dieses Versteckspiel hoffentlich ein Ende.«

Kurz darauf wandelte sich sein triumphierendes Grinsen abrupt in Ärgernis und Unglauben.

»Was hast du getan?« Wütend sah er zuerst das Buch und dann ihn an. »Glaubst du etwa, es bringt dir irgendetwas, wenn du die Formel zuerst liest?«

Sein Gegenüber wirkte eindeutig wütend. Vielleicht war es gar nicht so schlecht, dass dieser Fremde die Inschrift angefangen hatte zu rezitieren. Zumindest für den Moment zögerte das alles hinaus.

»Was glaubst du, wie lange es dauert, bis ich dich dazu gebracht habe, den Rest vorzulesen?« Der Anführer trat näher und fasste ihm unters Kinn. »Es wird mir ein Vergnügen sein, meine Foltermethoden an dir auszuprobieren.«

Jones schauderte. »Danke, aber ich muss ablehnen«, erwiderte er. Spöttisches Lachen umgab ihn. »Und es wird dir nichts bringen«, fuhr er fort. Im Stillen entschuldigte er sich bei diesem Touristen, doch er hatte keine Lust, als Folterobjekt herzuhalten, und es war dessen eigene Schuld!

»Wie meinst du das?«, fragte der Mann.

Ein Räuspern. »Tja, das mit der Inschrift. Ich war das nicht. Ergo kann ich sie nicht weiterlesen. Wer anfängt sie zu sprechen, muss auch den Rest aufsagen«, sagte Jones. »Für einen anderen bleibt sie versperrt.«

Kurzes Schweigen folgte. Dann: »Wer ist bei dir? Jemand aus dem Orden?«

»Nö. Das glaub ich nicht.«

»Wer sollte sonst Altgriechisch beherrschen? Bist du einem Professor begegnet?«

»Das vermute ich weniger, angesichts seiner Aufmachung.«

Fest wurde er am Kragen gepackt und hochgezogen. »Sag schon, wenn dir dein Leben lieb ist!«

Jones schluckte. »Es war der Tourist.«

Emilio

Emilio hatte keine Ahnung, was er geträumt hatte, als ihn ein unnachgiebiges Klingeln aus dem Schlaf riss. Immer weiter drängte es ihn in den Wachzustand. Mit einem unwilligen Knurren wälzte er sich zur Seite und tastete im Dunkeln nach seinem Handy, doch das Display war schwarz. Was? Es war das Zimmertelefon, das ihn aus dem Schlaf geholt hatte. Er stand auf und hob ab.

»Hallo?«, fragte er etwas ungläubig.

»Guten Abend. Hier ist ein Gespräch für sie. Soll ich verbinden?«

Er erkannte die Stimme. Das war Marissa, die Empfangsdame. Sein Handy verriet ihm, dass es drei Uhr nachts war. War das normal, dass Gäste zu solcher Stunde geweckt wurden? Wer sollte ihn anrufen? Henri erreichte ihn übers Handy, genauso seine Mutter und alle, die er kannte.

»Okay«, sagte er. Er war ja schon wach, also was sollte es.

Ein Klicken und er wurde durchgestellt.

»Emilio?«, fragte eine feine Stimme.

»Ja? Kennen wir uns?«

Ein amüsierter Laut. »Ich habe doch gesagt, Sie sollen mich nicht vergessen, und dann versetzen Sie mich einfach so beim Abendessen.«

Emilio wurde richtig wach und schaltete das Licht ein. »Elias! Ja, das tut mir schrecklich leid. Es ist etwas Unerwartetes passiert.«

»Ich hoffe, nichts Schlimmes.«

Was sollte er darauf antworten? »Tja … Nein, nun ist alles gut, denke ich.«

»Okay. Aber so leicht verzeihe ich dir nicht. Darf ich du sagen?«

»Ja. Und … du verzeihst mir nicht?«

»Nein. Ich möchte dich sehen.«

»Morgen?«

»Jetzt.«

»Es ist ziemlich spät. Ich glaube, morgen wäre ich fitter.«

»Ich will nicht länger warten.«

»Man sollte keine voreiligen Entscheidungen treffen. Bist du betrunken?«

Kurz herrschte Stille.

»Hallo?«

»Ich bin nicht betrunken«, sagte Eilas etwas härter. »Ich weiß, was ich will.«

»Und du willst mich sehen?«

»Genau. Komm schon. Es ist ganz ungezwungen. Du kannst ja ausschlafen«, säuselte er. »Du wirst es nicht bereuen. Nur auf einen Drink.«

Unsicher stand Emilio im Raum. Eigentlich war er erschöpft und wollte sich ausruhen. Andererseits hörte er Henris Stimme im Kopf, er solle sich diese Gelegenheit nicht entgehen lassen. Was war schon dabei? Er war im Urlaub, das wiederholte er wie ein Mantra.

»Und wo willst du mich treffen?«, erkundigte er sich schließlich.

»Am Strand. Bei der Bar, wo wir uns kennengelernt haben.«

»Gib mir zehn Minuten oder so.«

»Einverstanden.«

Damit legte er auf und ging zu seinem Koffer. Ausgepackt hatte er nur halb. Er sah keinen Sinn darin, all seine Kleidung in einen Schrank und eine Woche später aus diesem wieder herauszuräumen. Nachdem er eine Hose und ein passendes Hemd gefunden und angezogen hatte, steckte er sich die Schlüsselkarte in die Hosentasche, warf einen letzten Blick in den Spiegel und verließ das Zimmer.

Sein Herz klopfte etwas schneller. Ob es an der Anspannung des Tages lag oder seiner Aufregung zuzuschreiben war, vermochte er nicht zu sagen. Er fuhr mit dem Lift nach unten, ging an der Rezeption, an der Marissa stand, vorbei und spazierte zwischen den Liegestühlen am Pool entlang Richtung Strand. Die kleine Bar mit dem großen Dach, der wie ein Schirm aus Bambus schien, war etwas im Dunkeln versteckt. Ein Steg führte über den Sand, doch die Lichter waren aus. Da fiel ihm ein, dass der Barkeeper gesagt hatte, er hätte nur bis elf Uhr geöffnet. Woher also sollte Elias einen Drink besorgen?

Zu seiner Überraschung saß dieser bereits an einem der kleinen Tische, vor ihm standen zwei Gläser.

»Wie hast du das geschafft?«, wollte Emilio wissen.

Elias hob die Hände und wackelte mit den Fingern, bevor er nach einer Flasche Wodka griff und ihnen beiden einschenkte. »Magie.«

»Eigentlich trinke ich eher selten«, gestand Emilio. »Das gestern war eine Ausnahme.«

»Oh, du wirst einen Drink brauchen«, erwiderte Elias.

»Klingt nach einer Drohung.«

»Setz dich.«

Und das klang nach einem Befehl. Emilio tat wie ihm geheißen.

»Ich bin froh, dass du gekommen bist«, fuhr Elias fort. »Das macht es um einiges einfacher.«

»Macht was einfacher? Sich zu treffen? Ich hab gesehen, es gibt drinnen im Hauptgebäude eine Bar, da bekommst du die ganze Nacht was zu trinken …«

»Hier ist es abgeschiedener«, erklärte Elias. »Die Gäste sind entweder im Gebäude, außerhalb des Hotels unterwegs oder sie schlafen. Also wird uns keiner sehen.«

»Wobei denn?« Nervös rutschte er auf seinem Sitz herum. Für irgendwelche perversen Sachen war er normalerweise nicht zu haben. Wenn er darüber nachdachte, auch jetzt nicht. Er hoffte, Elias hatte nichts dergleichen vor.

»Ihr könnt herkommen«; rief er etwas lauter.

Überrumpelt schaute Emilio sich um. Es waren noch andere Leute hier? Was sollte das? Seine Verwirrung steigerte sich, als er mehrere Personen hinter der Bar hervortreten sah. Eine Frau und ein Mann, beide hochgewachsen, hielten eine dritte Gestalt fest und kamen näher. Emilio öffnete den Mund. Er erkannte den Irren von heute, besser gesagt, gestern Abend.

»Was soll das?«, fragte er. »Kannst du mir das erklären?«

»Kennst du diesen Mann?«, fragte Eilas.

»Den in der Mitte schon. Warum? Woher kennst du ihn?«

»Die anderen beiden sind Saskia und Svend.« Er hob die Hand.

»Und was machen Saskia und Svend hier?«

»Sie haben unseren, offensichtlich gemeinsamen, Freund mitgebracht. Erkennst du auch das hier wieder?«

Er legte ein Buch auf den Tisch. Es war nicht irgendeines, es war das goldene. Emilio schluckte. Wo zur Hölle war er hier hineingeraten?

Elias kicherte dunkel. »Hervorragend. Dann lass uns zur Sache kommen.«

»Welche Sache?«

Das alles hier gefiel ihm nicht. Ganz und gar nicht. Was war hier los?

Elias winkte seine Komplizen heran. Gewaltsam drückten sie den Gefangenen auf einen Stuhl neben ihm.

»Lies die Inschrift zu Ende«, befahl Elias Emilio.

»Bitte?« Er glaubte sich verhört zu haben.

»Bist du begriffsstutzig? Du sollst die Inschrift zu Ende lesen!«

»Aha. Warum? Lies sie doch selbst.«

Elias verzog angewidert das Gesicht. »Du hast keine Ahnung, was das ist, oder?«

»Ein Buch aus Gold, das gestohlen wurde«, riet er.

»Das war gar nicht so schlecht«, sagte der Gefangene, der bis eben geschwiegen hatte.

»Halt die Klappe, Jones«, fauchte Elias zurück. Er wandte sich wieder an Emilio. »Lies es vor! Ich hab nicht umsonst meine Zeit mit dir vergeudet. Ganz ehrlich, der Tag mit dir war furchtbar. Ich habe mich noch nie so gelangweilt während einer Konversation. Ich glaube, es gibt keinen uninteressanteren Menschen als dich. Und dann dieser Kleidungsstil oder sollte ich sagen, das, was du trägst, weil als Stil lässt sich das nicht bezeichnen. Selbst für einen Touristen, einfach grauenhaft.«

»In Ordnung«, sagte Emilio ziemlich aufgelöst. »Das war … ziemlich verletzend, ich habe dich nicht nach deiner Meinung gefragt.«

»Mit der Kleidung hat er leider recht«, sagte Jones.

»Jetzt lies!«, verlangte Elias erneut.

Emilio fühlte sich, milde ausgedrückt, etwas unwohl. Rechts und links von ihm standen wie zwei Wachhunde Saskia und Svend in ihrer Lederkluft, vor ihm lag das Buch, das er nicht lesen konnte. Ihm gegenüber sein angebliches Date.

Er verstand überhaupt nichts mehr.

»Du hast mich hergeholt, damit ich dir vorlese?«

Jones entwich ein amüsierter Laut, den Eilas mit einem festen Griff quittierte.

»Mach schon!«, wiederholte er mit zusammengebissenen Zähnen.

Emilio sah auf das Buch herab, fasste es an, wendete es und ließ davon ab. »Da gibt es ein Problem.«

»Das da wäre?«

»Ich kann die Inschrift nicht lesen.«

Elias hob eine Augenbraue. »Willst du mich verarschen?«

»Nein. Du mich?«

Es war unangenehm, so angestarrt zu werden.

»Mir wurde gesagt, du hast sie gelesen.« Ein Seitenblick auf Jones.

»Ja, das ist richtig«; gestand Emilio. Aus irgendeinem Grund hatte er Angst, Elias könnte diesem Jones wehtun. Seine Begleiter wirkten gewaltbereit. Egal was hier vor sich ging, es war nichts Gutes, dessen zumindest war Emilio sich sicher.

»Wo liegt dann das Problem?«

»Das hat gestern noch … anders ausgesehen. Normaler.«

»Er kann kein Altgriechisch«, erklärte Jones.

»Könnte mir das jemand genauer erklären? Meine Geduld ist bald zu Ende«, zischte Elias.

»Gestern konnte ich es lesen, heute nicht mehr«, fasste Emilio zusammen. »Warum, weiß ich nicht.«

»Du weißt es nicht?«

»Nein. Ich war bei einer Tour und bin auf den Kopf gefallen … es war alles ziemlich chaotisch, seitdem ich hier angekommen bin. Und ich versteh überhaupt nichts mehr.«

Misstrauisch beäugte Elias ihn.

»Es ist wahr«, bestätigte Jones. »Er scheint es tatsächlich nicht mehr lesen zu können. Ist komisch, aber ich denke nicht, dass er lügt. Scheint tatsächlich ein gewöhnlicher Tourist zu sein.«

Gewöhnlicher Tourist. Das klang so abwertend.

»Wenn das so ist, wie du sagst, dann haben wir ein Problem.«

»Wieso kann er das nicht lesen?« Die Frage kam von Svend.

»Weil er es offenbar nur kurzzeitig konnte, weil er eine Gehirnerschütterung hatte oder so ähnlich«, erklärte Elias möglichst gelassen. Und langsam.

»Dann muss er noch mal einen Schlag auf den Kopf bekommen!«

Moment? Was?

»Svend, nicht!«

Zu spät. Svends riesige Faust donnerte auf Emilios Schädel herab. Es fühlte sich an, als würde ein großer Felsen auf ihn herabstürzten und ihn in den Erdboden rammen.

Nur langsam legte sich die auf den Schmerz folgende Taubheit wieder und er erkannte, dass er im Sand lag, verschwommene Gestalten ragten über ihm auf. Sein Gehör, zuerst dumpf, wurde langsam klarer.

»Du Volltrottel!« Das war Elias.

Von Händen gepackt wurde Emilio etwas zu schwungvoll auf seinen Stuhl gesetzt. Dabei kam er sich vor wie eine Puppe ohne Halt. Sein Kopf pochte im Rhythmus seines Herzschlages. Ein Glas wurde vor ihn geschoben. Zittrig griff er danach und nahm einen Schluck. Es brannte in seiner Kehle, dennoch er fühlte sich besser.

»Geht's?« Elias' Gesicht hörte auf zu schwanken und Emilio nickte.

Jones wirkte ehrlich besorgt.

»Gut«, meinte Elias. »Vergessen wir diesen Vorfall und suchen eine intelligentere Lösung für diese Situation.«

»Beinhaltet die auch Gewalt?«, wollte Emilio wissen.

»Nicht, wenn du tust, was ich sage.« Er beugte sich vor. »Ich werde vorlesen …«

»Warum nicht gleich?«

»Ich bin noch nicht fertig.«

»Okay, rede weiter.«

»Und du wirst mir die Worte nachsprechen. Ganz einfach. So kannst du die Formel aufsagen, ohne Altgriechisch zu beherrschen.«

»Du bist so klug, Bruder!«, sagte Svend.

»Ihr seid Brüder? Ich weiß nicht, wem ich mein Beileid ausdrücken soll.«

»Treib es nicht zu weit«, drohte Elias. »Die Zunge kann ich dir nicht abschneiden, aber deine Finger benötigst du nicht, um zu reden.«

Oh Gott, was war das für ein Irrer? Emilio sah Svend an. »Mein Beileid!«

»Danke«, antwortete die hohle Nuss.

Elias schnaubte, seine mühsam unterdrückte Wut zeigte sich in seiner verzerrten Miene. Er griff unter sein Jackett und im nächsten Moment blitzte etwas in der Dunkelheit auf. Seine Gesichtszüge glätteten sich zufrieden. Dann zog er Jones mit einem Ruck nah an sich heran. Ein Griff in seinen Nacken hielt ihn in der Position. In der anderen Hand hielt Elias einen langen Dolch. Sachte, fast liebevoll, strich er mit der Klinge über Jones' Hals.

»Sie sind verrückt!«, entkam es Emilio.

»Ich dachte, wir wären beim Du?«

»Die Privilegien nehme ich zurück.«

»Du wirst sehen, ich bin ein konsequenter Geschäftspartner«, sagte Elias und zerschnitt die obersten Knöpfe von Jones' Hemd, legte glatte Haut frei. »Der Deal läuft folgendermaßen: Du sprichst mir nach und bleibst am Leben. Ich schwöre, du kannst gehen, sobald wir hier fertig sind.«

»Und was ist mit Jones?« Über die Frage war er selbst überrascht. Immerhin war er es gewesen, der ihn in all das hier hineingezogen hatte. Er sollte sich nicht darum scheren, was mit ihm wäre. Tat er aber.

»Machst du dir Sorgen um ihn?«, spottete Elias. Noch ein Knopf fiel in den Sand. Jones' halbe Brust war entblößt. »Dann sollten wir jetzt mit dem Lesen beginnen.«

»Warum ist das so wichtig?«

»Kann dir egal sein. Tu es! Saskia! Lies Du vor!«

Die Frau beugte sich herab, so nah war sie ihm unheimlich. Sie rezitierte eine Sprache, die er nicht verstand. Erst als sie endete, kapierte er, dass er ihre Worte wiederholen sollte. Er tat es. Was konnte schon passieren?

Plötzlich leuchtete das Buch vor ihm auf. Er schnappte nach Luft und riss die Augen auf. Schließlich verebbte das Leuchten und weitere Zeichen wurden aschgrau.

»Das gibt's nicht«, murmelte er aufgelöst. »Was seid ihr für Leute?«

Elias dagegen wirkte begeistert. »Mach weiter!«

Als er der Aufforderung nicht sofort nachkam, setzte Elias seine Dolchspitze unterhalb Jones' Brustwarze und drückte zu. Jones zischte, Emilio entdeckte einen Tropfen hellrotes Blut.

»Warte!« Er wollte sich erheben und wurde prompt wieder auf seinen Stuhl gedrückt. »Wenn du ihm was tust, spreche ich diese Formel nicht weiter nach!«

Elias' Miene zeigte Arroganz und Amüsement. »Du bist nicht in der Lage, um zu verhandeln. Also entweder du folgst oder du lässt dir Zeit. Mir gefällt, was ich hier tue.«

Er packte Jones fester im Nacken und leckte ihm mit der Zunge über Wange und Ohr.

Emilio konnte es nicht fassen. Diesen Mann hatte er für eloquent und anziehend gehalten? Auch wenn er nicht schlecht aussah, der hatte doch einen totalen Knall.

»Du weißt ja, Jones«, schnurrte Elias. »Du hast mir schon immer gefallen. Dein widerspenstiges Wesen lockt mich geradezu, dich zu bestrafen. Auf deiner blassen, makellosen Haut würden sich Striemen wunderbar machen, finde ich. Ich könnte dir meine Fesselkünste zeigen. Weißt du, woher Bondage, das japanische Shibari, eigentlich kommt? Es hat sich aus der polizeilichen Fesseltechnik Hojojutsu entwickelt. Es ist somit eine Kriegskunst, seinen Feind auf diese Art und Weise zu fixieren.«

Emilio fiel die Kinnlade herunter. Schockiert und wütend stierte er Elias an. »Eigentlich dachte ich gestern noch, dieser Jones wäre irre, aber ich habe mich getäuscht. Du hast eindeutig nicht mehr alle Tassen im Schrank!«

Elias schaute ihn an, als hätte er vergessen, dass er überhaupt anwesend war. »Jetzt mach endlich weiter! Oder ich amüsiere mich noch ein bisschen!«

Nein danke! Die Vorstellung reichte ihm schon.

Saskia sprach die nächste Zeile vor. Emilio blieb keine andere Wahl, als sie zu wiederholen. Das Buch leuchtete erneut auf. Es fehlten bloß noch ein paar Zeichen, dann würde – ja, was würde passieren?

Rief er gerade den Weltuntergang herbei und wusste es nicht?

»Was ist, wenn ich fertig bin?«

»Das Buch öffnet sich«, erklärte Jones.

Genau! Er hatte ihn doch gewarnt, dass wenn er die Inschrift vorlas – wie waren seine Worte gewesen? Die Dämonen aus dem Buch kamen?

Emilios Herz setzte einen Schlag aus. »Warum wollt ihr, dass Dämonen … ähm … aus dem Buch kommen?«

»Er hat dir also etwas erzählt.« Elias warf Jones einen Seitenblick zu.

»Das war schon alles.«

Saskia sprach weiter. Diesmal zögerte Emilio. Er sah Jones an, so als fände er dort eine Antwort. War das ein leichtes Nicken gewesen?

Wie von selbst wiederholte er Saskias Worte. Sie kamen ihm leichter über die Lippen, als sie sollten.

Das Buch strahlte heller auf als zuvor, die Schriftzeichen bewegten sich. Es war ein unglaublicher Anblick. Elias' Augen funkelten unheilvoll. Er schien so gebannt von dem Geschehen, dass er sogar vergaß Jones festzuhalten. Vom Leuchten geblendet wich Emilio etwas zurück.

Nun passierte alles ganz schnell. Jones' Ellbogen zuckte nach oben und knallte gegen Elias' Nasenbein, Blut spritzte heraus, während der Mann rückwärts zu Boden fiel. Dann griff Jones nach den Gläsern und warf sie. Svend bekam eines direkt ins Gesicht und heulte auf vor Schmerz. Das andere traf Saskia, welche noch rechtzeitig die Hände hob, um die Splitter von ihren Augen fernzuhalten, der Alkohol allerdings schien zu brennen und ihre Sicht zu trüben, denn auch sie krümmte sich.

»Das Buch!«, schrie Jones.

Geistesgegenwärtiger als gedacht schnappte Emilio sich das Buch und war stolz auf sich, dass er es bei seiner Flucht schaffte, Saskias Arm auszuweichen, als sie versuchte ihn festzuhalten, und er dabei nicht einmal über den umgekippten Stuhl stolperte.

Er rannte durch die Nacht und folgte Jones in das Hotelgebäude. Wie waren die Typen überhaupt alle in die Anlage gekommen?

Emilio holte Jones ein. »Komm!«, rief er ihm zu.

Ohne nachzudenken führte er ihn die Stiegen hinauf zu seinem Zimmer. Das Adrenalin schoss ihm durch die Adern, sodass er die Geschehnisse nur halb mitbekam. Ungeschickt holte er die Karte aus seiner Tasche und öffnete die Tür. Erst als sie hinter ihnen geschlossen war, kam er zu Atem. Sein Herz hämmerte so sehr wie noch nie zuvor in seinem Leben. Er sank zu Boden und wartete, bis sich sein Körper beruhigt hatte. Verfolgungsjagden war er nicht gewöhnt.

Jones neben ihm schnaufte ebenfalls hastig, hatte sich allerdings viel schneller wieder im Griff.

»Gut gemacht«, lobte er.

Was hatte er gut gemacht? Was war überhaupt gerade passiert?

»Wer bist du?«

Eine Hand wurde ihm entgegengestreckt. »Jake Jones. Aber sag bitte nur Jones zu mir.«

Aus Gewohnheit schüttelte er sie, obwohl er eigentlich viel zu wütend dafür war. »Was war das gerade? Wer sind diese Typen?«

Jones verzog das Gesicht zu einer Grimasse. »Kurz gesagt: Verbrecher.«

»Und die etwas längere Version?«

Unsicher biss Jones sich auf die Lippe. »Das darf ich dir nicht sagen. Es war nicht geplant, dass du da mit reingezogen wirst.«

»Ach, dann ist das meine Schuld?«, blaffte er. »Du hast mir das Buch zugeschoben.«

»Stimmt, aber du solltest nicht darin lesen.«

»So was kann bei Büchern durchaus sein, dass man darin liest.«

»Nicht, wenn es auf Altgriechisch ist«, beharrte Jones.

»Es bringt nichts, darüber zu streiten.« Emilio gab nach. Er schien der einzig Vernünftige hier zu sein. »Ich verlange eine Erklärung. Eine richtige.«

»Na schön. Du wirst mir sowieso nicht glauben.«

Wer weiß. Nach den jüngsten Ereignissen wusste er nicht mehr, was er denken sollte.

»Das Buch ist gestohlen, nehme ich an?«, fragte Emilio.

Jones nickte. »Und Elias und seine Kumpanen wollen es haben.«

»Sie haben es gestohlen und du wolltest es bloß zurückholen?«

Zerknirscht schüttelte Jones den Kopf. »Es war ein bisschen anders. Ich habe das Buch gestohlen, weil ich wusste, dass Elias es stehlen wollte. Und deshalb verfolgt er mich.«

»Um ihm zuvorzukommen, hast du es dir zuerst geholt, verstehe. Und woher kommt das Buch?«

»Es ist eines der Bücher Salomo«, erklärte Jones. »Ein anderes wurde bereits vernichtet, wieder andere sind in Aufbewahrung oder verschollen. Salomo war ein Sammler. Sagt dir König Salomo etwas?«

»Nein.«

»Dachte ich mir. Er war ein Dämonenbanner. Dieses Buch, so heißt es, hat er einem Dämonenbeschwörer abgenommen. Im Buch sind Dämonen unterschiedlicher Kulturen gefangen und derjenige, der die Formeln spricht, dem schulden sie für ihre Befreiung einen Gefallen.«

»Die Formel wurde gesprochen«, stellte Emilio panisch fest.

»Keine Sorge, das war der Bannspruch Salomos. Nachdem das Buch in seinem Gewahrsam war, beschloss er es zu versiegeln, sodass niemand die Dämonen nutzen konnte. Du hast es lediglich geöffnet.«

Demonstrativ schlug er eine Seite auf. Die Blätter waren dick. Eine Abbildung zeigte ein hässliches Monster mit Flügeln. Und die Schrift …

»Hier ist die Schrift normal.«

»Weil die Dämonen befreit werden möchten, ändern sie die Sprache entsprechend dem Leser.«

»Dann kann jeder es benutzen?!«

»Genau. Ein riesen Schlamassel.«

»Meinetwegen?«

»Ach was.« Jones erhob sich. »Ich hab mich schnappen lassen. Wieder einmal. Elias hat mir das Buch schon einmal abgenommen. Dann bin ich ihm nach Kreta gefolgt und hab's ihm wieder weggenommen. Musste es aber dir in die Tasche schmuggeln.«

»Und woher hast du das Buch?«

Jones wartete ein wenig, bevor er antwortete. »Es gibt da einen Orden, der bewahrt solche gefährlichen Artefakte auf.«

»Und bei ihnen war es nicht sicher?«

»Elias ist Mitglied des Ordens.«

»Was?«

»Sie haben mir nicht geglaubt, als ich sagte, er habe vor, es zu stehlen und was damit anzustellen.«

»Oh! Warum haben sie dir nicht geglaubt? Woher kennst du diesen … Orden?«

»Vor fünf Jahren bin ich einem Mitglied durch Zufall begegnet und hab was Magisches mitbekommen. So wie du. Ich war so begeistert, dass ich dabei sein wollte.«

»Also bist du ebenfalls ein Mitglied?«

»Ja, allerdings … egal.«

Emilio erkannte Schmerz und Enttäuschung in seinen Augen. Nur für einen Moment, doch die Gefühle waren da. Anscheinend gab es etwas, worüber er nicht sprechen wollte.

»Okay.« Emilio legte das Buch beiseite, es war ihm unheimlich. Aus dem Kühlschrank nahm er ein Mineralwasser und schenkte sich ein Glas ein. Seine Kehle war trocken wie eine Wüste.

»Was machen wir nun? Glaubst du, Elias kommt hier rein? In die Anlage hat er es auch geschafft.«

»Nein, das wäre zu dreist. Selbst für ihn. Und Marissa hat ihn vielleicht reingelassen, aber damit würde sie ihren Job riskieren. So weit würde sie nicht gehen.«

»Marissa beim Empfang?«

»Ja. Du hast sicher gemerkt, dass Elias gut im Flirten ist.«

Leider. Emilio konnte immer noch nicht fassen, dass alles eine Lüge gewesen war. Elias hatte so sympathisch gewirkt. Im Nachhinein war ihm klar, weshalb er so schnell auf sein Zimmer wollte. Das Buch. Elias hatte nur das Buch haben wollen. Nicht ihn. Er war langweilig und hatte einen schlechten Kleidungsstil, eigentlich überhaupt keinen Stil. Er versuchte sich nicht anmerken zu lassen, wie sehr ihn diese Worte getroffen hatten.

Langweilig. Genau das war der Grund gewesen, weshalb es mit Philippe nicht geklappt hatte. Nun hörte er das schon wieder. Lag es wirklich an ihm? War er langweilig? Er hatte sich immer für normal gehalten. Sparsam, vorsorglich, sesshaft. Was war daran schlecht? Was war an seiner Kleidung falsch? Die Sachen waren praktisch.

»Es tut mir leid, dass dein Urlaub ruiniert ist«, bekundete Jones.

»Ich wollte gar nicht in den Urlaub fliegen. In ein anderes Land schon gar nicht.«

»Warum hast du es dann getan?«

»Mein Bruder Henri hat gebucht. Er wusste, ich würde eine Buchung nicht verfallen lassen, die bereits bezahlt ist. Außerdem hatte ich zu viele Urlaubstage übrig.«

»Wo arbeitest du?«

»Bei einer Versicherung. Und ich kann dir sagen, das, was mir heute passiert ist … die Wahrscheinlichkeit dafür ist statistisch gesehen sehr gering.«

»Du Glückskäfer.«

Emilio schaute ihn an. »Wie geht's jetzt weiter?«

Ratlos zuckte Jones mit den Schultern. »Ich werde wohl wieder abhauen und versuchen Kontakt mit dem Orden aufzunehmen. Hoffentlich schaffe ich es, sie irgendwie davon zu überzeugen, dass ich nicht der Böse bin. Die suchen natürlich auch nach mir. Offiziell bin ich der Dieb und Elias der tapfere Held, der mich und das Buch zurückbringt. Es ist wahrscheinlich zu viel verlangt, aber kann ich wenigstens bis Sonnenaufgang hierbleiben? Danach gehe ich. Ich bin mir ziemlich sicher, dass Elias dich in Ruhe lassen wird, da das Buch nun offen ist und er hat ja deutlich gemacht, dass er kein Interesse an dir hat.«

Juhu!, dachte Emilio lustlos. *Der attraktive Kerl steht nicht auf den langweiligen Touristen.*

»Und du kommst klar?«, fragte er.

»Irgendwie wird das schon werden. Ich bin ziemlich müde, hab seit vorgestern nicht geschlafen. Kann ich die Couch da hinten haben?«

»Klar.«

Emilio sah zu, wie Jones sich deutlich erschöpft auf die Couch fallen ließ, als ihm ein Fleck auf seinem Hemd auffiel.

»Warte!« Emilio ging zu seinem Koffer.

»Was ist denn?«

»Du bist doch verletzt«, erinnerte er ihn.

Jones schaute auf seine Brust herab. Mit dem Finger berührte er die Wunde und zuckte kurz zusammen. Sie hatte aufgehört zu bluten. »Das habe ich ganz vergessen.«

Emilio kam mit einem Fläschchen Desinfektionsmittel zu ihm und erntete einen verdutzten Blick. »Du hast so was dabei?«

»Du nicht?«

»Nein.«

»Bist du gegen Tetanus geimpft?«

»Ich glaube.«

Oh mein Gott!

Emilio sprühte ein wenig von dem Mittel auf ein Taschentuch und tupfte die Wunde vorsichtig ab. »Es brennt sicher etwas.«

»Da hatte ich schon schlimmere Schmerzen«, erwiderte Jones und wartete geduldig, bis er fertig war.

»Leider …«, begann Emilio. Wie sollte er das sagen? »Henri hat ein Kind, ein kleines Mädchen. Sie ist in der Phase, in der sie gerne Streiche spielt und Sachen woanders hinstellt.«

»Süß.«

Nicht wirklich. Nervig trifft es eher.

»Sie hat meine Pflaster ausgetauscht.«

»Gegen?«

»Ihre Pflaster.«

»Das macht nichts.«

»Es sind welche mit Kätzchen drauf.«

Jones lachte. »Gib mir ein Kätzchen-Pflaster.«

»Du traust dich?«

Ein Nicken. Emilio packte das pinke Pflaster aus und klebte es vorsichtig auf seine Brust. »Du hast es so gewollt.«

»Sieht schick aus.«

Damit ließ Jones sich wieder auf die Couch sinken und seufzte. »Nur zwei Stunden Ruhe und ich bin wieder fit.«

»Brauchst du ein anderes Hemd?«

»Nein.«

»Wo sind deine Sachen?«

»Im Auto, aber da kann ich nicht mehr hin.«

»Du hast dir ein Auto geliehen?« Emilio entsann sich, dass Jones ja auch nicht von hier, sondern diesem Elias nach Kreta gefolgt war, also musste er sich ein Auto geliehen haben.

»So könnte man es nennen.«

Emilio schenkte ihm einen tadelnden Blick. »Ich wusste, es ist keine gute Idee, nach Mitternacht noch wohin zu gehen.« Wäre er nicht am Strand gewesen … oder nein. Wäre er gar nicht erst auf diese Tour mitgegangen, dann wäre das alles nicht passiert.

Er tappte ebenfalls zu seinem Bett und schaltete das Licht aus. Vielleicht stellte sich alles als ein Traum heraus, wenn er wieder erwachte.

4

Ein lautes Geräusch hatte ihn geweckt. Sofort setzte er sich auf und stellte fest, dass alles wirklich passiert war. Er sah aus dem Fenster, die Sonne strahlte wie im Paradies.

»Verdammt!«, fluchte Jones. »Ich wollte doch weg sein, bevor du aufwachst.«

»Was war das für ein Geräusch?«

»Die Nachbarn oder so. Aber schlaf ruhig weiter.« Jones zog sich die Schuhe an – offensichtlich hatte er sie sich letzte Nacht ausgezogen – und nahm das Buch in die Hand.

Das Buch. Emilio entsann sich, schlecht geträumt zu haben. Flüsternde Stimmen waren durch seinen Kopf geschlichen. Bei dem Anblick des nun silbernen Einbandes schauderte es ihn. Ein Knäuel unverständlicher Stimmen schien etwas zu murmeln.

»Hörst du das auch?«

»Ja, die Nachbarn verschieben Möbel.«

»Nein, das meinte …« Als er ihn ansah, verstummte er kurz. Jones war einfach … eine Beschreibung für ihn musste er erst finden. »Wohin gehst du?«

»Ich habe darüber nachgedacht und mich für den Haupteingang entschieden. Elias wird sicher erwarten, dass ich mich klammheimlich irgendwo rausschleiche. Allerdings muss ich Marissa aus dem Weg gehen. Dann ruf ich den Orden an und handele was aus. Keine Ahnung, ob das funktioniert. Und ich muss aufpassen, dass ich nicht den Security-Männern in die Arme laufe.«

»Bist du immer so … chaotisch und spontan. Und optimistisch?«

Jones überlegt kurz. »Ja.« Er lächelte, was ihn noch anziehender machte. »Leb wohl!«

Seine Hand griff nach der Türklinke.

»Warte!«, rief Emilio. »Ich hab da eine verrückte Idee.«

Zehn Minuten später standen sie im Empfangssaal. Ohne das Buch.

»Wunderschönen guten Morgen!«, grüßte Emilio.

Sasha Nikita hob den Kopf von seiner Arbeit und erkannte ihn. Man merkte ihm an, wie schwer er sich tat, sein typisches strahlendes Willkommenslächeln zu zeigen. Wahrscheinlich war er schon etwas genervt von den Ereignissen der letzten Tage und befürchtete weitere Unannehmlichkeiten.

»Guten Morgen! Wie kann ich Ihnen helfen?«, fragte er.

»Äh, Sie haben da ja mal erwähnt, dass ich vier Nächte oder Tage hier im Hotel haben kann, wann immer ich will?«

Sasha kniff die Augen zusammen. »Das ist richtig. Sofern es möglich ist. Warum? Ich habe Ihnen doch gesagt, dass ich Ihnen das Geld nicht rückerstatten kann. Somit ist Ihr momentaner Aufenthalt …«

»Das meinte ich so nicht.« Er blickte zu Jones. »Das ist ein Freund von mir und er … ähm. Also ich würde die vier Tage gerne für ihn nutzen, da ich ja bis Sonntag hier bin, und das wäre perfekt. Wäre das irgendwie machbar?«

»Entspricht dieser junge Mann nicht der Beschreibung des Mannes, welcher in Ihre Suite eingedrungen ist?«

Emilio griff sich an den Kopf, stöhnte und verzerrte das Gesicht. »Oje, schon wieder dieser Schmerz! Und der Schwindel! Seit diesem Unfall, der durch die Nachlässigkeit der Angestellten verursacht wurde, kommt das immer wieder. Ich sollte besser einen Arzt konsultieren, dieses Hotel scheint den Sicherheitsanforderungen …«

»Schon gut!« Widerwillig gab Sasha nach. »Aber ich sagte doch, das Hotel ist ausgebucht. Ihre Suite wäre normalerweise für zwei Personen gedacht.« Auffordernd sah er sie an. »Mehr kann ich Ihnen nicht anbieten.«

»In Ordnung. Machen wir es so.« Hatte er das gerade eben wirklich gesagt?

»Haben Sie einen Pass?«

Überraschenderweise hatte Jones einen. »Den hab ich immer bei mir. Falls ich nicht zu meinen Sachen komme.«

Er überreichte ihn, Sasha gab die Daten in den Computer ein und gab ihn an Jones zurück. »Wir sind ein allergikerfreundliches Hotel. Haben Sie Allergien?«

»Nüsse.«

Sasha notierte sich das und wandte sich dann wieder an Emilio. »Ich hoffe sehr, wir sind alle glücklich und es gibt keine weiteren … Zwischenfälle.«

»Vollkommen«, versicherte Emilio. »Wir sind quitt! Ihr Hotel ist toll.«

Damit gab sich Sasha zufrieden.

»Eine Sache wäre da noch«, ergänzte Emilio. »Letzte Nacht wurde ich von einem Mann belästigt, der kein Gast war. Hier in der Anlage.«

»Marissa hatte Dienst.«

»Genau, sie hat auch mitten in der Nacht einen Anruf für mich durchgestellt.«

»In der Nacht?« Sasha war empört. »Geben Sie mir eine Beschreibung des Mannes, ich werde mich darum kümmern.«

Gesagt, getan. Emilio war erleichtert, als er die Rezeption verließ.

Aber was hatte er gemacht? Warum hatte er sich gerade so viele Probleme aufgehalst? Hatte er den Verstand verloren?

Als er im Fahrstuhl einen Blick zur Seite warf, wusste er, wieso er so gehandelt hatte.

Diese Leute, Elias und seine Freunde, waren gefährlich. Er wollte nicht, dass Jones etwas passierte. Er war allein, die waren zu dritt. So sehr Emilio aus dieser Sache herausgehalten werden wollte – nicht zu wissen, ob Jones es geschafft hatte, würde ihn wahnsinnig machen.

Eine große Hilfe war er allerdings nicht. Er war kein Abenteurer. Was hatte er sich da bloß aufgehalst? Das musste die Midlife-Crisis sein, von der alle sprachen.

Jones

Jones beschloss, das Buch im Tresor der Suite aufzubewahren. Es war der beste Ort, der ihm einfiel.

»Ich muss den Orden anrufen und das klären«; sagte er. »Zu ihnen schaffe ich es nicht. Elias lässt mich mit Sicherheit nicht das Land verlassen.«

»Kann ich helfen?«

»Das hast du doch bereits.«

Dieser unscheinbare Mann hatte ihn wirklich überrascht. Nie würde er zugeben, dass dessen Idee ihm den Arsch gerettet hatte. Elias lauerte vor dem Hotel und er hatte keinen Zufluchtsort. Dass die Rettung in Form eines großen Touristen in schlechter Kleidung erscheinen würde, hätte er nicht gedacht. So war es letztendlich eine gute Fügung gewesen, dass Emilio die Inschrift angelesen hatte. Witzig, wie das Leben so spielte.

Da die Suite zwei Räume hatte, ging er nach nebenan und schloss die Schiebetür hinter sich. Erst dann wählte er die Nummer des Ordens. Schon nach dem zweiten Piepen wurde abgehoben.

»Wer ist da?«

Jones zögerte. »Ich bin's, Akira.«

»Jones?«

»Ja.«

»Wo zur Hölle steckst du? Ich bin ein paar Tage nicht da und muss hören, du hast das Buch gestohlen? Und dann rufst du … Warum rufst du mich an?«

Akira war derjenige, der ihm damals geholfen hatte, in den Orden aufgenommen zu werden, obwohl Jones unter den Kriegern herausstach. Die anderen der Akasha waren so streng, keusch und verstanden keinen Humor, Jones wurde hingegen nachgesagt, er würde seinen Beruf als Wächter nicht ernst genug nehmen. Was nicht der Wahrheit entsprach. Nur weil er es aufregend fand, hieß das ja nicht, dass er es nicht ernst nahm. Akira nahm ihn hie und da als Einziger in Schutz. Ohne ihn wäre er nicht Teil des Ordens und nach dieser Sache würde der seinetwegen sicher auch Probleme bekommen.

»Hast du eine Ahnung, was ich mir deinetwegen anhören muss? Immerhin hab ich dich in Schutz genommen!«, polterte er auch schon los.

»Ich weiß. Bitte hör mir zu!«

Ein gereiztes Ausatmen. »Ich höre.«

»Es ist wahr, ich habe das Buch gestohlen.«

Ein lautes Fluchen. Das war ungewöhnlich. Akira war meistens beherrscht, so wie alle im Orden.

Jones runzelte die Stirn. »Bist du wegen noch was anderem aufgebracht?«

»Wie du vielleicht weißt, bin ich aus einem bestimmten Grund unterwegs. Ich fliege um die halbe Welt, um diesen Victor zu finden. Und gerade scheint er wie vom Erdboden verschluckt zu sein.«

Er erinnerte sich durchaus. Victor Andrei war mit der Büchse der Pandora entkommen und der Orden hatte Akira geschickt, um ihn zu suchen. Wenn er ihn nicht fand, konnte es niemand.

»Sorry«, sagte Jones zerknirscht.

»Du wolltest etwas erklären?«

»Ist der Zeitpunkt ungünstig?«

»Genau wie jeder andere.«

»Es ist nicht so, wie du denkst.«

»Ich bin gespannt.«

»Elias will das Buch. Ich musste es vor ihm stehlen.«

»Elias ist ein angesehenes Mitglied des Ordens. Jeder hat gemerkt, dass du ihn nicht magst.«

»Warum sollte ich dich anrufen, damit du kommst und ich dir das Buch übergebe, wenn ich es für mich verwenden will?«

»Du willst mir das Buch geben? Wo bist du?«

»Auf Kreta.«

»Was machst du auf Kreta?«

»Ich bin Elias hierher gefolgt. Das Buch hat kurzfristig den Besitzer gewechselt … es ist kompliziert.«

»Da sich mein Zielobjekt in Luft aufgelöst hat, könnte ich es eventuell arrangieren, zu dir zu kommen. Wo bist du genau?«

»Wenn ich es dir sage, musst du versprechen, allein zu kommen.«

»Was soll das Spielchen?«

»Der Orden glaubt mir nicht. Er wird mich festnehmen und Elias kommt an das Buch.«

»Es könnte auch eine Falle sein. Du lockst mich her, bringst mich mithilfe der Dämonen um …«

»Denkst du das wirklich?«

»Eigentlich nicht. Aber man muss auf alles vorbereitet sein.« Akira gab einen frustrierten Laut von sich. »Wäre es jemand anders als du, würde ich nicht auf diesen Deal eingehen.«

Jones' Herz machte einen Freudensprung. »Du kommst?«

»Sobald ich kann.«

»Sei vorsichtig. Elias ist mit Saskia und Svend zusammen.«

»Seinem Bruder, dem kleinen Ganoven? Er hat doch gesagt, er hätte keinen Kontakt zu ihm.«

»Er hat bei so einigem gelogen.«

»Ich werde vor Ort entscheiden, wer von euch die Wahrheit spricht.

Elias ist immerhin schon lange Teil des Ordens. Und du hast keine Beweise.«

»Du wirst schon sehen. Ich hab sogar einen Zeugen!«

Hoppla.

»Einen Zeugen? Du hast einen Unwissenden hineingezogen? Der Tag wird immer schlimmer seit dem Känguru.«

Dem Känguru? »Ich bin momentan in einem Hotelzimmer …«

»Du hast noch Geld dafür?«

»Wie gesagt, es ist kompliziert. Du wirst es nicht glauben.«

»Tu ich jetzt schon nicht. Welches Hotel?«

Er nannte ihm den Namen. Akira war seine einzige Hoffnung. »Ich vertraue dir.«

»Und ich hoffe, ich kann dir vertrauen. Allerdings kann ich nicht so schnell da sein. Ich bin nämlich gerade in Australien.«

»Australien?«

»Ja, davor war ich in Alaska!«

Verständlich, dass er angepisst war.

»Langsam fürchte ich, Victor hat diese Spuren mit Absicht gelegt, um mir diese kleine Weltreise aufzubürden. Während er ganz woanders ist. Die Frage, die sich mir dabei stellt, ist: Wo ist er?«

Emilio

Emilio unterdrückte gerade den Drang, an seinen Nägeln zu kauen, als Jones die Schiebetür öffnete. Es hatte ein hohes Maß an Selbstbeherrschung gekostet, nicht zu lauschen. Das gehörte sich nicht.

»Und?«, fragte er.

»Ein Freund von mir aus dem Orden kommt her«, sagte Jones. Emilio atmete tief durch. »Gut. Und wann ist er hier?«

Jones druckste herum. »Im Augenblick befindet er sich in Australien. Also erst in zwei Tagen oder so.«

Seine Hoffnung zerbröselte. »Was machen wir bis dahin?«

Oh Gott! Sein Leben war in Gefahr! Er würde sterben, dabei hatte er nicht mal hierher gewollt.

»Wir könnten an den Pool gehen«; schlug Jones vor.

Emilio starrte ihn an, als hätte er den Verstand verloren. »Aber Killer sind hinter uns her!«

»Sie kommen nicht mehr ins Hotel. Und bei Tag, unter Zeugen, erst recht nicht. Also mach dir nicht ins Hemd.«

Mach dir nicht ins Hemd? Wie konnte man diese Sache nur so locker sehen?

»Ich find's schön hier und was sollen wir sonst machen? Warten?«

»Ja, das dachte ich schon.«

Jones schmunzelte. »Du willst zwei Tage hier in diesem Zimmer sitzen?«

»Das weiß ich nicht, ich hab keine Erfahrung mit solchen Situationen. Ich kann nicht fassen, dass das alles überhaupt geschieht. Dämonen, Psycho-Killer, Orden, du …?!«

»Eben deshalb finde ich, wir sollten uns entspannen. Und da ich nun offiziell ein Gast hier bin, darf ich den Pool benutzen.« Das schien ihn richtig zu freuen. »Allerdings hab ich keine Badehose. Gibt es hier einen Shop?«

»Ja, direkt neben dem Pool ist ein kleiner …« Emilio schüttelte den Kopf und fuchtelte mit den Händen. »Nein, nein, nein! Was, wenn da Scharfschützen sind und wir liegen am Pool?«

Jones lachte. »So arbeiten diese Leute nicht.« Er tätschelte Emilios Wange. »Und jetzt zieh dich um und pack deine Sonnencreme ein.«

»Das geht nicht!«

»Du hast recht«, sagte Jones. »Davor müssen wir frühstücken gehen. Ich hab Kohldampf!«

Ergeben zeigte er Jones den Frühstückssaal.

Emilio holte sich einen Kaffee, den brauchte er dringend. Dazu nahm er noch ein Brötchen, dann setzte er sich an den Tisch und wartete auf Jones. Obwohl er sein Getränk nicht zuckerte, rührte er mit einem Löffel darin, um sich zu beruhigen. Als der Kaffee nicht mehr zu heiß war, nahm er einen Schluck davon. Jones kam ebenfalls an den Tisch und stellte eine Kanne Pfefferminztee ab sowie einen Teller voller Brötchen: eine Semmel, ein Croissant, eine Toastscheibe. Außerdem ein kleines Schüsselchen mit Honig, eines mit Erdbeermarmelade und Butter.

»Komm gleich wieder, pass drauf auf!«

Perplex starrte Emilio das Essen an. Es dauerte nicht lange, bis Jones mit einem weiteren Teller zurückkehrte, auf dem – echt? – ein hauchdünnes

Omelett und eine Waffel lagen. Dazu eine Schüssel mit Naturjoghurt und Haferflocken.

»Ich esse nicht so viel«, stotterte Emilio.

»Das ist ja auch für mich. Hätte ich dir was bringen sollen?«

»Das kann unmöglich alles für dich sein.«

»Siehe und staune.«

Jones aß zuerst die Toastscheibe mit Butter und Honig, dann ein Brötchen und das Croissant. Als Nächstes bestrich er das Omelett mit Marmelade und zerteilte es gewissenhaft mit Messer und Gabel. Das köstliche Gericht verschwand zwischen seinen Lippen und er stöhnte genießerisch.

»Lecker.« Emilio beobachtete ihn ungläubig. Jones verzehrte auch die Waffel – über die er den Honig gegossen hatte, dazu trank er zwei Tassen Tee. Zuletzt widmete er sich dem Joghurt.

Emilios Kaffee war inzwischen kalt, er hatte ihn total vergessen.

»Wie kannst du das alles essen?«

»Wie kannst du das nicht essen? Ist total lecker.«

»Ja, aber die vielen Kohlenhydrate? Das Fett.«

»Mag sein, doch es schmeckt lecker!« Genüsslich leckte Jones den Löffel ab.

»Du bist so schlank!«

»Mein Beruf ist ja stressig«, scherzte er. »Nein, im Ernst, ich esse immer so viel.«

Würde ich das alles essen, wäre ich den ganzen Tag satt, dachte Emilio, musste sich allerdings eingestehen, dass alles sehr appetitlich ausgesehen hatte.

Gerade öffnete er den Mund, um etwas zu sagen, da schob Jones ihm einen Löffel Joghurt hinein. Er schluckte. Schmeckte gar nicht schlecht.

»Ich glaub, ich pack mir ein Stück von diesem Sandkuchen als Snack ein. Für den Pool.«

Was? »Das ist nicht nötig, das ist ein All-inclusive-Hotel. Es gibt immer irgendwo was zu essen.«

»Auch Sandkuchen?«

»Das weiß ich nicht.«

»Na, siehst du!«, grinste er.

Erst als sie Richtung Hotelshop spazierten, wurde Emilio richtig wach. Der Laden war klein und schenkte Abkühlung. Sogar hier gab es Essen zu kaufen, Schokolade und Ähnliches. Des Weiteren Luftmatratzen, Zeitschriften, ein paar Bücher in unterschiedlichen Sprachen, Souvenirs, Postkarten und Badesachen.

Jones suchte sich eine schwarze Badehose aus, eine Sonnenbrille und Sonnencreme.

»Hast du wirklich gar nichts?«, fragte Emilio.

»Meine Sachen sind im Auto, schon vergessen? Ich hab nicht mal Geld.«

»Du kannst meine Sonnencreme nehmen«, bot er an.

»Ist die gegen Sonnenallergie?«

»Nein.«

»Dann, nein danke. Oh cool!«

Jones nahm einen runden, strohfarbenen Hut vom Ständer und setzte sich ihn auf.

»Ein Sonnenschutz für den Kopf ist wichtig, aber nimm doch eine Kappe.«

»Ich will den hier. Der sieht mehr nach Indiana Jones aus.«

»Indiana Jones?«

Er nickte. »Vielleicht gibt es einen spannenden Roman?«

»Wir wollen es nicht übertreiben.«

Die Kassiererin tippte alles ein und Emilio ließ es aufs Zimmer schreiben.

Kaum hatten sie den Laden verlassen, brannte die Sonne auf sie herab. Es hätte ruhig etwas windiger sein können, fand Emilio, ihm war zu heiß. Er war froh, als er unter seinem Schirm lag. Es war ungewohnt, dass jemand neben ihm lag und er nicht allein hier war. Verstohlen schielte er zu Jones. Der cremte sich gerade ein. Er hatte sich auf der Toilette umgezogen, die Hose stand ihm ausgezeichnet. Jeder andere würde mit diesem Hut albern aussehen, ihm stand er. Emilio musste schlucken angesichts seines gut gebauten Körpers. Zwar war er nicht so durchtrainiert wie er selbst, doch er hatte eine athletische Figur. Seine Haut war hell, kein Wunder, dass er Sonnenschutzfaktor 50+ gekauft hatte.

Gelassen ließ Jones sich auf die Liege sinken. Seine Brust hob und senkte sich bei jedem Atemzug. Das Pflaster hatte er abgenommen, sodass man die kleine Verletzung sehen konnte. Wut stieg in Emilio auf, wenn er an Elias dachte. Dieser Psycho würde Jones nicht noch einmal in die Finger bekommen, seine perversen Ideen konnte er an jemand anderem ausprobieren. Sollte er ihm mal allein gegenüberstehen, konnte er sein blaues Wunder erleben. Dieser Mistkerl!

Überrascht über diesen Zornesausbruch versuchte Emilio sich zu beruhigen. Der Gedanke, jemand anders könnte Jones anfassen, war einfach … Moment mal. Warum sollte ihn nicht jemand anders anfassen? Er hatte nichts mit Jones zu tun. Weshalb dachte er so was? Diese Besitzgier kannte er von sich gar nicht. Bei Philippe war er nie so ausgetickt. Der hatte hin und wieder mit anderen geflirtet, aber Emilio hatte sich niemals Sorgen gemacht.

Und jetzt das?

Jones' Lippen öffneten sich leicht, er schien zu dösen. Eine kleine Schweißperle rann über seinen flachen Bauch und stoppte bei seinem Nabel. Gerne hätte er sie abgeleckt.

Stopp! So was darf ich nicht denken!

Warum nicht?, fragte eine innere Stimme.

Weil ich Jones mag und, obwohl ich ihn erst seit einem Tag kenne, respektiere.

Und du findest ihn scharf!

Ja, verflucht! Neben ihm bewegte sich etwas und er zuckte erschrocken zusammen, doch seine Reaktion war unnötig. Es war lediglich ein kleines Kätzchen, und es hatte den Sandkuchen gefunden.

»Äh, Jones!« Der blickte neben sich und entdeckte den Dieb. »Oh, ein Kätzchen.«

Zu allem Überfluss begann er es zu streicheln und gab ihm sogar bereitwillig ein Stück vom Kuchen ab.

»Es könnte Flöhe haben oder dergleichen. Du solltest es nicht anfassen«, konstatierte Emilio.

»Schwachsinn.« Jones tat die Befürchtung ab. »Es trägt ein Glöckchen um den Hals und sein Fell wirkt sehr gepflegt. Es gehört wohl zum Hotel. Das gibt es öfters hier auf Kreta, hab ich gesehen.«

»Ach ja? Wenn du meinst.«

Das Kätzchen aß sich satt und verabschiedete sich wieder.

»Ist angenehm, mal einfach hier zu liegen«, bemerkte Jones.

»Wie lange bist du schon auf der Flucht?«

»Seit fast einer Woche.«

»Klingt anstrengend, wenn jeder Tag auch nur annähernd so war wie gestern Abend.«

»Mhmm.«

Ein Plätschern lenkte Emilios Aufmerksamkeit auf den Pool. Ein kleines Mädchen spielte mit einem riesigen aufgeblasenen Flamingo.

»Ich hab mal Erwachsene mit einem Einhorn gesehen«, erzählte Emilio abwertend. »So was von kindisch, nicht wahr?«

»Nein, ja … Sicher. Total kindisch!« Jones sah zum Pool.

»Willst du was trinken?«, fragte Emilio.

»Wenn du schon fragst. Einen Latte macchiato, bitte.«

Der Weg zur Bar – es gab mehrere und eine befand sich direkt neben diesem Pool – erforderte nur ein paar Schritte. Für sich selbst holte Emilio ein Mineralwasser, kehrte mit den Getränken zurück und musste feststellen, dass Jones noch immer den Flamingo im Blick hatte.

Emilio lächelte in sich hinein und stellte die Gläser ab. Das Mädchen schwamm gerade an den Beckenrand auf der gegenüberliegenden Seite. Er ging zu ihr und beugte sich näher.

»Hey Kleines!« Er versuchte freundlich zu klingen, wie bei der Tochter von Henri. »Du hast einen tollen Flamingo. Leihst du mir den mal?«

»Ist nicht meiner.«

Damit verließ sie den Pool, nahm das Tier mit sich und tappte, feuchte Fußabdrücke hinterlassend, in Richtung einer Frau, die auf einem Liegestuhl lag.

»Danke!«, sagte sie und legte das aufblasbare Tier ab.

Offensichtlich gehörte er der hübschen Blondine. Wer hätte das gedacht? Hatte sie Kinder? Emilio sah keine. Sie schien allein hier zu sein.

»Entschuldigen Sie«, sprach er sie an.

Sie blickte ihn über ihren Sonnenbrillenrand hinweg an. »Ja?«

Verlegen kratzte sich Emilio im Nacken. »Es ist wahrscheinlich ungewöhnlich, aber könnte ich mir das auch kurz ausleihen?«

Sie lächelte. »So ungewöhnlich ist das gar nicht. Geht in Ordnung. Unbeschadet zurück, ja?«

»Natürlich, danke!«

Er nahm das Wasserspielzeug, welches nicht schwer, nur wirklich groß war, und trug es zur anderen Seite des Pools. Jones hatte die Aktion mitbekommen und kam ihm bereits entgegen, die Begeisterung stand ihm ins Gesicht geschrieben. Er hüpfte in den Pool, Emilio folgte ihm. Das Wasser kam ihm durch die Hitze ziemlich kalt vor, doch sobald er drinnen war, genoss er die Abkühlung.

Sofort versuchte Jones auf den Flamingo zu kommen, was gar nicht so einfach war, da er im Wasser ständig davon glitt.

»Ich halte ihn für dich.«

Emilio sorgte dafür, dass der Vogel an Ort und Stelle blieb, während Jones sich hochstemmte. Schließlich schaffte er es und saß auf dem Ungetüm.

»Juhu!«

Er legte die Arme um den langen Hals und drückte sein neu errungenes Spielzeug an sich. Bedauerlicherweise saß er nicht mittig genug und sein Gewicht sorgte dafür, dass er vornüberkippte.

Mit einem lauten »Ahh!« platschte er ins Wasser, der überdimensionale Flamingo landete auf ihm. Eine Sekunde später tauchte er hustend wieder auf.

Emilio konnte nicht anders, als bei dem Anblick lauthals zu lachen.

»Erschlagen von einem pinken Federvieh«, kommentierte Jones.

»Genug?«, erkundigte sich Emilio, als sein Lachanfall langsam abebbte.

»Niemals. Ich schaffe es!«

Noch einmal erklomm er den Plastikvogel und diesmal blieb er oben sitzen. »Ha!«, rief er triumphierend. »Ist ja cool!«

Wie konnte man sich wegen eines aufblasbaren Tiers nur so freuen? Emilio schüttelte grinsend den Kopf. »Ich schwimm mal eine Runde.«

Er sank mit den Schultern tiefer und glitt durchs Wasser. Es war sehr erfrischend, obwohl hie und da Leute seinen Weg kreuzten und er die Route ändern musste. Als die Runde – dieser Pool war tatsächlich kreisrund – zu Ende war und er erneut bei Jones anlangte, saß der immer noch auf dem Flamingo und drehte sich im Kreis.

»Schwimmst du die nächste Runde mit?«

»Geht nicht«, erwiderte Jones. »Ich kann nicht steuern.« Demonstrativ versuchte er mit Händen und Füßen zu paddeln, doch das Teil bewegte sich erst, als eine Windböe ihn weitertrieb.

Das brachte Emilio erneut zum Grinsen. »Gut, ich schiebe dich.«

Unfassbar. So weit war es gekommen. Halb schwimmend, halb gehend führte Emilio ihn über den Pool. Jeder, der sie beobachtete, musste sie für verrückt halten. Aber Jones gefiel es.

5

Jones

Nach dem Mittagessen kehrten sie aufs Zimmer zurück, wo sie als Erstes nachsahen, ob das Buch noch unbeschadet im Tresor lag. Emilio kam ihm nicht zu nahe. Hatte er Angst vor dem Artefakt? Irgendwie verständlich.

Jones war überrascht gewesen, als er ihn heute in Badehose gesehen hatte. Nackt sah Emilio viel besser aus und das konnte man nicht von allen Leuten behaupten. Klar definierte Bauchmuskeln, leicht gebräunte Haut. Er war groß und breitschultrig und hätte mit seiner Figur für ein Magazin werben können. Jones fiel ein, dass Emilio erwähnt hatte, öfter ins Fitnessstudio zu gehen. Das Ergebnis konnte sich sehen lassen. Doch dass er ihn im Kampf besiegen konnte, bezweifelte er allerdings. Emilio war zwar stärker, doch die Kampftechnik des Ordens machte es ihm möglich, die Kraft des Gegners zu nutzen. Und von so was hatte Emilio keine Ahnung. Jones war zwar nicht der beste Krieger, aber er hatte sich während des Kampftrainings nicht schlecht gemacht.

»Wir müssen shoppen gehen«, erklärte er unvermittelt. »Ich hab nichts zum Anziehen«, ergänzte er, als er Unverständnis in Emilio Gesicht las.

»Du kannst dir was von mir ausleihen.«

Skeptisch musterte er ihn. »Nein danke!«

Emilios Miene fiel in sich zusammen. »Was habt ihr alle gegen meine Kleidung?«

»Wo soll ich anfangen? Zum Beispiel diese Hose. Das Material ist rau und sie ist schlammfarben!«

»Das ist kaki.«

Entgeistert starrte Jones ihn an. Lange. »Sag das nie wieder.«

»Warum nicht?«

»Man sagt so was nicht. Man sagt: Das ist von Armani!«

»Ich kaufe nicht bei Armani.«

»Das wäre dein erstes Problem.«

»Mein erstes?«

»Ich versuch nur zu helfen. Fahren wir nach Heraklion.«

»Dort könnte Elias uns erwischen.«

Jones zuckte mit den Schultern. »Man darf nicht in Furcht leben. Außerdem ist das Buch in Sicherheit, Marissa arbeitet wahrscheinlich heute nicht und tagsüber an einem öffentlichen Ort wäre es für Elias schwer, uns anzugreifen. Er möchte sicher nicht die Behörden hier am Hals haben.«

Er erntete ein misstrauisches Brummen.

»Komm schon!«

»Na gut. Aber nur kurz. Bei dem ersten Anzeichen von Problemen hauen wir ab. Verstanden?«

»Aye!«

Die Fahrt nach Heraklion dauerte nur fünfzehn Minuten. Jones gefiel die Stadt, es herrschte eine völlig andere Atmosphäre als zu Hause, obwohl er nicht sagen konnte, woran das lag. Möglicherweise an den Gebäuden, den Leuten, der Straßenmusik oder den Ständen mit den Souvenirs.

»Ich finde dieses Land schön«, meinte Jones. »Die Luft ist ganz anders, das Wetter und die Mythologie sind auch recht spannend, findest du nicht?«

»Dazu kann ich nichts sagen. Zur Mythologie.«

»Hier gibt es Comics für Kinder, die sie dir erklären.«

»Ha, ha«, machte Emilio.

»Und schau! Hier sind Muscheln und natürliche Badeschwämme.«

Jones sah zu Emilio, doch dessen Blick wanderte nur unsicher durch die Gegend, als befürchte er jeden Moment ein Messer in den Rücken gerammt zu bekommen.

»Da hinten ist ein Laden mit Kleidung«, sagte Jones und strebte ihn an. »Ich gebe dir das Geld zurück, sobald es mir möglich ist.«

»Vergiss es. Ich bin ja im Urlaub«, sagte Emilio, wirkte allerdings nicht begeistert.

»Hat Henri das zu dir gesagt?«

»So offensichtlich?«

Jones kicherte und stöberte in den Regalen. Für sich hatte er schnell eine schwarze Jeans und ein weißes Hemd gefunden. Dann suchte er noch etwas für Emilio.

»Probier das an!« Er drückte ihm seine Auswahl an die Brust. »Keine Widerrede. Du hast nichts zu verlieren.«

Gehorsam verzog Emilio sich in die Umkleidekabine. Während er wartete, suchte Jones nach weiteren Kleidungsstücken. Auch wenn er unbeschwert wirkte, beobachtete er seine Umgebung ununterbrochen und war wachsam. Obwohl er nicht erwartete, Elias hier anzutreffen – woher sollte der die Information über ihren Aufenthaltsort haben? Marissa war wie erwartet nicht im Dienst gewesen, trotzdem war er vorbereitet, so gut es ging. Emilio schielte vorsichtig heraus. »Ich kann das nicht tragen.«

»Zeig dich schon!«

»Wie du willst.«

Der Vorhang wurde zu Seite geschoben. Das Resümee: Viel besser! Ein neuer Mensch stand vor ihm. Die Hose war aus einem feinen Stoff, passend für den Sommer, der Schnitt passte wie angegossen und sein Hintern sah auch zum Anbeißen aus. Das Hemd schmiegte sich an seine Schultern. Jones lobte sich für seine Wahl.

»So siehst du nicht mehr langweilig aus!«

Emilio beäugte sich skeptisch im Spiegel. »Sieht anders aus«, gab er zu. Er wirkte verblüfft. Sicher hatte er sich noch nie so gesehen. »Aber diese Hose ist auch kakifarben.«

Jones warf ihm einen giftigen Blick zu. »Das ist beige!«

Er rollte mit den Augen. »Was immer du sagst.«

»Ganz genau. Hier hab ich noch mehr für dich.«

»Ich mach jetzt keinen Großeinkauf. Sollte ich das hier nehmen, reicht das erst mal.«

»Du brauchst mehr als eine Hose und ein Hemd in deinem Schrank.«

»Ich hab Kleidung!«

»Da gehen die Meinungen auseinander.«

Emilio öffnete den Mund, um zu widersprechen, doch Jones hob den Finger. »Hör auf deinen Bruder!«

Ein Stirnrunzeln. »Ich … bin im Urlaub?«

»Richtig.« Weitere Klamotten lagen in seinen Händen. »Danach brauchen wir noch Schuhe.« Wenig später schlenderten sie die Straße entlang, was erstaunlich angenehm war und eine stressreduzierende Wirkung auf ihn hatte. Je weiter der Nachmittag fortschritt, desto milder wurden die Temperaturen. Jones vermutete, dass Emilio sich ausrechnete, wie viel Geld er seit einer Ankunft auf Kreta verbraucht hatte.

»Langsam hab ich wieder Hunger«, sagte Jones.

»Mir kommt es so vor, als hätte ich gerade gegessen.« Emilio sah auf seine Armbanduhr. »Schon sechs Uhr? Lass uns zurückfahren.«

»Geht klar. Eine letzte Frage hab ich noch.«

»Schieß los.«

»Diese Kappe.« Er rümpfte die Nase. »Sie hat ein Loch. Hast du keine andere?«

»Sie ist nicht kaputt, das sind nur Schönheitsfehler und sie erfüllt ihren Zweck immer noch. Ich kauf mir eigentlich erst neue Sachen, wenn die alten gar nicht mehr gehen.«

Das hatte er gemerkt. »Sie geht nicht mehr.«

»Das stimmt nicht.«

»Hast du eine emotionale Bindung zu ihr? Oder sie von jemandem geschenkt bekommen, der dir wichtig ist?«

»Nein.«

Blitzschnell schnappte Jones sich das Teil und warf sie in den nächsten Mülleimer.

Schockiert rief Emilio: »Oh mein Gott! Warum?«

»Sie war grau und von Motten zerfressen, Emilio.«

»Ich glaube, das ist eine Tonne für Restmüll.«

»Passt ja.«

»Aber …«

Jones legte ihm den Zeigefinger auf den Mund. »Denk nicht immer so viel nach.« Dann nahm er den Finger weg, ging auf die Zehenspitzen und ersetzte ihn durch seine Lippen. Es war ein schneller, sanfter Kuss. Seine Lippen waren weich und fest.

Emilios Gesichtszüge entglitten ihm, seine Augen waren halb geschlossen, perplex stand er da. Immerhin hielt er jetzt die Klappe.

Der Moment wurde jäh unterbrochen, als Jones im Blickwinkel eine ihm bekannte Person bemerkte. Svend war in der Menge aufgetaucht und schien etwas zu suchen. Besser gesagt jemanden. Sie! Gott sei Dank hatte er sie noch nicht entdeckt.

»Das war …«, begann Emilio.

Jones zog ihn in die nächste Gasse hinein. »Wir sollten wirklich gehen. Da hinten ist Svend!«

Eilig suchten sie den nächsten Taxistand. Erst als sie im fahrenden Auto saßen, fühlte Jones sich ein wenig sicherer. Das war knapp gewesen. Svend mochte eine hohle Nuss sein, doch seine Rechte war nicht zu unterschätzen. Wo er war, da konnten die anderen nicht weit sein.

Emilio

Erleichtert und verwirrt erreichte Emilio mit Jones das Hotel. Es war nicht die Gefahr, der sie eben entkommen waren, sondern der Kuss, der ihn beschäftigte.

Warum hatte Jones ihn geküsst? War er der Typ, der das öfter einfach so tat? Bedeutete es ihm etwas? Weshalb sollte der gut aussehende Mann etwas von ihm wollen? Er war langweilig, das hatte er zur Genüge bestätigt bekommen. Spielte Jones etwa mit ihm?

Am besten war es wohl, keine voreiligen Schlüsse zu ziehen! Einfach abwarten.

Doch was, wenn Jones wollte, dass er nun auch aktiv wurde? Die Chance ergriff?

Er gefällt dir!, erklang seine innere Stimme und er hasste sie dafür. *Schnapp ihn dir! Hätte er dich geküsst, wenn er kein Interesse hätte?*

Vielleicht.

Wenn nicht, dann würde Emilio ihn unerwünscht bedrängen!

Oh Gott! Was sollte er machen? Was wurde von ihm verlangt? Sollte er fragen? Oder wäre das kindisch? Was sollte er sagen?

Du willst du auch, dass ich dich küsse, oder nicht?

Wie peinlich! Da würde er lieber im Erdboden versinken.

Er schimpfte sich einen Idioten.

»Ich geh duschen«, informierte Jones ihn und verschwand im Badezimmer.

Emilio stand da und versuchte an etwas anderes zu denken als daran, wie Jones nackt unter der Dusche stand. Seufzend setzte er sich und schaltete den Fernseher ein, um sich abzulenken.

Die neue Kleidung war bequem, das musste er zugeben. Früher hatte er sich gesträubt, Kleidung von Armani und dergleichen auch nur anzusehen, geschweige denn zu tragen. Als er heute in den Spiegel geschaut hatte, hatte ein fremder Mann vor ihm gestanden. Ein Mann, der seinen Blick auf sich gezogen hätte, wäre er an ihm vorbeigelaufen. Nun musste er sich eingestehen, dass ihm die Sachen gar nicht so schlecht standen. Und was ihm vor allem gefallen hatte, war Jones' Blick gewesen, als er ihn in den Klamotten gesehen hatte. Er wollte, dass er ihn immer so ansah.

Aber die Kleidung war teuer gewesen.

Sei nicht immer so sparsam!

Ein weiterer Vorwurf von Philippe, der ihm wieder einfiel. Hatte er ihm während ihrer Beziehung zu wenig Beachtung geschenkt? Nicht richtig zugehört? Seit Philippe ihn verlassen hatte, fragte er sich das öfter. Emilio hatte sich – seiner Meinung nach – um seinen Freund gekümmert. Um seine Finanzen, Gesundheit … So etwas war wichtig!

»Hey, heut läuft Indiana Jones!«

Emilio war derart vertieft in seinen Gedanken gewesen, dass er gar nicht bemerkt hatte, dass Jones aus dem Bad gekommen war. Er trug die neue schwarze Hose und zog sich gerade das Hemd über. Seine Haarspitzen waren noch feucht, was ziemlich sexy aussah.

»Was?«, fragte Emilio, seine Stimme war rau.

»Im Fernsehen«, erklärte Jones. »Da war gerade eben die Vorschau.«

»Du magst Indiana Jones?«

»Der Hut«, sagte er.

Ach ja, genau! Und ihm fiel gerade noch etwas anderes auf. Wie hatte er das übersehen können? »Heißt du deshalb Jones mit Nachnamen?«

Erwischt! Jones wurde rot und blickte verlegen zur Seite. »Ja. Wenn man dem Orden beitritt, ändern viele ihren Nachnamen und ich hab mich für Jones entschieden. Den Grund kennst du nun ja.«

»Süß«, grinste Emilio. »Und dein Vorname?«

Jones zögerte. »Hab ich abgekürzt in Jake.«

»So schlimm? Haben deinen Eltern dich nach jemandem benannt, den du nicht magst?«

»Du musst wissen, ich kenne meine Eltern nicht.« Er hielt kurz inne, bevor er weitersprach. »Ich wurde gleich nach meiner Geburt vor einer Kirche ausgesetzt und kam dann in das Waisenhaus, das dazugehörte.«

»Das ist ja schrecklich.« Emilio war ehrlich schockiert. »Tut mir sehr leid.«

Jones winkte ab. »Schnee von gestern. Jedenfalls war es ein Priester, der mir den Namen gab, und ich hab ihn auch im Pass ändern lassen.«

»Jetzt machst du mich neugierig.«

»Du darfst nicht lachen und es niemandem sagen.«

»Wem sollte ich es sagen?«

»Weiß nicht, trotzdem.«

»Indianerehrenwort.«

»Okay. Er taufte mich: Jacob. Und das klang mir viel zu sehr nach dem heiligen Jacob. Was auch die Absicht dahinter war.«

»Klingt ja schrecklich!« Er lachte und Jones warf ihm einen wütenden Blick zu. Mühsam versuchte Emilio sich zu beherrschen. »Ich verstehe deine Namensänderung und warum du dich nur mit Jones anreden lässt.«

»Und wie war dein Nachname vor dem Beitritt?«

»Der hat sich manchmal geändert. Ich wurde irgendwann doch adoptiert, nachdem ich bei unterschiedlichen Pflegeeltern war.«

»Weshalb bei mehreren?«

Jones verzog den Mund. »Ich war ein ziemlich … hyperaktives Kind.«

»Das glaube ich sofort. Ganz zu schweigen von den Verpflegungskosten«, sagte Emilio.

»Hey!«, sagte Jones. »Wo du es erwähnst: Gehen wir zu Abend essen?«

»Ich sollte vorher noch duschen!«

»Nein, das kannst du danach tun. Du bist gerade perfekt angezogen, lass uns gehen. Ich hab gehört, es gibt noch andere Restaurants hier in der Anlage?«

»Ja, schon …«

»Welche stehen zur Auswahl?«

»Das Hauptrestaurant kenne ich bereits, wir sollten einfach bei dem bleiben …«

»Du solltest was Neues ausprobieren«, widersprach Jones.

»Es gibt das Four Seasons, ein griechisches und ein italienisches Restaurant«, zählte er schließlich auf.

Jones überlegte. »Italienisch!«

»Na gut.« Er würde nicht sterben, wenn er es versuchte.

Das Restaurant befand sich im oberen Stock. Jones entschied sich für einen Tisch auf der Dachterrasse, von dem man einen wunderbaren Blick aufs Meer hatte. Die Bedienung war sehr höflich, alles wirkte sauber. Emilio war froh, gut gekleidet zu sein, in seiner üblichen Garderobe wäre er hier wohl aufgefallen. Als sie die Bestellung aufgaben, zeigte Jones unerwarteterweise Italienisch-Kenntnisse. Emilio verstand natürlich kein Wort.

»Was bestellst du?«, fragte er deshalb.

»Eine Pizza Margherita, du?«

»Ich glaube … Spaghetti?«

»Probier die Gnocchi! Die klingen lecker. Die sind aus Kartoffeln gemacht, gibt es auch mit Tomatensoße.«

»Okay, dann nehme ich das.« Er reichte dem Kellner die Menükarte.

»Und was darf ich zu trinken bringen?«, fragt der.

»Ein Mineralwasser, bitte.«

»Einen Dom Perignon«, sagte Jones.

Emilio hob eine Augenbraue. »Das klingt teuer?«

»Der erste Besuch in einem der Restaurants geht doch aufs Haus? Das steht so in der Hotelbroschüre.«

»Das ist richtig«, erklärte der Kellner geduldig. »Aber dies gilt bedauerlicherweise nicht für Champagner, Weine und dergleichen.«

»Oh.« Jones machte ein enttäuschtes Gesicht.

Sag schon ja, drängte Emilios innere Stimme. In letzter Zeit meldete sie sich wirklich oft. *Du stehst auf ihn. Niemand mag einen Geizkragen. Hast du nichts von Philippe gelernt?*

Er gab sich einen Ruck. »Wenn ich das Essen nicht bezahlen muss, geht der Champagner in Ordnung.«

Sofort wurde er mit Jones' Lächeln belohnt. »Ich zahl es dir zurück. Versprochen.«

»Das musst du nicht«, sagte er schnell. »Ich bin im Urlaub.«

»Langsam hast du den Spruch drauf.«

Der Kellner zog sich zurück. Fast alle anderen Tische waren besetzt, trotzdem war es angenehm ruhig, die Gespräche waren sehr leise. Jones blickte in die Ferne.

»Das ist eine schöne Anlage.«

»Ja«, stimmte Emilio bei.

Und mit dir ist es hier noch viel schöner.

»Danke!«

Hatte er das gerade laut gesagt? *Verdammt!*

»Du wirst ja immer charmanter und ziehst dich besser an. Ich tue dir wohl gut.« Jones spitzte die Lippen, seine dunklen Augen funkelten.

Da hatte er wohl recht, wenn man von den Verfolgungsjagden absah.

Kurze Zeit später kam der Kellner wieder. Er brachte frische Brotscheiben, etwas zum Eintunken, das aussah wie Olivenöl, und einen riesigen Teller Spaghetti.

»Äh?«, machte Emilio.

»Die Vorspeise«, sagte der Mann.

Vorspeise? Wohl eher Hauptgang. Wer sollte das alles verdrücken? Er blickte zu Jones und fand seine Antwort. Zu zweit schafften sie es sogar, fast alles aufzuessen. Allerdings war das noch nicht alles. Es folgte ein Salat und anschließend das, was sie bestellt hatten.

Jones sollte recht behalten: Diese Gnocchi schmeckten gar nicht schlecht. Und die Pizza sah lecker aus.

»Schmeckt's?«, fragte er.

»Mhmm«, machte Jones zufrieden.

Während sie aßen, sank die Sonne immer tiefer.

»Was ist eigentlich mit deiner Familie?«, fragte Jones unvermittelt.

»Wie meinst du das?«

»Ich hab dir einiges von mir erzählt, du bist an der Reihe!«

»Das ist nur fair.« Emilio nahm einen Schluck seines Wassers. »Meine Eltern sind seit sechs Jahren geschieden, zwischen ihnen lief aber alles ziemlich friedlich ab. Meine Mutter lebt weiter im Haus und mein Vater ist weggezogen. Mein Bruder Henri ist verheiratet mit Vanessa und hat eine kleine Tochter. Sie wird acht Jahre alt … im April. Jennifer ist ihr Name. Und wie du bereits erfahren hast, bin ich bei einer Versicherung angestellt.«

Seine Kehle war trocken, er trank noch etwas Wasser.

»Und bist du auch verheiratet?«

Emilio verschluckte sich und hustete. Nachdem er nicht mehr zu ersticken drohte, stellte er klar: »Nein, das bin ich nicht.«

»'ne Freundin?«

»Nein.«

»Dachte ich mir.«

»Wieso?« Irritiert runzelte Emilio die Stirn.

»Wenn du eine hättest, würdest du erstens nicht allein in den Urlaub fahren und zweitens wärst du besser angezogen gewesen.«

»Besserwisser.«

»Und wie war deine Freundin so?« Genüsslich trank Jones etwas von seinem Champagner. Seine Augen waren geschlossen und von dichten schwarzen Wimpern umrahmt. Sein Kehlkopf bewegte sich bei jedem Schluck und als er das Glas abstellte, leckte er sich zu allem Überfluss in einer lasziven Bewegung die letzten Tropfen von den wohlgeformten, rosigen Lippen.

Oh Gott! Emilio war von dem Anblick gebannt, sein Körper spannte sich an und eine Welle der Erregung schoss Richtung Unterleib.

»Wie war die Frage?«

Jones gab ein dunkles Lachen von sich. »Du hattest sicher mal eine Freundin, wie war sie so?«

»Ehrlich gesagt … und ich bin mir fast sicher, du hast es bemerkt, bevorzuge ich die Gesellschaft von Männern.«

Völlig unschuldig sah Jones ihn an. »Woher sollte ich das wissen? Also gut, ein Freund, keine Freundin. Wie war dein Ex?«

Emilio überlegte, ob er darüber reden wollte. »Sein Name war Philippe«, sagte er, bevor sein Mut ihn verließ. »Er war damals noch Wirtschaftsstudent, als wir uns kennenlernten.«

»Wie lange seid ihr getrennt?«

»Seit fast drei Jahren.«

»Oh. Was war der Grund?«

Unruhig zappelte Emilio auf seinen Stuhl herum. »Das … weil … Philippe meinte plötzlich, ich sei ihm zu … langweilig.«

Jones sah ihn fest an. »In welcher Hinsicht?«

»Wie darf ich das verstehen?«, fragte er.

»Du hast schon verstanden.«

Leider. Emilio faltete seine Serviette neu und legte sie beiseite. »In jeder Hinsicht.« Philippe hatte gesagt, nicht nur der Alltag mit ihm wäre zu fade, sondern auch der Sex. Emilio war diesbezüglich immer zufrieden gewesen. »Er wollte neue Dinge ausprobieren im Leben und deshalb haben wir uns getrennt.«

»Also hat er mit dir Schluss gemacht?«

»Ja, das habe ich doch gerade gesagt. Noch am selben Abend, als ich ihn erwischt habe …«

Jones horchte auf. »Erwischt wobei?«

Emilio ließ seinen Blick schweifen. Keiner der anderen Gäste schien sie zu beachten. »Ich kam früher von der Arbeit und habe Philippe nicht erreicht, um ihm Bescheid zu sagen …«

Jones hob die Hand. »Lass mich raten: Er war mit einem andern Kerl in eurem Bett?«

»Genau.«

»Autsch. Und was hast du gemacht?«

Emilio zuckte die Schultern. »Nichts. Ich war zu perplex.«

»Du hast nicht geschrien und den Typen rausgeworfen?«

»Nein. Der Mann war ganz nett. Er hat sich verabschiedet, als er gegangen ist. Im Grunde bin ich kein gewalttätiger Mensch.«

»Das hat nichts damit zu tun. Wenn du siehst, wie jemand eine Person anfasst, die dir etwas bedeutet, dann rastet man einfach aus, sonst ist man nicht wirklich verliebt. Das ist meine Meinung. Tut mir leid, dass ich so ehrlich bin, aber ich sag immer, was ich denke.«

»Das finde ich nicht schlimm. Ich habe Philippe geliebt. Wir waren zusammen. Und ich gehe nur eine Beziehung ein, wenn ich die Person mag. Es hat alles gepasst zwischen uns, ich verstehe nicht, was schiefgegangen ist.«

Unwillkürlich tauchte das Bild vor seinem geistigen Auge auf, wie Elias Jones bedrohte. In dieser Nacht wäre er gerne gewalttätig geworden, nichts hatte ihn je so aufgebracht. Auch jetzt noch ballte er bei der Erinnerung die rechte Hand zur Faust.

»Tut mir leid für dich«, sagte Jones. »Hattest du seitdem keine Beziehung?«

»Nicht wirklich. Heute ist es schwer, jemanden zu finden, der etwas Festes will. Viele wollen es erst mal locker angehen, zumindest habe ich die Erfahrung gemacht. Außerdem gehe ich nie aus.«

»Hast du Hobbys?«

Hobbys? »Ich gehe in meiner Freizeit regelmäßig ins Fitnessstudio. Und meine Arbeit ist ganz okay.«

Jones stützte sein Kinn mit seiner Hand ab. Nach einer Minute fragte er: »Oh, das war schon alles?«

Emilio lächelte entschuldigend.

»Und hast du Zukunftspläne?«

»Ich bin zufrieden.«

Der Kellner kehrte zurück. »Möchten Sie eine Nachspeise?«

Ein Leuchten trat in Jones' Augen. »Unbedingt.«

Sie warfen einen Blick auf die Karte. Jones brauchte nicht lange, um sich zu entscheiden. »Ich nehme das Pannacotta.«

»Und ich …«, begann Emilio, überlegte dann, ob er überhaupt noch was essen sollte. »Ich nehme auch eins, allerdings laktosefrei, wenn möglich.«

»Gerne!«, erwiderte der Mann, nahm die Karten und ging.

»Bist du laktoseintolerant?«

»Nein, aber es ist gesünder und besser verträglich.«

Jones schnaubte. »Du bist ein ängstlicher Mann.«

»Das ist nicht wahr. Ich bin nur gerne auf der sicheren Seite.« Schnell wechselte er das Thema. »Was ist mit dir? Was sind deine Hobbys und Pläne für die Zukunft?«

»Zu meinen Hobbys zählen: neue Dinge lernen, ein bisschen Kampfsport machen und essen. Für meine Zukunft wünsche ich mir, dass ich noch viel erlebe. Ich hab eine Liste mit Ländern, die ich alle besuchen möchte. Bei meinem Beruf kommt man zwar viel rum, aber … ich nicht. Man vertraut mir nicht so viele Aufträge an«, gab er geknickt zu.

Sein erster Impuls war zu fragen weshalb, doch Emilio wollte keine Wunden aufreißen. »Wo möchtest du zum Beispiel hin?«

»Ägypten? Vielleicht finde ich 'ne Mumie in einer Pyramide.«

»Bei deinem Glück erweckst du sie.«

»Cool! So wie in dem Film.«

Kurz schloss Emilio die Augen und stieß die Luft aus. »Sag nicht, dass dir der gefällt!«

»Ich liebe diese Filme.«

»Das war ja klar.«

»Schaust du nie Filme?«

»Nur wenn ich gezwungen werde«, gab er zu. »Den Fernseher hab ich gekauft, weil Philippe ihn wollte. Ich gucke nur die Nachrichten.«

»Nicht mal Dokumentationen?«

»Nö.«

»Schade, sonst wüsstest du wenigstens etwas über Mythologie oder Tiere.«

»Dafür hab ich ja dich. Bis dein Freund kommt.« Plötzlich fühlte er sich niedergeschlagen. Dass Jones bald aus seinem Leben verschwinden würde, machte ihn … traurig? Dabei sollte er sich freuen, endlich wieder seine Ruhe zu haben, doch dem war nicht so.

Du willst ihn nicht gehen lassen.

Er ist nichts für mich. Sein Lebensstil ist ein völlig anderer als meiner. Ich würde ihn erdrücken.

Dann änderst du eben deinen Lebensstil.

Das kann ich nicht. Oder?

Quatsch! So jemanden wie Jones hatte er schlichtweg noch nie kennengelernt. Er war einfach nur überrascht und fasziniert. Das war alles. Jones lag für ihn außer Reichweite.

Aber er hat dich geküsst!

»Akira.«

»Was?«, fragte Emilio.

»Mein Freund, er heißt Akira.«

»Klingt asiatisch? Ist er ein guter … Freund?«

Jones grinste. »Nur ein Freund. Und ein halber Japaner. Ich hab ihm viel zu verdanken.«

»Tatsächlich?«

»Ja. Er hat sich dafür eingesetzt, dass ich dem Orden der Akasha beitreten darf.«

»Wollten das die anderen nicht?«

Jones legte den Kopf schief. »Nicht so gerne. Sie finden, ich nehme diesen Beruf nicht ernst genug.«

»Wie kommen sie darauf?«

»Ich bin wohl etwas zu sehr begeistert von Artefakten und Dämonen.«

»Oh, verstehe. Durch diese Sache mit dem Buch sind sie …«

»Noch weniger begeistert«, vollendete Jones den Satz. »Und Akira kann sich was anhören. Aber ich werde das alles richtigstellen! Habt ihr eigentlich zusammengewohnt?«

Emilio benötigte einige Sekunden, um den Themenwechsel mitverfolgen zu können. »Du meinst Philippe und ich? Ja, das haben wir. Ich habe eine Eigentumswohnung mit fünf Zimmern.«

»Wow, nicht schlecht. Und deine Mutter hat ein Haus?«

»Genau, und mein Bruder mit seiner Frau und Tochter ebenso. Er bezahlt es noch ab.«

»Ihr habt wohl alle viel gespart.«

Emilio musste schmunzeln. »Ich am meisten.«

»Warum?«

»Ich habe keine Kinder und nicht so viele Ausgaben. Eigentlich nur Essen und ab und zu Fitnesszeug. Versicherungen, Strom, Wasser … die normalen Nebenkosten eben.«

»Habt ihr denn nie was unternommen? Hat Philippe auch was gezahlt?«

»Philippe war Student und ich habe ihn unterstützt«, erklärte Emilio. »Wir waren manchmal schwimmen und sind einmal nach Graz gefahren.«

»Wie lang wart ihr zusammen?«

»Vier Jahre.«

»Und mehr habt ihr nicht gemacht?«

Blinzelnd sah Emilio ihn an. Wenn er so darüber nachdachte, war das wirklich nicht viel. »Uns war nicht langweilig. Er musste viel lernen, ich habe gearbeitet. Philippe war manchmal mit seinen Freunden unterwegs«, verteidigte er sich.

»Verstehe.«

Der Kellner kam mit der Nachspeise und unterbrach das unangenehme Gespräch.

Jones starrte sein Dessert an. »Ist das …? Was ist das?«

Auf den ersten Blick sah es aus wie ein Blumentopf mit Erde und einem Pflanzenstängel darin. Vorsichtig begann Jones seinen Löffel hineinzustecken, dann hellte sich seine Miene auf. »Das ist das Pannacotta.«

»Ja. Und ohne Nüsse!«, sagte der Kellner.

Der Stängel war Dekoration, bei der »Erde« handelte es sich um Kuchenkrümel und unter ihnen befand sich die weiße Creme. Jones kostete. »Himmlisch. Ich liebe es!«

Emilio war mit seinem nicht ganz so zufrieden. »Ist das dasselbe Gericht?«

»Ja«, antwortete der Kellner. »Laktosefrei.«

Vor ihm stand ein gläserner Eisbecher mit langem Hals, darin befand sich eine gallertartige Substanz.

»Das ist grün«, stellte Emilio laut fest.

»Laktosefreie Milch ist immer grün«, entgegnete der Kellner.

Emilio schielte ihn an. »Nein, ist sie nicht.«

»Bei uns schon.«

»Sieht gesund aus!« Jones lachte lauthals, bis ihm Tränen in den Augen standen.

Davon wollte Emilio sich nicht unterkriegen lassen. »Es schmeckt bestimmt besser, als es aussieht.« Mutig nahm er einen Löffel, unterdrückte den Ekel und kostete.

Der Geschmack begann sich auszubreiten und …

»Oh mei… Go…« Wohin sollte er das Zeug spucken? Schlucken konnte er es nicht. Die Serviette musste herhalten.

Jones krümmte sich inzwischen vor Lachen.

»Könnte ich auch den Blumentopf haben, bitte«, bat er den Kellner.

Der nickte und nahm den Eisbecher wieder mit, um das Gericht auszutauschen.

Außer Atem verstummte Jones endlich. Sie aßen beide fertig – das Pannacotta war richtig lecker – und verließen das Restaurant. Die halb volle Flasche Dom Perignon ließen sie sich aufs Zimmer bringen.

»Der Sonnenuntergang ist schön«, bemerkte Jones.

Emilio, dem das zunächst gar nicht aufgefallen war, blickte nach oben. Ein orange-roter Schimmer breitete sich am Horizont aus. »Stimmt!«

»Lass uns zum Strand gehen!«, schlug Jones vor.

Emilio gab einen unsicheren Laut von sich. »Ich weiß nicht. Elias …«

»Gib dir einen Ruck. Du bist drei Stunden hierher geflogen und willst das Meer nicht sehen?«

»Da wird alles voller Sand, ich bin nicht richtig angezogen.«

Jones nahm ihm bei der Hand und zog ihn einfach mit sich.

»Bei der Sache fühle ich mich nicht wohl«, meckerte Emilio. »Elias, meine Schuhe …« An diesem Abend waren ein paar Leute an der Bar. Das beruhigte ihn ein wenig. Wo Leute waren, konnte Elias schlechter in Aktion treten.

Jones zog seine Schuhe aus und krempelte die Hose ein Stück hoch. Emilio folgte seinem Beispiel.

Zu teuer, um sie unbeaufsichtigt am Steg zu lassen, trug er die Schuhe in der Hand.

Schon war Sand unter seinen Füßen, die kleinen Körnchen kitzelten seine Sohlen, bei jedem Schritt wirbelte er ein paar davon auf. Der Boden war noch warm von der Sonne, die jetzt fast gänzlich untergegangen war. Bei Dämmerung wirkte das Meer dunkel. Das Rauschen wurde lauter, bis sie direkt davor standen. Jones spazierte den Rand entlang. Die Wellen traten ans Ufer, wo sie schäumend vergingen und feuchten Sand hinterließen.

»Deine Füße werden nass«, warnte Emilio.

»Das war der Plan. Komm her!«

Unwillig ließ er sich näher ziehen. Das Wasser war kühler als gedacht. Schweigend lauschten sie dem Meer, bis von der Sonne nichts mehr zu sehen war.

»Ich wollte mich bedanken«, sagte Jones dann.

»Wofür?«

Jones hob die Augenbrauen. »Für alles. Du hilfst mir mit dem Buch. Dank dir hab ich eine Verschnaufpause und die Sache könnte wirklich gut ausgehen. Die Chancen standen davor eher mäßig. Und ich bin in einem Fünf-Sterne-Hotel, das war ich noch nie.«

»Wirst du vom Orden nicht gut bezahlt?«

»Doch. Wir erhalten zusätzlich die Reise- und Krankenhauskosten.«

»Juhu«, sagte Emilio sarkastisch.

»Du kennst mich inzwischen. Ich lebe im Jetzt. Was ich haben will, das hol ich mir, und wenn es was anderes gibt, dann eben das. Man muss lernen glücklich zu sein mit dem, was sich einem bietet.«

»Wie meinst du das?«

»Na, wenn du Vanilleeis willst, aber es ist aus, dann nimmst du eben Zitrone! Den Spaß solltest du dir wegen Kleinigkeiten nicht verderben lassen.«

»Wie viel Geld hast du momentan noch in der Tasche?«

Jones biss sich auf die Unterlippe. »Fünfzig Euro.«

»In der Tasche meinte ich nicht wörtlich.«

»Ich weiß, was du gemeint hast, und das ist die Antwort.«

Emilio riss die Augen auf. »Du fliegst nach Kreta und hast nur fünfzig Euro dabei?«

Spinnt der?

»Na ja, das war nicht geplant. Ich musste Elias verfolgen. Und meine Bezahlung für diesen Monat hab ich natürlich nicht mehr bekommen, nachdem ich das Buch gestohlen hatte.«

»Das war zu erwarten. So was solltest du bedenken.«

»Du hast recht.« Jones grinste. »Ich glaube, du tust mir auch gut. Du hältst mich am Boden, damit ich nicht davonfliege.«

Unsicher öffnete und schloss Emilio den Mund. Das Kompliment kam unerwartet. »Kein Problem.«

»Das Geld für die Kleidung gebe ich dir zurück.«

»Das ist mir egal.« War es wirklich. Von dieser Erkenntnis überrascht, lächelte er.

»Weißt du, dass Aphrodite, die griechische Göttin der Liebe – bei den Römern auch Venus genannt –, aus einer Muschel im Meer geboren wurde?«

»Nein. Aber es klingt interessant.«

»Ich musste dran denken, weil hier eine kleine Muschel im Sand liegt. Am Tag findet man bestimmt viele davon.«

Emilio blickte zur Bar. Sie hatten sich etwas von ihr entfernt. Die Leute gingen gerade.

»Wir sollten umkehren.«

»Ja«, sagte Jones und überraschte ihn damit.

Sie ließen den Strand hinter sich, wuschen sich die Füße bei der Dusche ab, die dafür bereitstand, und zogen die Schuhe an. In der Dunkelheit huschte ein kleiner Schatten vorbei. Etwas klingelte.

»Das ist Glöckchen!«, sagte Jones. »Das Kätzchen.«

»Ah!«, machte Emilio. »Und das ist nicht der Weg zu unserem Zimmer.«

»Die Show fängt um neun Uhr an.«

»Jones«, mahnte Emilio.

Die Bühne war weder riesig noch klein. Fast alle Plätze waren besetzt, doch sie fanden noch zwei in der Mitte. »Hier sind viele Leute. Das ist gut«, beruhigte Jones ihn.

»Das Buch ist zu lange unbeaufsichtigt. Und du verpasst Indiana Jones.«

»Den hab ich auf DVD. Das Buch ist im Tresor. Niemand kennt den Code, abgesehen von uns. Elias kann vieles, Tresore knacken zählt nicht zu seinen Talenten.«

»Und seine Begleiter?«

»Saskia kann nur Autos klauen.«

Bei Svend war es nicht nötig zu fragen.

Frei von Sorgen war Emilio nicht, trotzdem blieb er. Die Show beinhaltete Tanz, Verkleidung und Witz. Es waren ausgebildete Tänzer, das sah man. Emilio verstand nicht wirklich, worum es ging, aber das störte ihn nicht. Dann wechselte die Szene und ein Mann saß in einem Liegestuhl. Ein deutscher Song wurde gespielt, während er kundtat, nicht verreisen zu wollen, sondern lieber zu Hause zu bleiben.

»Das bist du«, scherzte Jones amüsiert.

Um kurz nach zehn Uhr war die Show zu Ende. Auf dem Weg in sein Zimmer blickte Emilio sich ständig um, doch nichts Ungewöhnliches geschah.

6

Victor

Eine Woche zuvor

Das Licht überstrahlte alles, bis es wieder in sich zusammenfiel und zu einer schmalen Gestalt verglomm. Zu einer Frau, die auf dem Boden kniete. Sie war nackt. Victor eilte zu ihr und legte ihr sachte einen Mantel um die Schultern.

Langsam hob sie den Kopf, ihr langes Haar, welches die Farbe von Holz und Honig besaß, glitt zur Seite wie ein Schleier. Grüne Augen blickten ihn an. Furcht und Verwirrung zeigten sich in ihrem makellosen Gesicht.

»Wo bin ich? Wer seid Ihr?«

»Hab keine Angst, Pandora«, sagte er mit dunkler Stimme. »Ich bin dein Beschützer. Du kannst mich Victor nennen.«

Heute

Dieses Haus gefiel ihm. Schade, dass es er es nicht behalten konnte, obwohl sich die Besitzer nicht mehr melden würden. Immerhin hatte er sie getötet. Die Lage direkt am Strand war perfekt. Er saß auf der Veranda und beobachtete, wie sich die Palmen im Wind bewegten. Ein Schluck Gin brannte in seiner Kehle.

»B-Boss ich f-frage mich, w-wann …«

Victor verdrehte die Augen. »Halt die Klappe«, schnauzte er. »Von deinem Gestotter bekomme ich Kopfschmerzen.«

Dillan schwieg. Er war hinter ihm auf die Veranda getreten.

»Ich weiß schon, was du fragen willst«, sagte Victor. »Smirnov verspätet sich. Es gibt weitere Komplikationen.«

Das hatte er jedenfalls bei seinem letzten Anruf behauptet. Enttäuschend. Eigentlich hatte Victor seit Tagen alles vorbereitet und nun musste er untätig hier herumsitzen … Er durfte sich nicht aufregen.

»Hast du Pandora ihr Bad eingelassen?«

»J-ja.«

Victor wusste, dass Dillan sich vor ihr fürchtete. Dieser Narr. Er arbeitete einzig und allein deshalb mit ihm, weil er keine andere Option gehabt hatte. Dillan war im Großen und Ganzen eher nutzlos, aber er kannte sich hier aus. Er hatte dieses Haus gefunden und ausgekundschaftet. Mit ihm war es einfacher, unerkannt zu bleiben. Zumindest im Moment.

»Smirnov wird schon noch auftauchen. Sonst dauert es eben länger«, verkündete er.

»P-Pand-dora will d-dich sehen.«

»Warum sagst du das nicht gleich?«

Verärgert erhob er sich und ging ins Haus. Er hatte Pandora das Zimmer im Obergeschoss überlassen. Er klopfte an die Tür und öffnete sie.

»Victor?«, ertönte eine sanfte Stimme.

»Ja.«

»Warte, ich komme gleich raus.«

Mitten im Raum stand ein kleiner runder Tisch, darauf lag sie. Die Büchse. Heute hatte sie eine gewöhnliche Form angenommen. Rechteckig und mit dem üblichen grünen Schimmer. Daraus hatte er sie befreit: Pandora!

Er hörte ein Geräusch und drehte sich um. Da kam sie – in ein Badetuch gewickelt – aus dem Badezimmer. Ihr Haar war feucht und klebte an Hals und Schultern. Lautlos tappten ihre nackten Füße über den Boden. Sie war schön.

Und sie lächelte ihn an.

»Ich musste dich sehen«, gestand sie. »Wenn du bei mir bist, fühle ich mich sicher.«

Victor erwiderte das Lächeln und trat auf sie zu und berührte mit seinen Händen ihre Schultern. »Ich bin ja auch immer für dich da. Mir kannst du vertrauen, vergiss das nie!«

Als Pandora aus der Büchse erschienen war, war sie die reine Unschuld gewesen. Selbst jetzt war sie noch unsicher und ängstlich, doch das würde sich bald ändern. Victor wusste, welche Macht sich in ihr verbarg. Er wollte ihr Vertrauen erlangen, bevor sie sich dessen bewusst wurde. Und dann …

»Zusammen werden wir große Dinge vollbringen«, flüsterte er und ließ eine Locke durch seine Finger gleiten.

Nachdem er sie ausreichend beruhigt hatte, verließ er das Zimmer und suchte Dillan. Wie erwartet war er unten, möglichst weit weg von Pandora.

»Bring ihr Essen«, ordnete Victor an.

»S-sofort.«

»Und hast du etwas von Ciaran oder Alexsander gehört?«

»N-nein!«

Victor gab ihm einen Wink, was hieß, er solle verschwinden. Wo war er gerade stehen geblieben? Ah ja! Er schlenderte zur Veranda und setzte sich. Sein Glas füllte er nach.

Jones

Endlich ins Bett. Jones sehnte sich nach flauschigen Kissen, als ihm einfiel, dass es nur ein Bett in der Suite gab und für ihn lediglich die Couch blieb. Besser als der Rücksitz eines Autos. Der Champagner stand auf dem Tisch, er goss sich was davon in ein Glas.

»Hattest du nicht schon genug?«, fragte Emilio.

»Nur zwei Gläser. So schnell werde ich nicht betrunken.« Er hielt ihm das Getränk hin. »Hier, koste!«

»Nein, ich vertrage Alkohol eher schlecht.«

»Oh. Was passiert? Wirst du lustig oder traurig. Etwa aggressiv?«

»Ich werde müde.«

»Du schläfst ein? Ab dem wievielten Glas?«

»Ich erinnere mich nur an drei Bier.«

»Bier? Du bist wirklich nicht für Alkohol gemacht. Aber trotzdem, nippe wenigstens mal, damit du weißt, wie ein guter Champagner schmeckt.«

Emilio tat wie ihm geheißen. Einen Moment behielt er ihn im Mund, bevor er schluckte. »Schmeckt gut!«

»Na also.« Er selbst genehmigte sich auch noch etwas von der goldenen Flüssigkeit und grinste frech. »Du willst sicher schlafen gehen, jetzt, wo du betrunken bist.« Nachdem er das Glas abgestellt hatte, drehte er sich um und sah zur Couch.

»Du kannst im Bett schlafen«, bot Emilio unerwartet an.

»Bist du sicher? Du musst es mir nicht überlassen.«

»Ja, ich weiß. Du kannst gerne … im Bett schlafen.« In einer nervösen Geste fuhr er sich durchs kurze braune Haar.

Jones schielte zum Doppelbett, dann rannte er los und ließ sich mitten auf die Kissen plumpsen. »Juhu!« Er wälzte sich herum, bis er auf dem Rücken lag.

»Ich nehme dann die Couch?!«

Jones hob den Kopf und sah ihn an. »Nein, das Bett ist groß genug.«

»Und es wäre wirklich in Ordnung für dich?«

»Es ist kein Problem. Du bist doch der anständige, langweilige Tourist. Da hab ich nichts zu befürchten«, grinste er.

»Du hast es erfasst.«

»Oder schläfst du in einem peinlichen Schlafanzug mit Kindermotiv?«

»Nein, nur in Boxershorts und T-Shirt. Und du?«

»Nackt!«

Seine Intention hinter dieser Aussage war natürlich gewesen, sein Gegenüber zu schockieren. Es funktionierte! Emilio sah aus, als wäre sein Herz stehen geblieben. Mit offenem Mund starrte er ihn an.

Jones lachte. »War ein Scherz. Ich trag dasselbe. Nur habe ich das im Moment nicht.«

»Vielleicht lässt du dich dazu herab und nimmst ein Shirt von mir?«

»Ausnahmsweise.«

Nachdem sie beide im Bett lagen und es sich bequem gemacht hatten, musste Jones zugeben, dass er ein wenig aufgeregt war. Angst, dass Emilio ihn belästigen würde, hatte er natürlich nicht. Trotzdem schlug sein Herz schneller gegen seine Brust. Emilio verschränkte die Arme hinter dem Kopf.

»Was macht dieser Orden eigentlich?«, fragte er.

»Der Orden der Akasha? Er besteht aus zwei Teilen. Der eine infiltriert Organisationen wie CIA und dergleichen, um zu verhindern, dass die magische Welt ans Licht kommt, der andere besteht aus den Akasha-Kriegern, die sorgen dafür, dass mächtige Artefakte nicht in falsche Hände geraten.

Zusammen haben sie einen Rat oder Gremium, nenn es, wie du willst, und entscheiden, wie mit Verbrechern verfahren wird, die Magie ausnutzen.«

»Du hast heute gar nichts über deinen Exfreund erzählt, als du mich ausgequetscht hast«, wechselte Emilio mutig das Thema.

»Das ist wahr. Aber das ist nicht besonders interessant.« Jones trank sein Glas aus, er hatte es sich auf den Nachttisch gestellt. »Ich hatte ein paar kurze Beziehungen, die alle an derselben Sache gescheitert sind: meiner Arbeit.«

»Warum?«

»Ich durfte nichts darüber erzählen. Das ist verboten. Und oft musste ich spontan bereit sein aufzubrechen. Manchmal auf ungewisse Zeit. Meine Freunde mochten das nicht. Ich denke, sie hatten es satt, auf mich zu warten.«

»Idioten!«

Jones sah Emilio an. In dessen goldenen Augen mischte sich ein wenig Grün. Für endlose Sekunden hielte diese Farbmischung seinen Blick gefangen. Mühsam riss er sich los.

»Eigentlich hätte ich dir das alles nicht erzählen dürfen.«

Emilio runzelte die Stirn. »Über deine Verflossenen?«

»Nein, über den Orden.«

»Da mach dir mal keine Sorgen, das würde mir ohnehin niemand glauben.«

»Das ist nicht der Punkt«, widersprach Jones. »Es ist nicht erlaubt. Akira wird stinksauer sein.«

»Tut mir leid.«

»Ist ja nicht deine Schuld. Kehren wir zum letzten Thema zurück.«

»Einverstanden.«

»Da war noch Elias«, sagte Jones.

»Elias?« Plötzlich klang Emilios Stimme hart, sein Gesicht sah aus, als wären Sturmwolken darüber gezogen.

»Ja, Elias. Schon als er mich das erste Mal traf, hat er mich so angesehen …«, erzählte Jones. »Es hat nicht lange gedauert und er hat begonnen sich anzupirschen.«

»Anzupirschen?«

»Er hat mich angemacht, zuerst ganz galant und höflich. Irgendetwas machte mich misstrauisch. Ich glaube, es war die Besitzgier in seinem Blick. Normalerweise mag ich das recht gerne, aber bei ihm …« Er änderte seine Liegeposition. »Und dann kam der Abend, an dem ich sein wahres Gesicht gesehen habe.«

»Was hat er getan?«, fragte Emilio fast alarmiert.

»Er hat mich geküsst, gegen meinen Willen. Es war grob, er hat mich gegen die Wand gedrückt und … ich hab ihn gebissen und ihm eine geklatscht.«

»Du hast ihm eine Ohrfeige verpasst?«

»Richtig. Daraufhin hat sich sein Gesicht vor Zorn verzerrt. Er hat gesagt, dafür würde er mich bestrafen. Das war's. Von da an bin ich ihm aus dem Weg gegangen. Ironischerweise war das der Grund, warum ich überhaupt erfahren habe, dass er das Buch stehlen wollte. Ich war gerade in einem Zimmer im Orden und als ich ihn kommen hörte, hab ich mich kurzerhand …« Hitze stieg in seine Wangen. »… im Schrank versteckt, weil ich nicht wollte, dass er mich sieht. So hab ich ein Telefongespräch mitgehört und mich entschlossen, ihm das Buch vor der Nase wegzuschnappen … Jetzt bin ich hier.«

»Wieso hast du es nicht den anderen gesagt?«

»Hab ich, keiner hat mir geglaubt.«

»Oh.«

Schweigend lagen sie da und sahen sich an. Wie gerne würde er diese Lippen noch mal küssen! Halt! Nein, das war falsch! Emilio war nichts für ihn. Er hatte dessen Leben schon genug durcheinandergebracht. Sicher war er heilfroh, wenn Jones wieder verschwand und alles wie vorher war. Wer konnte es ihm verübeln? Nicht alle waren dazu gemacht, so zu leben wie er selbst.

»Emilio klingt irgendwie italienisch«, bemerkte Jones.

»Ist es auch. Vorfahren mütterlicherseits kommen aus Italien.«

»Kannst du Italienisch?«

»Nein.«

»Dann hast du tatsächlich nicht verstanden, was ich im Restaurant bestellt habe?« Das amüsierte ihn etwas.

»Kannst du viele Sprachen?«

»Ein paar.«

»Ich nur Englisch und Deutsch. Darf ich fragen, wie alt du bist?«

»Rate!«

»Du siehst sehr jung aus. Anfang zwanzig?«

»Fünfundzwanzig. Und du?«

»Was glaubst du?«

»Du bist sehr bodenständig. Dreißig?«

»Neunundzwanzig. Ein Jahr älter als Henri.«

»Ich finde dich gar nicht langweilig«, gestand Jones. »Nur deine Kleidung war furchtbar.«

Emilio stieß ein Lachen aus. »Danke!«

»Du bist einfach ruhig, korrekt und vorsorglich«, setzte er fort.

»Es gibt einige Frauen, denen so was wichtig ist«, pflichtete Emilio bei. »Zu dumm auch! Du gefällst mir besser.«

Er presste die Lippen zusammen, als wolle er das Gesagte am liebsten zurücknehmen.

Jones grinste. »Ich weiß, ich bin toll.«

»Und so bescheiden.«

Mit Emilio zu reden war einfach für Jones. Er war so … unkompliziert. Ziemlich nervös und skeptisch neuen Dingen gegenüber, aber letztendlich anpassungsfähig, fand er.

Doch wäre er anpassungsfähig genug für ihn?

Lass die Finger von ihm, riet ihm seine innere Stimme.

Er wusste nicht, wie er es erklären sollte, er fühlte sich wohl bei Emilio. Bei ihm hatte er es nicht nötig, sich zu verstellen. Er war wie ein Ruhepol für ihn, bei dem er durchschnaufen konnte. Eine bessere Beschreibung fand er nicht. Bei seinen Exfreunden hatte er meistens die Führung übernommen, wenn es ums tägliche Leben ging. Die hatten sich oft beschwert, das Gefühl zu haben, nie richtig mitzukommen. Einer hatte ihn als zu willkürlich und wechselhaft bezeichnet. Und dann waren da Männer wie Elias, die ihn einsperren und dominieren wollten. Emilio war einfach normal. An seine Schulter konnte man sich anlehnen und hatte trotzdem die Freiheit, eigene Entscheidungen zu treffen. So dachte Jones zumindest über ihn. Natürlich konnte er sich auch irren.

Emilios Blick lag auf seinen Lippen, er war ein Stück näher gekommen. Nichts hätte Jones lieber getan, als ihn zu küssen.

Ich darf nicht egoistisch sein, dachte er. *Ich werde ihn nie mehr sehen. Es ist besser für ihn, wenn er sein Herz an jemand anderen bindet.*

Ihn zu küssen war ein Fehler gewesen. Das zu wiederholen, wäre nicht fair.

Jones wandte sich ab. »Wir sollten schlafen gehen.«

Emilios Enttäuschung war beinah greifbar. »Ja … sollten wir.«

Er schaltete das Licht aus, der Mond leuchtete durchs Fenster.

»Gute Nacht, Jones!«

»Schlaf gut!«, erwiderte Jones und drehte sich weg. Seine Brust zog sich unangenehm zusammen. Man konnte eben nicht alles haben.

Emilio

Die Woche war bereits fast verstrichen, es war Freitag und erneut wurde Emilio von einem Klingeln geweckt. In einem Panikanfall sprang er sofort auf und wäre dabei fast aus dem Bett gefallen.

Elias! Er ruft wieder an!

»Jones!«, rief er.

Doch der brummte lediglich und zog sich die Bettdecke über den Kopf.

Erst da erkannte Emilio, dass das Geräusch von seinem Handy kam. Die Anzeige auf dem Display erleichterte ihn. Er hob ab.

»Hallo Henri!«, sagte er und schlenderte ins andere Zimmer, um Jones in Ruhe zu lassen.

»Du hast nicht angerufen«, beschwerte sein Bruder sich.

»Ich war ein wenig beschäftigt.«

Henri gab einen anzüglichen Laut von sich.

»Nicht, was du denkst!«

»Was sonst?«

Emilio zögerte. Wie viel konnte er seinem Bruder verraten? Jones würde nicht erfreut sein, wenn er seine Geheimnisse weitergab.

»Es ist überhaupt nichts passiert. Ich war einfach nur mit trübseligen Gedanken beschäftigt«, log er kurzerhand. Er fühlte sich nicht gut dabei, wollte aber Jones nicht in Schwierigkeiten bringen. Ebenso wie Henri. Besser der erfuhr nichts.

»Im Ernst? Was stimmt mit dir nicht? Immer noch wegen Philippe?«

»Genau«, antwortete Emilio langsam. Das war wohl das Einzige, was Henri ihm abkaufen würde.

Sein Bruder schnaubte. »Hast du nicht wenigstens irgendjemand kennengelernt?«

»Den Rezeptionisten, er ist sehr bemüht.«

»Na, verabrede dich mit ihm.«

»Nein, so bemüht ist er auch nicht.«

»Du bist ein hoffnungsloser Fall! Nie versuchst du was Neues!«

Emilio schielte auf Jones, der friedlich im Bett lag. Sein Mund war leicht geöffnet, ein wohlgeformtes Bein lugte unter der Bettdecke hervor.

»So bin ich eben«, antwortete er und war mit den Gedanken dabei ganz woanders. Er schluckte trocken. Hatte er gestern tatsächlich einen Korb bekommen?

Überrascht dich das? Sieh ihn dir an! Jones war perfekt, er sah aus wie gemeißelt, war interessant und lebensfroh. Kein Wunder, dass er ihn ablehnte. Er bekam jederzeit was Besseres.

Emilio seufzte.

»Bist du noch dran?«

»Ja.«

»Hast du gehört, was ich gesagt habe?« *Nein.* »Du musst aus deinem Schneckenhaus rauskommen, anders wird das nix.«

Wenn der nur wüsste! Nun war er förmlich aus eben diesem Schneckenhaus herausgerissen worden. Des Weiteren war er bedroht worden und hatte eine Flucht hinter sich.

»Du hast recht.«

»Natürlich hab ich das«, sagte Henri. »Also, bei meinem nächsten Anruf erwarte ich von dir, dass du etwas Spannendes zu berichten hast!«

»Aye«, sagte er. Das Wort hatte er von Jones.

Froh das Gespräch beenden zu können, kehrte er zu ihm zurück. Jones streckte sich gerade wie eine Katze. Der Anblick ließ Emilio innehalten. Der Mann war ziemlich beweglich.

Bloß an was anderes denken!

Jones entdeckte ihn. »Guten Morgen!«

»Morgen. Hast du gut geschlafen?«

»Wie ein Toter.« Er wirkte ein wenig zerknirscht. »Ich hoffe, ich hab dich nicht geweckt. Mir wurde gesagt, mein Schnarchen sei unerträglich.«

»Davon hab ich nichts mitbekommen«, beruhigte er ihn.

»Gut!« Damit tappte Jones ins Badezimmer.

Es war so anders, jemanden im Zimmer zu haben. Es gefiel Emilio. Jones brachte so viel … Leben in alles. Auf angenehme Art und Weise. Er brachte ihn dazu, vieles von einem anderen Blickwinkel aus zu sehen. Urlaube, Flamingos, Filme … Mit ihm machte alles irgendwie mehr … Spaß! Wann hatte er zuletzt Spaß gehabt? Sogar simple Dinge, wie morgens aufzustehen, waren anders. Emilio freute sich mehr auf den Tag, wenn Jones hier war. Es fühlte sich wirklich wie ein Schwarm Schmetterlinge in der Brust an.

Hatte er das bei Philippe auch so empfunden? Er erinnerte sich nicht. War er etwa verknallt? Aus dem Alter war er raus. Oder?

»Oh schau mal, die Putzfrau hat drei unterschiedliche Seifen hingelegt in Form von Seepferdchen«, hörte er Jones ausrufen.

Lächelnd schüttelte Emilio den Kopf. »Cool. Was hast du heute für Pläne?«

Jones kam aus dem Bad. Jedes Mal wenn er ihn sah, setzte Emilios Herz einen Schlag aus.

»Vielleicht Bogenschießen?«

»Das hab ich schon versucht.« Daran wollte Emilio gar nicht denken.

»Ich bin gut darin.«

»Jeder ist das, wenn ich neben ihm stehe.«

»So schlimm?«

Emilio verzog das Gesicht. Als Jones zum Tresor ging und überprüfte, ob das Buch noch heil war, wurde ihm bewusst, dass er ganz und gar nicht gut geschlafen hatte. Jetzt wich er sogar einen Schritt zurück. Nachts hatte er wieder die Stimmen gehört. Wie sie ihm etwas zuflüsterten, ihn suchten zu locken. Und er hatte sie verstanden.

Sprich die Formel! Befreie mich!

Nein, befreie mich! Ich töte deine Feinde!

Sie hatten so durcheinander gesprochen, dass Emilio Kopfschmerzen davon bekommen hatte, doch er hatte Jones nicht wecken wollen. Sollte er es ihm sagen? Immerhin war er so eine Art Wächter?

»Jones?«, begann er.

Der schloss den Tresor und sah ihn an. »Ja?«

»Seitdem das Buch hier ist, also … ähm. Zuerst dachte ich, ich bilde es mir nur ein oder es sind die Nachbarn, aber … Ich höre ein Flüstern in meinem Kopf.«

Jones' Miene wirkte zerknirscht. »Entschuldige. Das müssen die Dämonen sein. Sie sind schon lange dort eingesperrt, klar, dass sie rauswollen. Offensichtlich versuchen sie dich dazu zu bringen, das Buch zu benutzen. Ich werde mir was einfallen lassen.«

»Ich halte das schon aus. Sind ja nur ein paar Tage.« So locker, wie er das sagte, fühlte er sich nicht. Doch er wollte nicht, dass Jones ihn für ein Weichei hielt. Dann flüsterten die Dämonen eben in seinem Kopf, während er schlief. Was soll's!

Oh mein Gott!

Einfach ignorieren und nicht zu viel darüber nachdenken! Er wollte keinesfalls, dass Jones ihn verließ. Das würde er noch früh genug.

»Kannst du mir kurz helfen?«, fragte Jones und zog sich sein Shirt aus.

Überrascht öffnete Emilio den Mund. »Bei was?«

Jones stellte sich nah vor ihn und drehte ihm den Rücken zu. »Hab ich hier hinten einen Sonnenbrand?«

Emilio betrachtete den Rücken vor sich. So nah bei ihm konnte er den Duft seiner Haut riechen. Eine Mischung aus süß und fruchtig. War das sein Duschgel oder er selbst?

»Ja, an der Schulter bist du ein bisschen rot. Und das, obwohl du halb im Schatten gelegen hast. Soll ich dir was drauf tun?«

»Ja, bitte.«

Emilio holte die Creme und begann vorsichtig die Stelle einzureiben. Wie gerne hätte er diesen Nacken geküsst und Jones an sich gezogen!

Er will dich nicht!

Diese Erkenntnis tat weh.

»So, fertig. Du solltest abends After Sun nehmen«, riet er.

»Hab keine«, schmollte Jones.

Gott, diese Lippen! Er wollte sie überall auf sich spüren.

Hör endlich auf, daran zu denken! Du bist doch kein läufiger Hund!

Es schien, als hätte Jones ein Verlangen in ihm geweckt, das ihm keine Ruhe mehr ließ.

»Du kannst meine nehmen, die ist sogar für empfindliche Haut.«

»Danke!«

Dieser Schulterblick und das Lächeln!

Reiß dich zusammen!

»Der Tag gestern hat mir gut gefallen«, sagte Jones.

»Mir auch! Mir kommt es vor, als hätte ich noch nie so viel an einem Tag unternommen.«

»Bei allem, was du mir erzählt hast, wäre das durchaus möglich. Wie wär's, wenn wir das gute Essen und den Pool einfach genießen, solange es uns gegönnt ist?«, schlug er vor.

»Du hast recht«, erwiderte Emilio und lächelte.

VICTOR

Mit Bedacht und ganz langsam legte Victor die nächste Karte im richtigen Winkel auf den Stapel und ließ sie los. Er wagte kaum zu atmen, doch sein Kartenhäuschen hielt.

Die Fingerspitzen aneinanderreibend lehnte er sich zurück und betrachtete sein Werk.

Ich werde noch wahnsinnig, sagte er sich.

Warten war nicht seine Stärke, nie gewesen. Sein Handy klingelte. Egal wer es war, er war ihm dankbar, dass er seine Langeweile unterbrach. Seine Hoffnung, es könnte Smirnov sein, zerstob und wurde durch ein Gefühl der Überraschung ersetzt. Er hob ab.

»Hätte dir gar nicht zugetraut, dass du mich anrufst«, sagte er zur Begrüßung.

Am anderen Ende der Leitung hörte er ein abfälliges Schnauben. »Ich habe es mir auch lange überlegt.«

»Und wieso hast du dich dafür entschieden, Alexsander?« Victor sprach den Namen genüsslich aus, weil er wusste, dass der andere lieber Sander genannt wurde.

»Offenbar …« Er klang, als bisse er die Zähne wütend zusammen. »… leide ich unter einem Anfall von Großmut, denn ich wollte dich warnen.«

Verblüfft hob Victor die Augenbrauen. »Vor was? Dass du kommst und mir in den Arsch trittst? Das letzte Mal, als du versucht hast mich zu töten, hat es damit geendet, dass du auf den Knien warst, deine spitze Zunge an meinem …«

»Halt die Klappe«, fauchte er ihn an. »Hast du Pandora aus der Büchse erweckt?«

Victor lächelte. »Ja, habe ich.«

»Ich hätte dich für klüger gehalten«, sagte Sander.

»Mein Plan läuft wie erwartet. Pandora ist die reine Unschuld, sie hat keine Ahnung, wie mächtig sie ist, und sie fürchtet sich vor allem. Ich bin ihr einziger Anker in dieser Welt. Sie wird tun, was ich ihr sage, wenn es so weit ist.«

Sander lachte. »Du bist ein Narr, wenn du die Willkür einer Frau unterschätzt. Das wird nicht funktionieren. Der Inhalt der Büchse wird sie verderben. Sie war zu lange dort drin.«

»Heißt? Kommst du und hältst mich auf?«

Sein Glied wurde augenblicklich hart, wenn er an Sander dachte.

»Ich bin schon außer Landes«, erklärte Sander zu seiner Enttäuschung.

»Warum? Flucht passt gar nicht zu dir.«

»Es zeugt lediglich von Intelligenz, wenn man weit weg von einer unkontrollierbaren Bedrohung sein möchte.«

»Ich hab so das Gefühl, wir werden uns früher oder später über den Weg laufen.«

»Falls du noch lebst. Viel Glück, Vic.«

Victor wollte noch etwas sagen, doch Sander hatte bereits aufgelegt.

Er hörte, wie die Verandatür aufgeschoben wurde.

»P-Pandora …«, stotterte Dillan.

Sicher fürchtete sie sich wieder, dachte Victor. Nichts weiter! Er stand auf, um zu ihr zu gehen. Ein Windstoß brachte sein Kartenhaus zum Einsturz.

7

Emilio

Cocktails!«

Nach einem Tag am Pool – Emilio hatte darauf geachtet, dass Jones keinen schlimmeren Sonnenbrand bekam – hatten sie beschlossen, sich nach dem Abendessen einen Drink zu gönnen.

»Ich wollte schon immer mal welche ausprobieren«, freute Jones sich. »Die sehen so cool aus und ich steh auf die kleinen Schirmchen.«

Emilio lächelte in sich hinein. Sie saßen an der kleinen Bar und sahen die angebotenen Cocktails durch.

»Ich denke, ich nehme den Mickey Mouse Drink«, sagte Jones aufgeweckt.

»Das ist ein Kindergetränk«, erwiderte Emilio.

»Mir egal, der klingt lecker.« Jones zuckte mit den Schultern, bestellte das Mixgetränk und deutete mit dem Daumen auf Emilio. »Und er nimmt einen Blue Hawaii.«

»Tu ich das?«, fragte Emilio erstaunt.

»Ja, der ist blau! Den musst du probieren. Du kannst ja dran nippen und mir den Rest geben.«

Genau das tat er, nachdem er den Drink misstrauisch gemustert hatte. *Blau!* Vorsichtig kostete er und kommentierte dabei: »Nicht so gut wie der Champagner.«

»Das war ja auch ein Dom Perignon«, erinnerte Jones.

Emilio kniff die Augen zusammen. »Den hättest du mich nie probieren lassen sollen.«

Jones grinste teuflisch, nahm ihm das Glas aus der Hand und trank einen Schluck.

»Wie schnell wirst du eigentlich betrunken?«, fragte Emilio.

»Warum willst du das wissen?« Jones' Stimme klang anzüglich. »Was würdest du mit mir machen, wenn ich betrunken in deinem Bett läge?«

Oh Gott, das war nicht fair! An so etwas durfte er nicht denken. Er spürte bereits, wie sein Blut in untere Regionen schoss. Jones in seinem Bett? Nackt? Er verdrängte das Bild.

»Ich würde dich deinen Rausch ausschlafen lassen«, gestand er ehrlich. »Nie würde ich jemanden in einer solchen Situation ausnutzen.«

Jones sah ihn an, der Ausdruck in seinen Augen wurde weicher. »Das hätte ich auch nicht angenommen.« Räuspernd richtete er sich in seinem Stuhl auf. Seine übliche, gut gelaunte Miene kehrte zurück und Emilio fragte sich, ob er sich mit Absicht distanzierte und sich hinter der Fassade Verletzlichkeit verbarg. »Nicht so schnell wie du!«, beantwortete er schließlich die Frage.

Sie unterhielten sich noch weiter, bis Jones fertig getrunken hatte. Emilio sah auf die Uhr. Es war schon halb zwölf, weshalb sie beschlossen, aufs Zimmer zu gehen. Auf dem Weg dorthin begegnete ihnen niemand. Die meisten Leute schliefen entweder, saßen an der Bar oder amüsierten sich außerhalb des Hotels. Nur Sasha Nikita stand an der Rezeption, offensichtlich hatte er diesmal die Nachtschicht. Sie fuhren mit dem Fahrstuhl nach oben und spazierten den Gang entlang zu ihrem Zimmer.

Vor der Tür blieb Jones stehen. Er sah Emilio an, sein dunkler Blick hielt ihn gefangen, sodass sein Herzschlag sich beschleunigte.

»Was ist?«, flüsterte er.

»Ich bin egoistisch«, gestand Jones.

Noch bevor er fragen konnte, wie er das meinte, lagen weiche Lippen bereits auf seinen. Einen Moment ließ er es einfach geschehen, dann begriff sein Gehirn: *Er küsst mich!*

Wie von selbst legte Emilio seine Arme um Jones' Taille und zog ihn an seine Brust. Er schmeckte nach Cocktails, ihre Zungen wanden sich gierig umeinander und er musste sich beherrschen, dem Verlangen nicht nachzugeben und ihn gegen die Tür zu drücken. Ihr Kuss wurde stürmischer, Emilio begann an Jones' Lippen zu knabbern, dann ließ er seinen Mund seitlich den Hals hinabgleiten, was ihm ein leises Stöhnen entlockte. Emilio wurde bei dem Klang augenblicklich hart. Er erkundete Jones weiter mit seiner Zunge und seinen Händen. Im Hinterkopf registrierte er, dass sie hier mitten im Gang eines Hotels standen! Es könnte jederzeit jemand vorbeikommen.

Erstaunlicherweise hielt ihn auch das nicht ab, weiterzumachen. Völlig machtlos schaffte er es nicht, von Jones abzulassen. Es war wie ein Rausch und Emilio hoffte, er würde niemals enden.

»Ich will dich«, flüstere Jones an sein Ohr und biss sachte hinein.

Warum?

Dieser Gedanke fuhr durch Emilios Geist und brachte alles durcheinander. Letzte Nacht hatte er ihn doch noch abgelehnt. Was hatte sich geändert?

»Weil es keine Vanille gibt?«, fragte er mit rauer Stimme.

Er bereute die Worte sofort, als Jones die Hand auf seine Brust legte, sich von ihm löste und wegdrückte. Augenblicklich sehnte Emilio sich danach, wieder diesen warmen wunderbaren Körper an dem seinen zu spüren.

Jones' Blick zeigte zunächst Enttäuschung, dann wurde er kalt. »So denkst du also von mir!«

Oje. Emilio schluckte hart. Warum hatte er nicht einfach die Klappe halten können?

Jones machte Anstalten zu gehen.

»Jones, warte! Wohin willst du? Draußen könnte Elias sein!«, rief Emilio ihm hinter her.

»Na und? Dann nehm ich eben Elias, das Stracciatella-Eis. Wenn die Zitrone nicht will!« Wutentbrannt verschwand er über die Stufen nach unten.

»Scheiße!«, stieß Emilio hervor.

Was stimmt bloß nicht mit dir?, schimpfte er sich. *Henri hat recht, du bist ein hoffnungsloser Fall. Da zeigt ein toller Mann wie Jones Interesse an dir und du … du versaust es!*

Er ließ seinen Kopf gegen die Tür fallen.

Und stolperte nach vorne.

Die Tür war offen!

Gar nicht gut. Emilio spannte sich an und trat vorsichtig ein. Alles war ruhig. Möglichst leise kontrollierte er das zweite Zimmer, auch hier schien niemand zu sein. Die Badezimmertür war offen. Nichts zu sehen. Wer immer hier gewesen war, war nun fort. Der Geruch von Schwefel lag in der Luft.

Sein Herz sprang beinah aus seiner Brust. *Das Buch!*

Er eilte zum Tresor. Er … war offen und leer. Jetzt machte sich wirkliche Panik in ihm breit. Was sollte er tun? Jones war fort und er hatte nicht mal eine Handynummer. Seit wann war er so unvorbereitet? Ach ja, seit er Jones getroffen hatte. Der sein Leben auf den Kopf gestellt hatte! Emilio rannte zurück in den Gang, er musste ihn einholen!

Hart prallte er gegen einen Körper und wäre beinah mit ihm umgefallen. Sein Gegenüber taumelte und schaffte es gerade noch, sein Gleichgewicht wiederzuerlangen.

Es war Jones.

»Gott sei Dank!«, schnaufte Emilio.

»Wieso bist du so außer Atem?«

»Wieso bist du zurückgekommen?«

»Wo ist das Buch?«

»Das Buch ist weg. Jemand hat es aus dem Tresor gestohlen.«

Jones stieß einen Schwall Flüche aus. »Also ist es noch schlimmer, als ich dachte.«

»Was meinst du?«

Er sah ihn an, Emilio wusste, egal was er zu sagen hatte, es würde ihm nicht gefallen.

»Ich bin zurückgekommen, weil unten ein … äh … mythologisches Monster ist.«

»Was?!« Das war's! Emilio fühlte, wie er ausrastete. Er bekam Herzrasen und glaubte ersticken zu müssen. Sein erster Impuls war Flucht, doch er unterdrückte diesen Drang so gut er konnte und versuchte stattdessen, klar zu denken. »Was machen wir?«

»Leider konnte ich mein Schwert nicht durch den Zoll bringen …«

»Ist es so ein magisches Schwert mit Runen oder so?« War er in einer Fantasie-Welt gelandet?

»Ja, das ist es.«

»Aber du hast es nicht.«

»Nö. Also müssen wir das Monster töten, indem wir seine Schwachstelle ausnutzen.«

»Welches Monster ist es?«, fragte Emilio.

»Ich bin mir ziemlich sicher, dass es Medusa ist. Eine Frau mit griechischem Gewand und mit Schlangen auf dem Kopf anstelle von Haaren.«

Emilio zuckte zusammen. »Schlangen?«

»Magst du keine Schlangen?«

Ihn schüttelte es innerlich. »Nein.«

»Jeder hat vor irgendetwas Angst«, beruhigte Jones ihn. »Ich zum Beispiel vorm Zahnarzt.«

»Ja, aber du bekommst nicht Panik, wenn du einen Zahnarzt bloß siehst.«

»Wenn er eine Spritze in der Hand hält, schon.« Er riss die Augen auf. »Hey, Indiana Jones hat ebenfalls Angst vor Schlangen.«

»Ich dachte, du bist Indiana Jones, immerhin hast du Namen und Hut.«

»Richtig, dann bist du die kreischende Frau aus Teil zwei.«

Emilios Blick schweifte ahnungslos durch die Gegend.

»Du kennst die Filme nicht?«

»Nicht wirklich.«

»Das müssen wir unbedingt nachholen.« Jones räusperte sich. »Ich meine, du musst das nachholen. Mit irgendjemand.«

Sie schlossen leise die Tür.

»Jones«, sagte Emilio schuldbewusst. »Wegen vorhin, es tut mir l…«

»Wir haben jetzt keine Zeit dafür«, sagte Jones ungewohnt kalt.

»Was ist Medusas Schwäche?«, fragte Emilio schließlich.

»Ihr Blick verwandelt jeden in Stein.«

»Das klingt nicht nach einer Schwäche.«

»Wenn wir einen Spiegel finden, in den sie hineinsieht …«

»Ah, verstehe. Leider habe ich keinen.«

»Vielleicht die Nachbarn?«

»Es ist nach Mitternacht, das wäre sehr unhöflich.«

»Nicht so unhöflich wie wenn Medusa an ihre Tür klopfen würde, aber gut.«

KRÄECHS!

Ein merkwürdiges, lautes Geräusch lenkte sie ab.

»Was war das? Medusa?« Emilio bemerkte, dass seine Stimme ein wenig zu hoch klang.

»Nein, so klingt Medusa nicht.«

»Soll heißen?«

»Das ist was anderes.«

»Du denkst, ein anderes Monster?«

»Am besten ich seh mal nach.«

»Nein!« Emilio hielt ihn am Arm zurück.

»Ich pass schon auf!« Geschickt entwand Jones sich seinem Griff und schlich auf leisen Sohlen davon.

Verunsichert, was er nun tun sollte, ging Emilio neben einer Wand in Deckung. Mit jeder Sekunde, die verging, wurde er angespannter. Was, wenn Jones Hilfe benötigte? War ihm etwas passiert? Vor seinem geistigen Auge saß er in den Klauen eines Dämons.

Endlich kam er um die Ecke und Emilio konnte aufatmen.

»Und?«, fragte er.

»Ich glaube, es ist ein Garuda.«

»Was ist das? Etwas Griechisches?«

»Nein. Es ist eine Art schlangenfressendes Reittier, halb Adler, halb Mensch.«

»Klingt nicht gerade freundlich. Sagtest du schlangenfressend?«

Jones' Augen hellten sich auf und er grinste. »Ich hab eine Idee. Sie wird dir aber nicht gefallen.«

Emilio brummte unglücklich.

»Bist du lieber Lockvogel oder Reiter?«

Mit gequältem Gesichtsausdruck antwortete er: »Lockvogel.« Bei dem Gedanken, auf das Tier zu steigen, das Jones' Beschreibung entsprach, gruselte es ihn.

»Okay, also du musst ihn die Treppe runterlocken. Lauf schnell.«

»Und dann?«

»Ich warte unten, ich nehme die Treppe auf der anderen Seite.«

Tausend Fragen gingen ihm durch den Kopf, doch Jones – eifrig wie er war – hatte sich bereits auf den Weg gemacht.

Emilio fluchte leise und kam vorsichtig aus seiner Deckung. Noch nie hatten sich seine Beine wie Wackelpudding angefühlt, jetzt taten sie es. Ängstlich machte er einige Schritte. Wo war das Monster? Er hörte ein leises, nicht menschlich klingendes Geräusch und hoffte inständig, dass die Gäste in ihren Zimmern blieben. Etwas näherte sich.

Da! Hinter der Treppe kam es.

So richtig konnte Emilio die Gestalt nicht einordnen, dafür war er zu panisch, seine Sicht verschwamm schon halb. Das Wesen lief auf allen vieren, braune Flügel lagen an seinen Seiten und in seinem annähernd menschlichen Gesicht prangte ein riesiger Schnabel, der sich öffnete, als es ein Kreischen ausstieß.

Endlich reagierten Emilios Beine und er rannte, was das Zeug hielt. Zuerst legte er eine überraschende Kurve hin und sprintete dann im Zickzack, um ein wenig Vorsprung zu gewinnen. Er flog praktisch die Treppe hinab und spürte die Stufen nicht mehr unter seinen Füßen, so schnell war er. Oder sein Körper war inzwischen taub. In lebensgefährlichen Situationen zog sich angeblich das Blut zurück, um die lebensnotwendigen Organe zu erhalten. Das hatte er gelesen.

Wieso dachte er daran? Wahrscheinlich war sein Hirn blutleer.

War das der Atem des Dämons in seinem Nacken? Er hörte ihn hinter sich her hetzen und vernahm ein lautes Kratzen, so als würden seine Klauen überall ihre Spuren hinterlassen.

Nach einer gefühlten Ewigkeit kam er unten an. Hinter ihm schrie der Garuda auf.

Er drehte sich um und sah, dass Jones auf dessen Rücken gesprungen war. War das sein Gürtel, den er dem Tier um den Hals geschlungen hatte?

Das Tier wand sich, versuchte ihn abzuschütteln. Fast wäre er nach hinten gefallen, aber er hielt die *Zügel* fest in Händen und lenkte irgendwie. Emilio trat hastig beiseite, als Jones mit seinem Reittier vorbeizischte.

Wohin wollte er?

Offenbar zur Rezeption.

Emilio eilte ihnen nach und entsann sich gerade noch rechtzeitig, dass dort die Medusa war. *Verdammt!* Er hatte völlig vergessen, die Augen zu schließen. Zu seinem Glück war deren Blick auf den Garuda gerichtet. Jones hatte seine Lider bereits zu.

Medusa war in ein langes, blütenweißes griechisches Gewand gehüllt, ihre Arme zierten Goldreifen. Ihr Gesicht konnte er schlecht erkennen, da das Dutzend Schlangen, welches sie anstelle ihrer Haare auf dem Kopf trug, ständig in Bewegung war. Alle Schlangenköpfe waren auf den Garuda gerichtet. Und dieser hatte Medusa ebenfalls entdeckt. Nun war es nicht mehr nötig, ihn zu lenken. Er preschte auf sein Futter zu und der Kampf begann. Unerbittlich hackte er mit seinem großen Schnabel auf die Schlangen ein, köpfte sogar ein paar. Medusa kreischte, Blut schoss hervor. Während der Vogel weiter auf die Schlangen losging, begannen deren Augen zu leuchten. Allmählich wurden die Attacken des Geruda langsamer. Als Medusa zu Boden sank, das Untier über ihr, wurde dessen Gefieder grau und welk und hart. Nach und nach erfasste die Versteinerung seinen gesamten Körper, sodass er schließlich als Statue verharrte. Auch Medusa rührte sich nicht mehr, ihr dunkles Blut hatte eine weite Lache um sie gebildet.

Jones öffnete die Augen. »Wow!«, rief er. Bei seinem Versuch abzusteigen, war ihm ein Flügel im Weg.

Geistesgegenwärtig half Emilio ihm, sein Bein aus der steinernen Umklammerung zu befreien. Mit einem Ruck fiel Jones von seinem Reittier und landete beinah auf seinem Hintern, hätte Emilio ihn nicht gestützt.

»Geht es dir gut?«, fragte er ihn besorgt, noch völlig außer Atem. »Hast du dich verletzt?«

»Noch mal!« Jones hob jubelnd die Hände in die Luft.

Das Adrenalin war ihm wohl zu Kopf gestiegen! Nun verstand Emilio, warum der Orden dachte, Jones würde seinen Beruf nicht ernst genug nehmen. Er half ihm hoch, von seiner Kleidung fiel Steinstaub herab.

»Bist du wahnsinnig?«, brüllte Emilio, lauter als beabsichtigt, aber momentan hatte er seinen Körper nicht ganz unter Kontrolle. Irgendwie zitterte er ein wenig. »Mach das nie wieder!«

»Aye, wie du wünschst!« Jones grinste frech.

Wie konnte man das derart locker hinnehmen?

»Ist gut ausgegangen«, bemerkte Jones, schnaufte dabei allerdings heftig.

Emilio sah auf die Monster, das eine aus Stein, das andere voller Blut. »Wie sollen wir das vertuschen?« Es war ein Wunder, dass das niemand gesehen hatte!

»Warte kurz!«, antwortete Jones.

Einige Sekunden später begann der Garuda sich aufzulösen, seine mächtige Gestalt hinterließ lediglich einen Haufen Asche. Auch Medusas Haut wurde grau und sie zerfiel.

»Wie?«, stammelte Emilio.

»Dämonen, die nicht in diese Sphäre gehören, zergehen zu Staub, wenn sie sterben.«

»Praktisch«, meinte Emilio und sah zu Jones.

Seine Erleichterung zerstob allerdings genauso schnell, wie sie gekommen war, als er hinter Jones etwas entdeckte.

»Ich sehe da noch ein Problem, dass sich nicht in Luft auflösen wird.«

Jones folgte seinem Blick. »Oh«, machte er.

An der Rezeption stand Sasha Nikita. Er war zu Stein erstarrt. Offensichtlich hatte er Bekanntschaft mit Medusa gemacht. Seine Hände waren abwehrend hochgehalten, sein Gesicht zeigte pure Furcht.

»Tja, das ist Pech.«

»Pech? Ist das alles, was du sagst?«, sagte Emilio aufgeregt. »Wie lange hält die Wirkung an?«

Jones verzog den Mund und tippte sich mit dem Zeigefinger nachdenklich ans Kinn. »Für immer.«

»Was?« Emilios Stimme hallte in dem gewaltigen Raum wider.

»Krieg dich wieder ein«, mahnte Jones und sah sich um. »Medusa ist tot. Kann sein, dass sich ihr Fluch damit auflöst.«

»Kann sein?«

Jones nickte. »Ich weiß nicht, wie lange das dauert.«

»Großartig! Na, dann muss ich mir ja keine Sorgen machen. Wir lassen ihn einfach hier stehen und warten.«

»Das halte ich für keine gute Idee, hier sieht ihn jeder.«

»Das sollte sarkastisch sein.«

»Lass das in Zukunft lieber, Süßer.«

»Sollen wir ihn aufs Zimmer bringen?«

»Was Besseres fällt mir nicht ein. Komm und hilf mir!«

Gemeinsam schoben sie die Statue weg, kamen allerdings nicht besonders weit.

»Puh! Der ist echt schwer! Glaubst du, wir schaffen es zum Fahrstuhl?«

Niemals! »Wir müssen!«, sagte Emilio.

Zentimeter für Zentimeter mühten sie sich ab. Emilios Hemd klebte bereits an ihm, schlimmer als am ersten Tag seiner Reise. Schnaufend wandte er seine gesamte Kraft auf und zerrte an der Skulptur. Wie weit waren sie gekommen?

Er sah sich um, das Ergebnis war zerschmetternd. Sie hatten es gerade mal bis auf die andere Seite der Eingangshalle geschafft, wo sie die Statue neben einer dort befindlichen roten Samtcouch stehen ließen.

Beide atmeten heftig.

»So geht das nicht«, stieß Jones hervor.

Emilio schüttelte den Kopf. »Was jetzt?«

»Warte!« Jones sah die Statue an. »Seine Wangen werden rosiger!«

Gott sei Dank! Langsam kehrte die Farbe zurück und ersetzte das Grau, die erstarrte Haltung fiel ab, seine Augenlider schlossen sich und er sank schlaff auf die Couch nieder.

»Denkst du, ihm geht's gut?«

Mit einem Schrei fuhr Sasha noch. »Hilfe!« Hektisch sah er sich um. »Wo bin ich? Die Rezeption?!«

»Ja!«, bestätigte Jones.

»Sie sind einfach so ohnmächtig geworden«, steuerte Emilio bei.

»Wie bitte?« Sasha wirkte schockiert und erhob sich langsam.

»Genau«, sagte Jones. »Wir haben einen Spaziergang gemacht – die Nacht ist so wunderschön – und dann haben wir Sie hier an der Rezeption angetroffen. Sie sahen so blass aus.«

»Und ich habe Sie gefragt, ob es Ihnen gut ginge«, sagte Emilio.

»Dann haben Sie die Augen verdreht und sind umgekippt!«

Sasha starrte sie an. »Wirklich?«

Beide nickten mit besorgter Miene.

Sasha richtete sein Jackett und nahm eine würdevolle Haltung ein. »In diesem Falle tut es mir sehr leid!«

»Nicht doch«, meinte Emilio. »Wir hoffen, es ist alles in Ordnung.«

»Ja, ich hatte lediglich einen leichten Schwächeanfall«, versicherte Sasha. »Ich muss mich wohl für Ihre Hilfe bedanken.«

»Keine Ursache! Wir werden es auch keinem verraten«, beruhigte Jones.

Sasha wirkte erleichtert. »Nun denn. Ich wünsche eine angenehme Nachtruhe.«

Nonchalant kehrte er zu seinem Platz an der Rezeption zurück, dabei fiel ihm der Dreck am Boden auf. »Jemand muss das hier sauber machen. Wo ist die Putzfrau?«

Dass er die um diese Uhrzeit fand, bezweifelte Emilio.

Auf dem Weg zum Zimmer suchten sie nach weiteren Kreaturen, fanden jedoch keine.

»Sie könnten überall in der Anlage sein«, sagte Emilio düster.

»Wenn Elias das Buch hat, wird er keinesfalls alle verschwenden, um Gäste zu erschrecken.«

Kaum waren sie in der Suite, klingelte Jones' Handy. Er zeigte Emilio den Bildschirm: Elias. Sicher wollte der Mistkerl damit angeben, dass er das Buch hatte. Jones stellte auf Lautsprecher.

»Ja?«, schnauzte er hinein.

»Hab ich dich geweckt?«, fragte Elias mit sanfter Stimme.

»Sehr witzig«, kommentierte Jones.

Ein Lachen. »Ach komm, ich rufe dich an, weil wir Frieden schließen können.«

Frieden? Nach all den Dämonen, die er auf sie gehetzt hatte? Der Typ hatte Nerven!

»Wie stellst du dir das vor?«, erkundigte sich Jones.

»Du weißt, du kannst nicht zum Flughafen, ohne mir zu begegnen, und ich habe noch zwei Begleiter. Wir könnten einen Deal aushandeln. Immerhin hab ich was für dich übrig. Schon bei unserer ersten Begegnung wollte ich …«

»Hey!«, unterbrach Emilio ihn aufgebracht. »Das interessiert keinen, komm zur Sache!«

Ein halb amüsierter, halb verärgerter Laut war zu hören. »Ah, der Tourist! Hast du auch Gefallen an Jones gefunden? Das kann ich verstehen. Mach dir keine Hoffnungen. Du solltest ihn loswerden, Jones!«

»Auf deinen Rat verzichte ich«, erwiderte Jones. »Was willst du?«

»Das Buch! Ich schlage vor, du gibst es mir und ich verschone …«

»Moment! Du hast das Buch nicht?«, entfuhr es Jones.

Eindeutig gereiztes Ausatmen. »Willst. Du. Mich. Verarschen?«

Perplex starrten Emilio und Jones sich an.

Die Stille gab Elias ausreichend Hinweise. »Wartet! Ihr habt das Buch nicht mehr? Wie konnte das geschehen? Was habt ihr verdammten, inkompetenten …«

Jones legte auf. »Also schön. Er hat es nicht geklaut.«

»Ist das … gut?«

»Das werde ich herausfinden«, sagte Jones entschlossen.

»Wie sollen wir den Dieb finden?«

»Keine Ahnung, aber ich muss schnell sein. Du hast ja nicht den geringsten Schimmer, welche Ungeheuer in dem Buch sind. Es heißt, es gibt darin Schattenhydras, Yokai, Tengu, Gestaltwandler, Mantikore, Wendigos und man munkelt sogar über einen Dschinn. All diese Wesen warten nur darauf, freizukommen. Wer immer das Buch hat, ich bin mir nicht sicher, ob er oder sie sich bewusst ist, was dieses Buch bedeutet.«

Emilio schluckte. »Dann sollten wir uns beeilen«, pflichtete er ihm bei.

»Hast du eine Landkarte?«

»Ja, die hab ich!« Emilio freute sich. Er war doch nützlich. »Niemals würde ich in ein fremdes Land fahren ohne eine.«

»Hattest du vor, dir einen Wagen zu mieten und Orte zu besuchen?«

»Nein, bist du verrückt?«

Jones grinste schief. »Tourist«, sagte er und hustete dabei gekünstelt.

Emilio holte die Karte aus seinem Rucksack und breitete sie auf dem Tisch aus.

Zu seiner Verwunderung griff Jones nach dem Ring, den er an der linken Hand trug. Der war Emilio zwar aufgefallen, er hatte ihm allerdings keine besondere Beachtung geschenkt. Er schien aus Silber zu sein, in seiner Mitte war ein Onyx eingefasst. Jones *öffnete* ihn.

Gespannt beobachtete Emilio, wie er den Inhalt des Steins – es war eine Art rotes Pulver – über die Karte rieseln ließ. Jones legte sich Mittel- und Zeigefinger an die Schläfe und schloss kurz die Augen. Seine Stirn war gerunzelt, anscheinend konzentrierte er sich. Er begann, leise eine Formel zu murmeln.

Das Pulver kam in Bewegung und sammelte sich an einem Ort zu einem kleinen Häufchen, dann verbrannte es und hinterließ ein schwarzes Zeichen.

»Dort ist das Buch. Lindwurmasche zeigt einem immer die Magiequelle, auf die man sich konzentriert, vorausgesetzt, es handelt sich um ein Artefakt. Menschen können nicht geortet werden«, erklärte Jones und seufzte.

»War es anstrengend?«

»Ja.« Er sah ihn an. »Allerdings nicht so sehr, wie sie zu beschaffen. Ich hab diese Asche aus dem Orden mitgehen lassen. Eigentlich ist es verboten, sie zu verwenden, da man sie nur äußerst schwer bekommt. Aber ich fand sie cool und nützlich und ich dachte, vielleicht … Ach was! Es war in meinem ersten Ausbildungsjahr und ich hab sie damals geklaut. Bis eben hatte ich sie sogar vergessen. Ich war es schon so gewohnt, den Ring zu tragen. Jetzt ist sie weg und niemand muss davon erfahren, sonst bin ich meinen Job los. Wenn ich das nicht ohnehin bin.«

»Im Moment bin ich froh, dass du das Pulver oder die Asche hattest«, beruhigte Emilio ihn. »Ich schätze, wir können in dieser Angelegenheit nicht bis morgen warten, also lass uns sofort aufbrechen, bevor noch weitere Dämonen die Stadt unsicher machen. Gehen wir!«

Jones sah ihn an, sein Gesicht wirkte ernst. Dann sagte er etwas, wovor Emilio sich zutiefst gefürchtet hatte.

»Nicht wir. Ich!«

»Du brauchst Unterstützung!«, widersprach Emilio.

»Du bist ein Tourist!« *Autsch!* Das tat weh! »Ich habe dich bereits mehr als genug in Gefahr gebracht. Es wird Zeit, dass du in dein altes Leben zurückkehrst und ich verschwinde. Oder dachtest du etwa, wir könnten immer so weitermachen? Ich danke dir für deine Hilfe. Sobald ich meinen Lohn erhalten habe – wenn alles gut geht –, kann ich dir ein bisschen was schicken, wenn du möchtest.«

»Nein, vielen Dank«, brachte Emilio mühsam hervor. Seine Kehle schmerzte und fühlte sich eng an. »Ich will kein Geld von dir.«

Dich will ich!

Sag es ihm!

Lass ihn gehen, er ist nichts für dich!

»Dieses Leben ist nichts für dich«, sagte Jones. »Oder möchtest du das jeden Tag? Dämonen? Verfolgungsjagden? Du bist ein ruhiger, bodenständiger Mann. Und das ist okay.«

»Wie du meinst«, sprach Emilio. Alles in ihm schrie, er solle etwas anderes sagen.

Was machte er sich eigentlich vor? Er war kein Abenteurer! Es war vorbei. Jones hatte recht: Was hatte er erwartet?

Die Tür schloss sich und er war allein. Wie zuvor. Als wären die letzten Tage nie passiert.

8

Victor

Pandora lächelte und drehte sich, sodass Victor sie von allen Seiten betrachten konnte. Ihr cremeweißes Kleid flog um ihre Beine, umschmeichelte sie.

»Ich wusste, es würde dir ausgezeichnet stehen«, sagte Victor.

»Vielen Dank, Victor!«, erwiderte sie, ihre Stimme war hell und rein. »Du bist so gut zu mir! Bekomme ich noch mehr Kleider?«

»Aber natürlich! Die schönsten überhaupt. Auch wenn sie alle nicht so schön sind wie du.«

Er trat näher und gab ihr einen Kuss auf die Stirn.

Ihr Lächeln war atemberaubend, die grünen Augen leuchteten.

»Bitt-tte um Ver-r-z-zeihung«, kam es von der Tür.

Genervt blickte Victor Dillan an. »Was?«

»Ich habe, d-die Ad-dresse, d-die d-du w-woll …«

»Gib schon her!« Er riss ihm den Zettel aus der Hand. An Pandora gewandt sagte er sanft: »Tut mir leid, meine Schöne, ich muss etwas erledigen. Es wird spät werden, du musst nicht warten.«

»Solange du zu mir zurückkehrst.«

»Immer!«

Er verließ die Villa und nahm sein Auto. Je weiter er fuhr, desto leichter fiel ihm das Atmen. Die Fassade des einfühlsamen Mannes war sehr anstrengend für ihn, entsprach sie doch so gar nicht seinem wahren Wesen. Klar konnte er nett sein, wenn er wollte. Jeden Tag war ihm das allerdings zu viel.

Vorfreude stieg in ihm auf, als er das Hotel erreichte, dessen Adresse auf dem Zettel stand. Ein leichter Tarnzauber sollte reichen. Er entschied sich für Magie, da er keine Lust und auch nicht die Geduld für Bestechung hatte. Unbemerkt betrat er das Gebäude und nahm den Fahrstuhl.

Dann suchte er nach Ciarans Zimmernummer. Wie einfältig der war! Dachte er tatsächlich, sich hier verstecken zu können? Schon dass er auf der Suche nach ihm war, war aberwitzig. Seit ihrer letzten Begegnung verfolgte er ihn, weil er wusste, dass Victor die Büchse hatte.

Vielleicht sucht er dich auch noch aus einem anderen Grund.

Und welchem? Rache? Immerhin hatte Victor mit Ciaran eine wunderbare Nacht verbracht. Ein halbes Jahr war das her. Ciaran war damals fest in dem Glauben gewesen, wegen eines Schlangenbisses sterben zu müssen – könnte sein, dass Victor diese Überzeugung noch verstärkt hatte. Er hatte ihm – nett wie er war – angeboten, seine letzte Nacht auf Erden mit heißem Sex zu versüßen, der ihn die Schmerzen vergessen ließ.

Natürlich war Victor am Morgen danach fort gewesen, bevor Ciaran herausgefunden hatte, dass er noch lebte. Oh Wunder! Da sollte er doch froh sein. Wie wäre es mit ein bisschen Dankbarkeit? Schließlich war es Victor gewesen, der ihm das Gegengift verabreicht hatte.

Und dann hast du ihn mit einem Trick verführt und dich mit ihm amüsiert.

Wie konnte man deshalb sauer sein?

Die Tür zu öffnen war nicht schwer, eine simple Rune reichte.

Jedenfalls für Victor, diese Zauber hatten nicht alle in petto.

Leise schloss er die Tür hinter sich und glitt in den Raum. Er hörte die Dusche. Perfekt, gleich nackt! Er lächelte böse. Wasser wurde abgestellt, ein Vorhang beiseitegeschoben. Victor verbarg sich im Schatten, nur das Licht im Bad war an und die Nacht war noch lang.

Nackte Füße trafen auf die Fliesen, ein Frotteetuch wurde aufgefaltet. Ciaran wickelte es sich um die Taille und kam heraus. Als er seinen Besucher sah, erstarrte er.

Der Tarnzauber war von ihm abgefallen, Victor lehnte lässig gegen die Wand.

»Hallo, Ciaran«, schnurrte er und ließ seinen Akzent spielen. »So spät noch wach?«

Ciaran spannte sich deutlich an, auf seiner Haut zeigte sich Gänsehaut. Sein Blick zuckte umher und verriet, dass er überlegte, was er als Waffe nutzen konnte oder wo er die seinen hingelegt hatte.

Es gibt keinen Ausweg!, dachte Victor vergnügt.

»Du hast mich gesucht, da dachte ich, ich erspare dir die Mühe und komme dich besuchen!«, fuhr er fort.

Ciaran presste seinen wohlgeformten Lippen zu einem Strich zusammen. Sein kinnlanges, hellblondes Haar – Victor wusste, wie weich es war – war an den Spitzen feucht. Er sah ihn an. »Wie ungewohnt freundlich von dir«, zischte er.

Victor schenkte ihm einen verletzten Blick. »Warum so wütend? Freust du dich nicht, mich zu sehen? Nachdem ich dir das Leben gerettet habe?«

Ciaran kniff die Augen zusammen. Diese Augen, deren Farbe zwischen hellblau und dunkelbraun zu wechseln schien, gefielen Victor sehr.

Abrupt wurde Ciarans Blick weicher, die Falten auf seiner Stirn glätteten sich. »Was willst du hier?«

Victor zuckte die Schultern und stieß sich von der Wand ab. »Das liegt bei dir.«

»Ist das wieder eines deiner dubiosen Angebote?«

Er grinste. »Und wenn? Warum suchst du mich?«

Ciaran biss sich auf die Unterlippe, ein Zeichen von Unsicherheit. Wollte er ihn töten? Wollte er die Büchse für sich?

»Zuerst wollte ich dich töten«, gestand er. »Dann wollte ich die Büchse.«

Aha! »Und was …« Victor kam einen Schritt näher. »… möchtest du jetzt?«

Sein Gegenüber erschauderte sichtlich. Er war kleiner als er und reichte Victor gerade mal bis zur Brust. Hin und wieder hatte er ihn deshalb aufgezogen.

Victor umfasste sein Kinn und legte dann seine Hand um den schlanken Hals. Haut wie Alabaster! Mit einem Ruck warf er Ciaran gegen die Wand und pinnte ihn dort fest. Er beugte sich hinab.

»Was«, flüsterte er an sein Ohr, »willst du jetzt?«

Mit der freien Hand löste er den Knoten des Badetuchs, sodass es zu Boden glitt.

Ciaran zitterte leicht, schluckte, Victor spürte das mühsame Hüpfen seines Adamsapfels unter seiner Handfläche. Er lachte dunkel und wich etwas zurück.

»Du bist zu schwach.«

»Was willst du damit sagen?«

»Du bist meinetwegen gekommen«, stellte Victor fest. »Aber du bist nicht Alexsander. Ich würde dich kaputtmachen. Hör auf meinen Rat: Verlasse diese Insel möglichst schnell!«

Als er sich zum Gehen wenden wollte, hielt Ciaran ihn zurück, packte sein Hemd und zog ihn wieder an sich.

»Dann mach mich kaputt!«, verlangte er flüsternd. Seine Iriden funkelten, Victor erkannte Lust in ihnen, ebenso wie die Angst vor Zurückweisung. »Ich halte mehr aus, als du denkst.«

»Ich habe dich gewarnt!«

Victor umfasste Ciarans schmale Handgelenke und zwang sie über seinen Kopf. Dort hielt er sie mit einer Hand gegen die Wand gedrückt fest. Die andere wanderte Ciarans Körper hinab, über seine Hüften, seinen Hintern. Kraftvoll hob er ihn hoch, sodass sie auf Augenhöhe waren. Ciaran keuchte überrascht auf, sein halb erigiertes Glied wurde gegen Victors kalte Gürtelschnalle gepresst.

Rau eroberte Victor seinen köstlichen Mund, glitt mit seiner Zunge hinein und umkreiste Ciarans. Der stöhnte gegen seine Lippen. Er wollte seine Hände freibekommen, doch Victor kostete weiter von ihm, biss leicht zu, erst dann ließ er ihn los. Sofort machte Ciaran sich daran, Victor seines Hemdes zu entledigen – es fiel unbeachtet zu Boden. Willig legte er die Arme um den größeren Mann.

Victor griff in das seidenweiche Haar und zog den Kopf seines Gespielen zurück, mit der Zunge leckte über dessen Kehlkopf.

Inzwischen war er unerträglich hart, sein Schwanz pochte in seiner Hose.

Als hätte Ciaran den Gedanken aufgefangen, machte er sich daran, ihn aus seinem Gefängnis zu befreien.

»Ich hab Gleitgel in der Schublade«, entkam es ihm keuchend.

Victor grinste in sich hinein. »Ich erinnere mich, du bist eng wie eine Jungfrau!« Als Antwort biss ihm Ciaran in die Schulter.

Unwillig ließ er von seinem Liebhaber ab und holte eine kleine Tube.

»Bevorzugst du es, dass ich dich gleich hier gegen die Wand nehme oder soll ich dich zum Bett tragen?«

»Seit wann fragst du?«

Wie recht er doch hatte!

Victor fiel über ihn her, verschloss seinen Mund wieder mit dem seinen. Blind goss er etwas von dem Gel auf Mittel- und Zeigefinger und glitt damit in ihn. Ciaran stöhnte, während Victor ihn sachte dehnte. Mit der anderen Hand kniff er in die rosige Brustwarze.

»Au!«, entfuhr es ihm.

Victor lachte. »So empfindlich!«, neckte er.

Er zog sich aus ihm zurück und hob ihn erneut hoch. Ciaran schlang ihm die Beine um die Hüften, um besseren Halt zu haben. Den Rest des Gels verteilte Victor auf seinem Glied, dann drang er langsam in Ciaran ein.

Er spürte, wie dieser versuchte sich zu entspannen, ihn einzulassen. Immer wieder hielt er inne und wartete, bis Ciaran sich an seine Größe gewöhnt hatte. Als er vollständig in ihm war, begann er einen steten Rhythmus.

So eng und heiß! Es war der Himmel! Sein Geliebter krallte die Fingernägel in seinen Rücken, als Victor immer schneller in ihn stieß und dabei jedes Mal den süßen Punkt traf, sodass er laut aufschrie.

Als er merkte, dass Ciaran kurz davor war zu kommen, verlangsamte er seine Bewegungen wieder. Dafür wurde er wüst beschimpft.

Victor umfasste Ciarans Glied und drückte mit dem Daumennagel gegen die Penisspitze. Ein heiserer Laut war die Antwort. Victor wurde wieder schneller, stieß erneut tief in ihn und trieb sie beide zum Höhepunkt. Ciarans Ejakulat spritzte auf Victors Brust. Als er selbst sich entlud, hielt er den anderen trotzdem weiterhin gegen die Wand gedrückt.

Er wartete, bis die letzten Nachbeben des Orgasmus verklungen waren, erst dann glitt er aus Ciaran. Kaum hatte er ihn auf die Füße gestellt, drohte dieser zusammenzubrechen. Er stützte ihn.

Sein Handy klingelte.

Verwundert ließ er sein Gegenüber los, der nun wieder allein stehen konnte, bückte sich nach seiner Hose und holte das vibrierende Ding hervor.

Dillan? Der wagte es, ihn anzurufen? Er hob ab.

»Hallo?«

»Victor?« Es war eindeutig eine Frauenstimme und sie stotterte auch nicht.

»Pandora?«

»Komm nach Hause. Sofort!«

Sie legte auf. Das hatte etwas herrisch geklungen und das passte Victor ganz und gar nicht. Schließlich war er kein Hund, den man abkommandierte, wenn es einem passte.

»Probleme?« Ciaran streichelte ihm über den Arm.

Victor küsste ihn noch ein letztes Mal. »Versprich mir, dass du mich nicht suchst!«

Er wollte widersprechen, doch Victor schnitt ihm das Wort ab. »Du bleibst hier, verstanden? Es ist gefährlich. Versprich es mir!«

Ciaran sah ihn an. »Ich verspreche es.«

Elias

Noch nie zuvor war er so wütend gewesen, er hatte sogar beinah sein Handy kaputt gehauen. Die letzten Tage waren überhaupt nicht nach Plan gelaufen! Zuerst jagte er Jones durch die halbe Stadt und einen Berg hinauf, dann die Katastrophe mit diesem Touristen, der seine Zeit verschwendet hatte, und nun das!

Ganz zu schweigen von dem Zwischenfall mit den Gläsern, welche Jones bei seiner Flucht vom Strand auf seine Begleiter geworfen hatte. Saskias Hand hatte ein paar Kratzer abbekommen, die sie nicht weiter behinderten, sein Bruder allerdings hatte geheult wie ein großes Baby. Das Glas war an seiner Stirn zersprungen und hatte dort einen kleinen Schnitt hinterlassen, der zwar geblutet hatte, aber zum Glück nicht hatte genäht werden müssen. Kleine Splitter hatten sich in seinem Gesicht und an seinen Wimpern verteilt – die Augen hatte er noch rechtzeitig geschlossen. Saskia hatte über eine Stunde gebraucht, um die winzigen Teile mit höchster Vorsicht zu entfernen.

Was fand diese Frau eigentlich an seinem Bruder? Vielleicht hatte er Qualitäten im Bett, von denen er nichts wusste?

Unwillkürlich musste er an Jones denken. Der war ihm erneut durch die Finger geglitten. Gelegentlich mochte er Herausforderungen, doch Jones trieb ihn allmählich zur Weißglut.

Schon bei ihrer ersten Begegnung hatte er ihn haben wollen. Hätte er sich in der Gasse damals nicht so grob verhalten, wäre der Schmetterling in seine Falle gegangen. Stattdessen hatte Jones ihm eine verpasst und war ihm daraufhin aus dem Weg gegangen.

Ich hätte ihn in mein Haus locken sollen. Dort wäre er mir nicht entkommen!

Die Vorstellung, Jones in seinem Keller zu sperren und sich mit ihm zu amüsieren, wann und wie er wollte, ließ ihn schlagartig eine Erektion bekommen.

Er musste sich an irgendetwas abreagieren, hatte aber keine Zeit dafür. Fluchend trat er gegen den Stuhl vor sich und stand auf und schnappte auf dem Balkon frische Luft. Letztendlich hatten sie sich in einem Billighotel einquartiert, nachdem sie stundenlang vor dem Hotel im Auto gewartet hatten. Nun hatten die sogar das Buch verloren! Wie hatte das passieren können? Schlimmer konnte es nicht mehr werden. Wer außer ihm und den Akasha könnte sonst noch Interesse daran haben?

Sein Handy klingelte. Hoffentlich nicht wieder … Nein, es war Marissa!

»Ja, meine Hübsche?«, sagte er in einem flirtenden Tonfall.

»Elias.« Sie klang, als würde als würde sie rot werden. Viele Frauen reagierten derart auf ihn. »Ich hab für dich das Hotel im Auge behalten.« Hinein durfte sie nicht mehr, da sich jemand beschwert hatte und sie suspendiert worden war. Nur mit jeder Menge Charme hatte Elias es so hingebogen, dass Marissa nicht sauer war. Er hatte ihr versprochen, genug Geld für sie beide zu haben – nach dieser Sache. Dabei war sie ihm völlig egal. Marissa war verknallt in ihn und das nutzte er aus.

»Jones hat das Hotel verlassen, allein!«

Elias horchte auf. »Wohin ist er gegangen?«

»Zu einem Auto, aber das war Schrott. Er hat ein paar Dinge herausgenommen und sich ein Taxi gerufen.«

»Bist du ihm gefolgt.«

»So schnell war ich nicht. Tut mir leid!«

Blöde Kuh! »Das macht nichts, mein Goldschatz! Kannst du mir sagen, in welche Richtung er gefahren ist?«

Zumindest diese Information konnte sie ihm geben.

»Ich danke dir!«

Er legte auf und kehrte zu seinen Begleitern zurück. »Jones ist ausgeflogen«, teilte er ihnen mit.

Elias würde ihn schon finden, wie so oft. Jones hatte seine Sachen aus dem Auto geholt, ohne zu wissen, dass er einen GPS-Chip an seinem Rucksack angebracht hatte. Ein Grinsen glitt über sein Gesicht. Jones war allein und zweifellos hinter dem Buch her. Wenn er ihn fand, würde er beides bekommen!

Emilio

Es war so ruhig. War es schon immer so still in diesem Zimmer gewesen? Emilio bekam kein Auge zu. Im Halbschlaf fantasierte er davon, wie Jones angegriffen wurde.

Er kommt klar, das ist sein Job!

Beunruhigt sank er in einen Traum. Er lag am Pool auf seinem Liegestuhl. Eine einsame Hummel summte vorbei, Kinder spielten, ein Cocktail befand sich in seiner Hand. Alles war friedlich, genau wie er es gewollt hatte.

Eine Weile lag er da, nichts Ungewöhnliches passierte.

Gott, war das langweilig!

Im Geiste hörte er Jones' Schrei, als würde er gerade sterben, während er hier lag …

Schweißgebadet fuhr er hoch. Sein Atem ging stoßweise, sein gesamter Körper schmerzte.

Was hatte er bloß? Er konnte seine Ruhe zurückhaben!

Doch das wollte er nicht! Nicht mehr!

Ich will nur Jones!

Was hatte er sich dabei gedacht, ihn einfach so davonspazieren zu lassen? Aus seinem Leben! Jones war leichtsinnig, jemand musste auf ihn aufpassen!

Du hältst mich am Boden, damit ich nicht davonflieg, kamen ihm Jones' Worte wieder in den Sinn. Er sprang aus dem Bett und zog sich an. Zu ungeduldig, um auf den Aufzug zu warten, rannte er die Stufen nach unten zur Rezeption.

»Das Frühstücksbüfett öffnet erst in einer halben Stunde«, bemerkte Sasha, als er ihn sah. »Ist alles …«

»Alles bestens«, unterbrach ihn Emilio. »Ich brauche ein Taxi! Bitte!« Unruhig zappelte er herum, dieses verdammte Auto brauchte über zehn Minuten. Als es endlich vorfuhr, stieg er hastig ein und nannte die Adresse

– er hatte sie sich gemerkt und die Markierung auf der Karte noch vor seinem geistigen Auge.

Der Fahrer warf ihm einen erstaunten Blick zu, fragte, ob er sicher sei, und startete.

Die Fahrt schien endlos, bis sie vor einem Haus hielten, bei dem selbst eine Restaurierung nichts mehr half, so verfallen war es. Sollte man das nicht abreißen? Emilio bezweifelte ernsthaft, dass jemand darin wohnte.

Er bezahlte und stieg aus. Da stand er nun. Wo war Jones?

Die Gegend wirkte ziemlich verlassen. War er hier richtig? Ein wenig graute es ihm davor, das baufällige Gebäude zu betreten. *Für Jones!*

Die Tür war kaputt und nur angelehnt, entschlossen übertrat er die Schwelle. Das Innere war auch nicht gerade beeindruckend. Überall lag dicker Staub, in den Ecken befanden sich Spinnennetze, die geisterhaft im Wind tanzten. Ihm schauderte bei dem Gedanken daran, wo sich die Spinnen wohl verstecken mochten. Hie und da standen verstreut Möbelstücke herum, ebenfalls kaputt.

Sein erster Impuls war es, nach Jones zu rufen, doch was, wenn das gerade ungünstig für diesen war?

Da war ein Geräusch gewesen.

Er hielt inne und lauschte angestrengt.

Da, wieder! Das kam von oben.

Als er die Treppe sah, musste er unwillkürlich schlucken. Würde sie ihn tragen können? Aber er hatte keine Wahl. Die zweite Stufe knarzte vernehmlich. Nach dem ersten Absatz wendete sich die Treppe und änderte ihre Richtung. Gerade als er dort angekommen war, wurde eine quietschende Tür aufgerissen und jemand rannte ihm entgegen. Eine zweite Gestalt tauchte hinter der ersten auf. Jones!

Die Freude, ihn zu sehen, währte nur kurz, als Jones »Halt ihn auf!« rief.

Erst jetzt bemerkte Emilio, was der Fremde in Händen hielt. Das Buch! Flink huschte er die Treppe hinunter. Als er nach ihm greifen wollte, wich der junge Mann geschickt unter seinem Arm aus und eilte an ihm vorbei.

Verdammt! Er durfte nicht entkommen!

Hastig lief er ihm nach und gerade als der Fremde die Tür erreichte, stürzte er sich mit einem Sprung auf ihn und ging mit ihm zu Boden.

»Au!«, gab der Dieb von sich. Er war schmal und kleiner als Emilio.

»Tut mir leid«, sagte der, stand auf, hielt ihn jedoch fest, sodass er nicht erneut die Flucht ergreifen konnte.

Feuerrote Haare und dunkelgoldene, mandelförmige Augen, dazu sehr blasse Haut. Das Aussehen des Diebes würde er sich leicht merken können, sollte er entwischen.

Jones erschien neben ihnen und stieß genervt die Luft aus. »Wer bist du? Gib das Buch her!«, sagte er ungeduldig.

Der Dieb drückte es an seine schmale Brust. »Ich bin niemand.«

»Und wie ist dein Name, Niemand?«

Er schien zu überlegen. »Ihr könnt mich Kit nennen.«

Jones blickte zu Emilio. »Was machst du hier? Ich hab doch gesagt, dass dich das alles nichts mehr angeht!«

»Und ich finde, dass es mich etwas angeht.«

»Warum?«

Weil ich dich liebe!

Diese Erkenntnis erschreckte Emilio nicht so sehr, wie er befürchtet hatte.

»Scheiße!« Jones blickte durchs Fenster.

Ein Auto hatte vor dem Haus gehalten, aus dem drei bekannte Personen ausstiegen. Elias, Svend und Saskia!

»Nach oben, schnell!«, kommandierte Jones.

Emilio packte *Kit* am Arm und zog ihn mit sich. »Glaub mir, du bist lieber bei uns als bei denen.«

Kit stolperte ein wenig unwillig hinterher. Oben verschanzten sie sich in einem Zimmer, dessen Tür nicht ganz unbrauchbar war, und warteten.

»Vielleicht gehen sie wieder«, hoffte Emilio.

Jones' Kiefermuskel verhärtete sich. »Sind sie dir gefolgt?«

Emilio war ehrlich betroffen. War er es gewesen, der sie hierhergeführt hatte? Hatte er Jones in Gefahr gebracht? Dabei war er doch extra gekommen, um zu helfen.

»Ich habe niemanden gesehen«, gestand er.

»Könnte auch sein, dass Elias irgendetwas bei meinen Sachen versteckt hat, womit er mich orten kann, er wusste ja, wo mein Auto stand.« Jones wollte ihm offensichtlich nicht voreilig die Schuld geben. »Also entweder bin ich der Idiot oder du. Aber das ist jetzt egal.«

Das Knarzen der zweiten Stufe war zu hören!

»Sie kommen rauf«, sagte Emilio.

Mit angehaltenem Atem horchten sie. Zunächst war alles still, dann folgten Schritte, einige von ihnen war besonders laut. Sicher Svend.

»Wo ist er denn?«, fragte der auch prompt.

Ein aggressiver Laut. »Nerv nicht«, schnauzte Elias. »Der Ortungschip sagt, er ist hier.«

Jones biss sich auf die Lippe. *Sorry*, formte er lautlos mit den Lippen.

Schon gut, flüsterte Emilio zurück.

»Wir sollten die Zimmer durchsuchen«, meinte Saskia.

Mist!

»Gibt es einen anderen Weg hier raus?«, fragte Emilio leise.

Kit zuckte die Schultern. »Die Fassade ist nicht besonders stabil, selbst wenn du klettern kannst.«

»Jemand muss sie ablenken, der andere nimmt das Buch und haut ab«, flüsterte Jones.

»Das kann ich übernehmen«, bemerkte Kit spitz und erntete böse Blicke.

»Ich lass dich nicht allein, Jones«, widersprach Emilio.

Sollten sie das Buch hier irgendwo verstecken? Nein, das wäre zu riskant. Elias wusste, dass sie deswegen hier waren – was sonst –, er würde nicht lange brauchen, um es zu finden.

»Wir machen das zusammen«, sagte Emilio.

»Ich vermisse mein Schwert«, bemängelte Jones.

Das wäre sicher nützlich gewesen. Gut, dass Elias ebenfalls keines hatte. Oder hatte er …? Letztes Mal war da dieser Dolch gewesen … Besaßen sie Schusswaffen? Das wäre sehr schlecht. Was sollten sie dagegen ausrichten?

Mach dich nicht wahnsinnig, ermahnte er sich. Es würde sicher alles gut gehen. Hoffentlich.

Er sah sich um und suchte nach etwas Brauchbaren. Alles, was er fand, war ein Holzstück, das wohl einmal ein Stuhlbein gewesen war. Sie postierten sich neben der Tür.

Als diese aufgerissen wurde, holte er aus und zielte auf das Erste, das zum Vorschein kam. Ein Schmerzensschrei ertönte, dicht gefolgt von einem Fluch. Jones und Kit wollten die Gelegenheit nutzen, um vorbeizurennen, doch aus dem Plan wurde nichts.

Saskia und Elias versperrten ihnen den Weg nach unten.

»Na, sieh mal einer an, wen wir da haben«, säuselte Elias.

»Kopf tut weh«, beschwerte Svend sich, der das Stuhlbein auf den Schädel bekommen hatte. Wütend sah er Emilio an.

Oje. »'tschuldigung«, rutschte es Emilio heraus. »Ich wollte Elias erwischen.«

Svend starrte ihn an.

»Du hast mir auch schon eine verpasst, erinnerst du dich?«, blaffte Emilio.

Schließlich zuckte er mit den Schultern. »Okay, doch nächstes Mal bist du dran.« Er zeigte mit dem Finger auf ihn.

»Ich unterbreche euch ja ungern bei eurem Geplauder, aber«, sprach Elias, »wir sind aus einem bestimmten Grund hier.«

Zuerst wanderte sein Blick über Jones, dann zum Buch. An Emilio gewandt giftete er: »Was tust du überhaupt immer noch hier?« Dann entdeckte er Kit. »Und wer ist das?«

»Kit hat das Buch gestohlen und jetzt haben wir es«, erklärte Jones, scheinbar so locker, wie es immer seine Art war. »Du siehst, deine Dienste werden nicht benötigt.«

»Ein ganz schön freches Mundwerk wie immer«, sagte Elias und trat auf ihn zu. »Was ich nicht alles damit machen könnte …«

Emilio spannte sich an. Bei jeder Begegnung wurde Elias ihm unsympathischer, wie gerne würde er ihm einen Tritt verpassen!

Warum eigentlich nicht?

Blitzschnell ließ er seinen Fuß nach vorne schießen und trat Elias gegen die Hüfte. Überrascht von der Wucht des Treffers verlor der das Gleichgewicht und stolperte rückwärts gegen das instabile Geländer. Dieses brach entzwei und Elias landete schneller im Erdgeschoss, als ihm lieb war. Ein lauter Aufprall, Staub wirbelte auf.

Wow! Besser als erwartet.

Elias' Gefährten erwachten aus ihrer Starre. Svend blähte die Nasenflügel wie ein wilder Stier und hob die Faust. Emilio duckte sich unter den Angriff hinweg, Svend zerschmetterte einen Tisch, das morsche Holz brach auf der Stelle ein.

»Aus dem Weg!«

Emilio tat einen Schritt zur Seite. Jones nahm Anlauf, sprang ab und flog praktisch durch die Luft. Seine Schuhsohlen krachten gegen Svends Brust. Das sah echt cool aus, musste Emilio zugeben. Der Riese taumelte gegen die Wand hinter ihm. Unkoordiniert schwang er seine Faust, galant wich Jones aus und versetzte ihm seinerseits einen Hieb.

Gerne hätte Emilio Jones weiter zugesehen, doch die Zeit hatte er nicht. Saskia kam auf ihn zu, ihre Miene wirkte alles andere als freundlich.

»Ich schlage keine Frau …« Emilio konnte den Satz nicht beenden, da hatte er bereits einen Stiefel im Gesicht. Wie ein nasser Sack fiel er nach hinten, die Holzdielen ächzten unter seinem Gewicht, als er aufschlug. Er schmeckte Kupfer. Als er seine Umgebung wiedererkannte, stand Saskia über ihm, ein Bein gehoben, bereit für einen weiteren, sicher schmerzhaften Tritt. Emilio riss die Augen auf, rollte sich zur Seite. Ihr Stiefel landete auf dem Boden, es klang, als würde das Holz bald nachgeben. Er wischte sich das Blut von der Nase.

»Sie sind eine sehr gewalttätige Frau«, nörgelte er.

Saskia verzog spöttisch den Mund. »Und du bist schwächer, als zu aussiehst.« Sie hatte einen starken Ostblockakzent. »Lass mich raten: Fitnessstudio? Das ist alles nur heiße Luft, wenn man die Kraft nicht richtig einsetzen kann.«

Da hatte sie leider recht. Mit Schwung drehte sie sich, ihr Zopf peitschte hinter ihr her, sie warf die Beine in die Luft und diesmal wich Emilio, welcher sich bereits wieder erhoben hatte, rechtzeitig aus.

Ihr Tritt hinterließ ein Loch in der Wand. Ein Loch!

Noch einmal griff sie an, Emilio schaffte es, ihren Fuß zu fassen und hielt ihn fest.

Hab ich dich!

Falsch gedacht! Saskia schlug mit der Faust auf ihn ein, sodass er ihr Bein freigeben musste. Schon knallte ihr Knie gegen seine Taille. Schmerz schoss durch seine rechte Seite. Er keuchte. Jetzt attackierte sie ihn mit der Handkante – wie in den Jackie Chan Filmen –, es fühlte es sich an, als wäre sein Kehlkopf eingedrückt worden.

Emilio schielte zu Jones. Ob sie die Gegner wohl noch tauschen konnten?

Jones warf sich gerade auf Svends Rücken und hielt sich dort fest, während dieser versuchte ihn abzuschütteln. Seine Arme lagen um den dicken Hals, anscheinend wollte Jones ihn würgen, bis er bewusstlos war. Keine schlechte Idee. Svend lief sogar blau an und verdrehte die Augen, doch dann ließ er sich auf den Rücken fallen, ob mit Absicht oder weil ihm schwarz vor Augen wurde, konnte Emilio nicht erkennen, und begrub Jones unter sich. Das Gewicht ließ diesen aufstöhnen, seine Umklammerung löste sich.

Svend holte tief Luft, bekam etwas mehr Farbe im Gesicht und rappelte sich auf.

Jones hatte sich bereits weggerollt, als Svends Faust an der Stelle einschlug, an der er eben gelegen hatte.

Emilio versuchte unterdessen mit allen Mitteln diese Furie von sich herunterzubekommen.

»Das geht mir zu schnell«, scherzte er lahm. »Wir kennen uns kaum.«

Er kam gar nicht dazu, seinerseits anzugreifen, da Saskia unaufhörlich trat oder zuschlug. Ihre Angriffe prasselten auf ihn ein, sodass er sicher überall blaue Flecken bekommen würde. Er war nicht gerade stolz auf sich, aber er sah keinen anderen Ausweg. Er fasste in ihr Haar und riss ihren Kopf mit einem Ruck zurück. Zornig wand sie sich in seinem Griff und biss ihn in den Unterarm.

Oh Gott, steh mir bei!

Die Frau war irre! Vollkommen irre!

Mit aller Kraft warf er sie von sich, sodass sie über das Gerümpel, das überall herumstand, flog und auf dem Rücken landete. Ihr Kopf krachte gegen ein Stück Holz, ein wenig benommen sah sie sich um.

Beinahe hätte Emilio ihr aufgeholfen. Das wäre zumindest seine normale Reaktion gegenüber Frauen, die verletzt am Boden lagen.

Er hörte, wie Elias die Treppe heraufstürmte. Der war sicher wütend, weil er einen Abgang gemacht hatte. Ja, er sah definitiv sauer aus, als er mit ruinierter Frisur und voller Staub um die Ecke schoss.

»Dafür bring ich dich um!«, schrie er.

Endlich eine Schlägerei, auf die Emilio sich freute. Nicht, dass er oft an Schlägereien teilnahm … Wie oft hatte er sich ausgemalt, Elias eine zu verpassen, für seine perversen Äußerungen Jones gegenüber. Jetzt war die Gelegenheit.

Ein klitzekleines, aber offensichtliches Problem stellte sich ihm allerdings: Elias war ein Akasha. Somit hatte er sicher eine spezielle Kampfausbildung genossen und er war verdammt schnell. Wahrscheinlich hatte er sich deshalb auch bei dem Sturz nicht ernsthaft verletzt. Obwohl Emilio sich alle Mühe gab, war es schwierig, seinen Angriffen auszuweichen. Der Mann kämpfte mit dem gesamten Körper, vollzog Bewegungen, die er noch nie zuvor gesehen hatte – nicht einmal im Fernsehen. Manchmal machte Elias sich auch die Einrichtung zunutze, stützte sich an etwas ab, schleuderte ihm ein kaputtes Möbelstück entgegen … Und Elias' Treffer waren hart. Als sein Bein ihn traf, fürchtete Emilio, sich eine Rippe gebrochen zu haben. Er musste husten und krümmte sich.

Boshaft grinsend kam der Akasha auf ihn zu. Er hätte ihn schon längst töten können. *Er spielt lediglich mit mir!* Emilio nutzte diese Arroganz aus, riss seinen Fuß zurück, sodass Elias zu Boden ging, und drückte ihn rasch nieder.

So konnte er ihm einen gezielten Schlag ins Gesicht versetzen. Sein Kiefer knackte, er hatte es verdient!

Elias stöhnte auf, seine Miene war schmerzverzerrt, was ihn nur noch wütender zu machen schien. Blitzschnell stieß er zwei Finger in Emilios Seite. Was immer das für ein Griff war, der Schmerz war unerträglich. Sein Gegner befreite sich und war kurz darauf auf den Beinen.

Er konnte dem Tritt, der ihn vermutlich einige Zähne gekostet hätte, gerade noch ausweichen und brachte ein wenig Abstand zwischen sich und Elias.

Auch Saskia war wieder bei Sinnen, damit hatte er nun zwei Gegner.

Jones wich ebenfalls zurück. Er hatte Svend ordentlich zugesetzt, dessen Dickschädel hielt jedoch einiges aus. Der Hüne schüttelte den Kopf, er blutete an manchen Stellen. Jones hatte ihn zwar fast besiegt, doch da waren ja noch die beiden anderen.

»Gebt auf«, riet Elias. »Ihr könnt nicht gewinnen.«

Konnte der Typ nicht noch einmal irgendwo herunterfallen? Am besten aus dem Fenster?

Solche Gedanken hätte Emilio sich vor ein paar Tagen nicht zugetraut, aber da hatte er solche Leute noch nicht gekannt. Und nichts über Magie gewusst.

Alles war wegen des Buches! *Das Buch!*

Wo war Kit überhaupt?

Emilio entdeckte ihn im Türrahmen stehend. Er hatte das Buch geöffnet und eine Seite färbte sich grau, als er die letzten Worte einer Formel rezitierte.

Emilios Augen weiteten sich.

»Bist du wahnsinnig?«, rief Elias, bevor er etwas sagen konnte.

Alle starrten auf das Gold, das aus dem Buch floss und sich zu einer Gestalt auf vier Beinen verformte. Nach und nach bildeten sich die Gliedmaßen eines sehr großen Hundes heraus. Normal sah er nicht aus. Sein Fell war schwarz wie die Nacht und er besaß drei Köpfe.

»Ach, du …«

Das Biest knurrte – alle drei Schädel. Sie zogen die Lefzen zurück und zeigten ihre Fangzähne, von denen der Geifer tropfte. Ihre Augen flackerten, als wäre ein lebendiges, rotes Feuer darin.

Bei dem Anblick kam eine Welle der Panik in Emilio auf und er schien nicht der Einzige zu sein, der so empfand. Auch die anderen waren entsetzt.

»Zerberus«, sagte Jones. »Der Dämon der Grube. Er bewacht normalerweise den Eingang zur Unterwelt. Sein Speichel ist giftig.«

»Keiner interessiert sich hier für deine Geschichtsstunde«, fauchte Elias und wich vorsichtig zurück.

Bloß keine hektischen Bewegungen. Ein Kopf bellte, es klang metallisch und hallte von den Wänden wider. Sein Fell schien lebendig, als würde es aus winzigen Schlangen bestehen.

»Er mag Honigkuchen«, flüsterte Jones.

»Ich weiß, wir haben keinen. Und es kann auch niemand ein gutes Schlaflied singen. Oder?«, erwiderte Elias. Fragend sah er zu Saskia.

Sie rümpfte die Nase. »Kann nur ein altes Volkslied.«

Da griff der Zerberus an. Er preschte vor, direkt auf Svend zu. Reflexartig packte Emilio Jones und eilte zur Tür. Mit der anderen Hand zerrte er Kit mit sich hinaus. Angstschweiß bedeckte seine Haut und sein Herz donnerte gegen seine Brust, als sie nach draußen stürmten.

»Da«, rief Kit. »Elias' Auto.«

»Wir haben keinen Schlüssel«, sagte Jones.

Kit hielt einen Schlüssel hoch. Wie …? Emilio nahm ihn und sie stiegen ein, Kit auf dem Rücksitz. Erneut erklang ein lautes metallisches Bellen. Der Zerberus sprang aus dem Fenster, Glassplitter regneten auf das Autodach nieder. Er landete nicht weit entfernt auf seinen mächtigen Pfoten, alle Köpfe wandten sich ihnen zu.

»Verfluchte Schei…!«

Emilio startete den Motor und trat so fest auf das Gaspedal, dass sein Fuß schmerzte. Die Reifen quietschten und das Auto, welches eben noch am Straßenrand gestanden hatte, raste davon. Das Monster war dicht hinter ihnen, es war fast genau so groß wie der Wagen!

Okay, beruhige dich. Achte auf den Verkehr. Es ist ein riesiger dreiköpfiger Hund hinter dir her!

Schweißperlen rannen über sein Gesicht. Er fuhr schon über hundert km/h und das Biest gab immer noch nicht auf. Es kam sogar näher. Sie würden sterben! Zerkaut von einer griechischen Mythologie!

Denk nach! Es muss doch irgendetwas geben …?!

Sollte er bei einem Kuchenstand halten? Ein gewaltiger Kiefer des Zerberus schnappte nach dem Auto. Die Fänge schrammten darüber und beschädigten den Lack. Ob Elias sehr an diesem Wagen hing? Er hoffte es!

»Es holt auf«, schrie Kit.

»Ach, auf einmal hast du Panik!«, giftete Jones. »Du hast es ja rausgeholt.«

»Ich wollte nur helfen«, verteidigte sich Kit.

»Lass das in Zukunft«, sagte Emilio.

Erneut ein Kratzen. Diesmal hing das Maul des Untiers am Heck und wollte den Wagen zurückziehen. Emilio gab noch mehr Gas, falls das überhaupt möglich war. Das Vieh hatte ganz schön Kraft im Kiefer und ließ nicht los.

Würde er das überleben, würde er immer Honigkuchen in der Tasche haben, schwor er sich.

Das Auto geriet ins Schleudern. Emilio versuchte die Kontrolle zurückzugewinnen, zum Glück hatte er keinen Gegenverkehr.

Da! An der Seite der Brücke war ein Fluss.

»Festhalten«, rief er warnend, trat auf die Bremse und zog zusätzlich die Handbremse an.

Ein großer Druck auf seinen Körper entstand, als der Wagen abrupt zum Stehen kam. Mit voller Wucht fegte es den Zerberus über das Autodach nach vorne. Sein gigantischer Körper vollzog einen Salto und fiel über den Brückenrand. Der Versuch des Tiers, sich festzukrallen, um nicht zu stürzen, misslang. Mit einem Heulen verschwand der dreiköpfige Hund in der Tiefe.

Ratternd kam das Auto auf der Brücke endgültig zum Stehen, aufgehalten von der kleinen Mauer. Die Airbags öffneten sich, einer schlug Emilio in sein schmerzendes Gesicht. Der Motor erstarb mit einem leichten Röcheln und bis auf ihr rasches Atmen war alles still.

»Ich wusste gar nicht, dass du so was kannst!« Jones klang erstaunt.

Emilio sah ihn an. »Na ja … ich …«

Jones packte sein Hemd, zog ihn an sich und schon lag sein Mund auf seinem. Der Kuss war stürmisch und überrumpelte ihn. Emilio wehrte sich nicht, sondern genoss jede Bewegung von Jones' Zunge, welche die seine umspielte und ihn aufstöhnen ließ. Obwohl er keine Luft bekam, wollte er nicht, dass dieser Kuss jemals endete. Jones saugte an seiner Unterlippe und ließ sie sachte zwischen seine Zähne gleiten, bevor er sich zurückzog. Es schmerzte etwas, weil er verletzt war, aber es war trotzdem fantastisch.

Benommen verharrte Emilio einen Moment. *Wow!* Der konnte küssen, das haute ihn jedes Mal um.

»Keine Ursache«, sagte er.

»Ich hab gar kein Platschen gehört!« Kit zerstörte den Moment mit seinem Ausruf. »Dachte, da wäre Wasser!«

Hektisch stiegen Jones und Emilio aus und näherten sich dem Brückensteg. Was, wenn das Vieh noch da war und heraufkletterte, so wie in

Horrorfilmen? Ängstlich sah er über den Rand. Das Monster hing nicht an der Brücke, stellte er erleichtert fest. Das Wasser war hundert Meter weiter unten, wie tief es war, konnte er nicht sagen. Felsen ragten daraus hervor, darunter auch ein besonders spitzer, der den Zerberus aufgespießt hatte. Ein letztes Zucken ging durch dessen Leib, dann zerfiel sein Körper zu Staub.

Emilio seufzte.

»Gut gemacht«, lobte Jones. »Ich sagte ja, du bist ein Glückskäfer.«

»Stimmt, das hast du.«

Sie wandten sich Kit zu, der sich gerade klammheimlich davonmachen wollte.

»Wo wollen wir denn hin?«, fragte Emilio sanft.

»Wir haben noch etwas zu bereden«, ergänzte Jones.

Kit schenkte ihnen ein unschuldiges Lächeln. »Wirklich? Ihr könnt das Buch haben und ich hau einfach ab.«

»Nein«, sagten sie beide.

»Du kommst mit uns«, erklärte Jones und nahm ihm das Buch ab, während Emilio darauf achtete, dass Kit nicht doch noch verschwand.

»Ich denke, wir benötigen ein Taxi«, bemerkte Jones mit einem Blick auf das Auto. Es war zerbeult und rauchte. »Sollte gerade so in mein Budget passen.« Er zog zerknitterte Geldscheine aus seiner Hosentasche. »Allerdings hab ich beim Kampf mein Handy verloren«, meinte er zerknirscht.

»Und ich hab meines gar nicht dabei«, gab Emilio zu.

»Ist dir das schon mal passiert?«

»Nein.« Emilio lächelte. »Dann müssen wir wohl einen kleinen Spaziergang in die nächste Stadt machen.«

»Yippie«, sagte Kit lustlos.

Die grauen Wolken über ihnen wurden dichter. Warum war das Wetter nur so schlecht?

9

VICTOR

Komm nach Hause. Sofort!

Victor war alles andere als erfreut über diesen Befehl gewesen, aber er war auf direktem Weg zur Villa zurückgekehrt. Nun stand er inmitten eines Scherbenhaufens – symbolisch gesprochen. Pandoras Emotionen waren unberechenbar geworden, genau wie Alexsander es vermutet hatte.

»Du warst nicht da«, sprach Pandora süß. »Und er hat mich genervt, mit seinem ewigen Gestottere!« Sie bog die Hände zu Krallen und hielt sie sich an den Kopf.

»Das macht nichts«, log er und lächelte. »Mich hat sein Gestammel auch genervt.«

Im nächsten Moment war sie wieder beherrscht, kam auf ihn zu und umarmte ihn. »Ich bin so froh, dass du zurück bist. Ohne dich weiß ich nicht, was ich machen soll.«

Er streichelte ihr sanft übers Haar.

Sie wich zurück und sah ihn an. »Du hast mich befreit.« Ihre Lippen legten sich auf die seinen. Er erwiderte den Kuss, was sollte er sonst tun? Ihre Finger strichen über seine Wange, die Berührung war kalt. Waren ihre Nägel länger geworden? Sie schmeckte wie pures Gift und er schien erst wieder richtig atmen zu können, als sie von ihm abließ. »Du gehörst mir! Lass uns unser Werk bald vollbringen!«

Damit wandte sie sich ab, stieg emotionslos über Dillans Leiche – seine Haut war grau und von Beulen übersät, als wäre er an der Pest gestorben – und trat auf den Balkon. Sie stützte ihre schmalen Hände auf das Geländer und sah in den Himmel. Die Wolken verdichteten sich und verfinsterten den Tag.

»Wo hast du die Büchse hingetan, Liebste?«, fragte er.

Über die Schulter hinweg sah sie ihn an. »Warum möchtest du das wissen?«

Weil es besser wäre, wenn ich dich notfalls wieder hineinstecken könnte!, dachte er.

»Sie ist gefährlich für dich. Ich möchte sie an einen sicheren Ort bringen, wo sie keiner findet.«

Diesmal jagte ihr Lächeln ihm einen Schauer über den Rücken. »Das hab ich bereits erledigt. Ich hab sie in den Tresor gelegt.«

Der Tresor! Er hatte ihr gar nicht gezeigt, wie der funktionierte. »Und welchen Code hast du verwendet?«

»Vertraust du mir nicht?« Sie machte ein betrübtes Gesicht.

»Natürlich vertraue ich dir. Ich möchte dir bloß Rückendeckung bieten, wenn du sie benötigst.«

»Wie lieb von dir.« Sie wandte sich ab und sah weiter in die Ferne.

Akira

Letztendlich hatte er sich dazu entschieden, zwei weitere Akasha zur Unterstützung nach Kreta zu beordern, allerdings würden sie erst morgen, am Sonntag, ankommen. Als er mit Terence geredet hatte, hatte dieser, wie so oft in letzter Zeit, abgelenkt gewirkt. Akira vermutete allmählich, dass er sich mit jemandem traf. Er wirkte glücklicher als vor seinem letzten Auftrag mit den Reitern. Akira fragte ihn nicht nach seiner Liebschaft, aber er freute sich für ihn. Er stieg aus seinem Flugzeug und atmete griechische Luft. Hier waren die Temperaturen sehr viel angenehmer als in Australien und Alaska, auch wenn es gerade etwas bewölkt war.

Er hatte sich schon vorab einen Wagen gemietet, den er nun abholte, sein Gepäck würde zum Hotel gebracht werden. Erst als er losgefahren war, rief er Jones an. Es klingelte zweimal, bevor jemand abnahm.

»Hallo?« Die Stimme gehörte nicht Jones.

»Wer ist da?«

»Gib das her, du Idiot«, hörte er gedämpft im Hintergrund, dann ging jemand anderes ans Handy.

»Akira!«

»Elias?«, fragte er mit gerunzelter Stirn. »Warum hast du Jones' Handy?«

»Ich? … Ja, weil ich ihn verfolgt habe. Bedauerlicherweise ist er mir entwischt und hat dabei sein Handy verloren. Du weißt, ich wurde entsandt, um ihn zurückzuholen. Und das Buch.«

Davon hatte Akira gehört. »Wer war da grade am Telefon?«, fragte er ohne Umschweife.

Elias zögerte. »Nur ich rede mit dir.«

Akira biss die Zähne zusammen, beschleunigte das Auto und wechselte die Spur. »Nein, das war jemand anders.«

»Ach, ja, das war … Svend«, gab Elias schließlich zu.

Also hatte Jones die Wahrheit gesagt! »Ich dachte, du hättest seit Jahren keinen Kontakt mehr zu ihm.«

»Hatte ich nicht. Wir sind uns durch reinen Zufall hier begegnet.«

»Auf Kreta?« Akira glaubte ihm kein Wort. Irgendetwas stimmte an der Geschichte nicht.

»Ganz genau. Ist nett, mit dir zu plaudern, aber ich hab einiges zu tun und …« Er war mittlerweile fast am Hotel angekommen. »Ich sehe gerade ein nettes kleines Café, wo wir uns treffen könnten.«

»Du … du bist auf Kreta?«

»Ja, Jones hat mich angerufen und mir die Dinge aus seiner Sicht erklärt.«

»Aus seiner Sicht?« Klang Elias nervös?

»Das besprechen wir alles«, sagte Akira. »Wann kannst du hier sein?« Er nannte ihm die Adresse.

»Äh, in einer halben Stunde.«

»Gut, bis gleich.«

Akira würde sich alles anhören, was Elias und Jones zu sagen hatten, und dann entscheiden, wen er festnahm.

Jones

Hier draußen waren nicht gerade viele Menschen und es kam selten ein Auto vorbei. Jones wanderte die Straße entlang und kickte einen kleinen Stein fort. Wenigstens brannte die Sonne nicht erbarmungslos auf sie nieder. Sie waren sicher bereits eine halbe Stunde auf dem Weg und er hatte seinen Rucksack, und damit sein einziges Reisegepäck, in dem Haus liegen lassen. *Mist!* Viel war sowieso nicht darin gewesen, nur Ersatzkleidung. Pass und Geld hatte er bei sich.

»Warum bist du zurückgekommen?«, durchbrach er die Stille.

Emilio sah ihn an. »Jemand musste auf dich aufpassen«, sagte er und lächelte. »Und es war auf einmal so … langweilig ohne dich.«

Jones hob die Augenbrauen. »Ich war nur eine Stunde weg oder so.«

»Ja, aber ich hatte einen kurzen Traum, dass ich den Tag ohne dich am Pool verbringen muss, und das war … schrecklich.« Emilio hielt an, wandte sich Jones zu und legte seine Hände auf dessen Schultern. Er sah ihn an, als wäre er unendlich interessant und kostbar. Von diesem Blick konnte Jones nicht genug bekommen.

»Ich will nicht, dass du wieder gehst«, stellte Emilio klar.

»Ich muss. Meine Welt ist nichts für dich. Du bist nicht stressresistent und hasst das Unbekannte.«

»Ich habe gerade einen Zerberus über die Brücke gekickt«, widersprach Emilio. »Und fühle mich recht gut dabei. Und was das Unbekannte betrifft – solange du an meiner Seite bist, bin ich flexibel.«

Jones schluckte und blinzelte. Hitze stieg in ihm auf. So etwas Schönes hatte noch nie jemand zu ihm gesagt und er war sich sicher, selbst wenn er einem seiner Ex-Freunde von seiner Arbeit erzählt hätte, so hätten sie garantiert nicht reagiert.

»Ich kann dir keine Sicherheit bieten.«

»Weißt du, was mir jemand mal gesagt hat? Und damals hielt ich diese Person für verrückt. Sicherheit ist eine Illusion. Es kann immer was passieren.

Klar werde ich weiterhin mehr aufpassen als du, aber ich denke, das ist nicht schlecht. So können wir uns ergänzen …«

»Wenn man gegen Dämonen kämpft, setzt man sich einer höheren Gefahr aus als im normalen Alltag«, erklärte Jones.

So perfekt Emilios Worte auch waren, er wollte keinesfalls, dass der sich für etwas entschied, das er später bereuen würde.

»Du bist die Gefahr wert.«

Diese Worte waren ziemlich entwaffnend.

»Das ist keine Midlife-Crisis?«, fragte Jones mit brüchiger Stimme.

Emilio zog ihn an sich und sah ihm fest in die Augen. »Nein, bestimmt nicht. Seit ich mit dir zusammen bin, kommt es mir vor, ich hätte mein Leben lang geschlafen und gewartet, bis du mich aufweckst. Ich frage mich, was ich die ganze Zeit über gemacht habe. Mit dir ist alles aufregender und das liegt nicht an deinem Beruf, sondern an dir. Du lässt mich Dinge tun … und Dinge denken … solche Gefühle hatte ich noch nie. Ich dachte, ich hätte Philippe geliebt, jetzt bin ich mir da nicht mehr so sicher.«

»Warum? Was ist bei mir anders? Ich will es hören!«

Emilio wirkte ein wenig verlegen. »Es fühlt sich an, als wäre ich ein verliebter Teenager. Immer wenn ich dich sehe, schlägt mein Herz schneller. Und ich will dich berühren und … Gott! … ich werde immer kreativer.«

Jones grinste. »Erzähl weiter.«

»Ich möchte dich, nackt in meinem Bett, deine Hände mit Seide ans Gestell gefesselt und deine Augen verbunden, sodass ich jeden Zentimeter deines Körpers betrachten kann. Und du mir nicht mehr davonlaufen kannst. Dann möchte ich einen Eiswürfel nehmen und sehen, wie du dich unter der Berührung windest und eine Gänsehaut bekommst.« Er schüttelte den Kopf. »Siehst du, du machst mich wahnsinnig, ich werde schon so pervers wie Elias.«

Jones lachte. »Du bist nicht wie Elias. Du würdest mir nicht wehtun.«

»Niemals!«

Emilios Gesicht war inzwischen so nah, dass sich ihre Nasenspitzen fast berührten. Gerade wollte Jones ihn küssen, als …

»Hey, ich hab es geschafft, ein Auto anzuhalten«, rief Kit. »Kommt ihr?«

Jones seufzte, Emilio griff sich schüchtern in den Nacken.

»Wir kommen!«

Mit dem Auto ging es wesentlich schneller. Jones hatte dem Fahrer – einem älteren Herrn – auf Griechisch erklärt, wo sie hinmussten. Da es fast auf seinem Weg lag, war er damit einverstanden, sie mitzunehmen.

Als sie vor dem Hotel ausstiegen, bedankte Jones sich. Kaum hatte er seinen Blick zum Eingang geworfen, entdeckte er Akira. Er stand vor dem Gebäude und sah ihn mit gewohnt ernster Miene an. Wie ein Lehrer seinen Schüler, wenn er überlegte, ob dieser seinen Anforderungen genügte.

Akira fiel definitiv auf, das lag an seiner Ausstrahlung. Alles an seiner Haltung war unnachgiebig. Sein langes dunkles Haar war offen, seine Haut war eher hell und besaß einen Goldschimmer. Er war hochgewachsen, besaß sehnige Muskeln, wirkte kräftig, war aber nicht so breit gebaut wie Emilio. Im Moment hielt er die Arme vor der Brust verschränkt.

»Man kennt sich?«, fragte Emilio, der seinen Blick bemerkte.

»Das ist Akira!«

Der Krieger kam auf sie zu. »Du siehst aus, als wäre der Tag bisher nicht gerade stressfrei verlaufen«, meinte er. Er hatte recht. Ihre Kleidung war voller Staub und Spinnennetze, außerdem zeigten sich Prellungen und hie und da auch etwas getrocknetes Blut.

Ein Wunder, dass der Grieche sie überhaupt mitgenommen hatte! Wahrscheinlich hatten sie ihm leidgetan.

»Dahinten ist ein Café, Elias wartet bestimmt schon«, sagte Akira und ging voraus.

»Elias?«, knurrte Jones.

»Er ist an dein Handy gegangen, als ich angerufen habe«, erklärte Akira. »Ich dachte, wir sollten diese Sache ein für alle Mal klären.« Sein Blick glitt über das Buch.

»Sehe ich genauso«, meinte Jones, obwohl ihm vor diesem Gespräch graute. Akira konnte ganz schön einschüchternd sein und er würde ihm sicher eine Standpauke halten.

Elias saß tatsächlich bereits an einem großen Tisch in der Ecke. Sie gesellten sich alle zu ihm, Kit jedoch nur widerwillig.

»Kann ich gehen?«, fragte er kleinlaut.

»Wer ist das?«, fragte Akira und sah dann auf Emilio. »Und wer bist du?«

Jones sog angespannt die Luft ein. »Das ist Kit.« Er deutete auf den Rothaarigen. »Er hat letzte Nacht das Buch aus unserem Hotelzimmer beziehungsweise aus unserem Tresor geklaut und ich habe es eben zurückgeholt.«

Entschuldigend zuckte Kit mit den Schultern.

»Hast du eine Ahnung, was für ein Buch das ist?«, fragte Akira.

»Es sah teuer aus«, meinte er. »Deswegen hab ich es mitgenommen.«

»Wieso ausgerechnet unser Zimmer?«, wollte Emilio wissen.

»Ich such mir spontan ein paar aus, wenn ich in ein Hotel gelange.«

Misstrauisch musterte Akira ihn, dann nahm er das Buch aus Jones' Hand. »Es ist silbern! Ihr habt den Bann gebrochen? Wer war das?«

»Jones natürlich«, sagte Elias eilig. »Ich wollte ihn abhalten, aber es war zu spät.«

»Das ist nicht wahr!«, warf Emilio wütend ein. »Ich hab aus Versehen ein paar Zeichen vorgelesen und du hast mich gezwungen es zu Ende zu bringen!«

Akira hob die Hand, um sie zum Schweigen zu bringen. Er sah Emilio an. »Wer bist du?«

»Das ist Emilio«, kam Jones ihm zuvor. »Der Tourist, von dem ich bei unserem Telefonat gesprochen habe.«

Jones erklärte, wie das Buch in dessen Tasche gekommen war.

»Fein.« Akira war nicht begeistert, das merkte Jones, als dieser die Augen etwas zusammenkniff. »Und wer hat nun die Inschrift gelesen?«

Sie sprachen durcheinander, dann lachte Elias.

»Emilio kann kein Altgriechisch, es war Jones, der das Buch geöffnet hat!«

Jones schenkte ihm einen vernichtenden Blick.

Emilio versuchte zu erklären, dass er nur kurzzeitig die Sprache beherrscht hatte.

»Das klingt alles ziemlich unglaubwürdig«, sagte Akira.

Elias grinste triumphierend. Emilio sah ihn an, als hätte er ihm dieses Grinsen am liebsten aus dem Gesicht gehauen.

»Es steht Aussage gegen Aussage«, stellte Akira klar. »Ich kann dir nicht unterstellen, dass du lügst, bevor keine konkreten Hinweise vorliegen.«

So war Akira eben, immer einen kühlen Kopf bewahren und dann konsequent handeln.

»Was mich noch beschäftigt, ist Svend«, sagte Akira zu Elias.

»Was soll mit ihm sein?«

»Ihr habt euch zufällig getroffen, als du hinter Jones her warst?«

»Genau!«

»Ihr wart schon vorher zusammen!« Emilio platzte der Kragen. »Ich kann das bezeugen. Sie haben Jones bedroht.«

Elias schnaubte abfällig. »Dieser Tourist sagt alles, was Jones will. Der hat ihn um den Finger gewickelt oder bezahlt oder so.«

»Um den Finger gewickelt?«, empörte sich Emilio. »Du bist es doch, der ständig perverses Zeug redet.«

Akira machte ein Gesicht, als fände er das alles höchst skurril.

»Das ist Unsinn«, verteidigte sich Elias. »Jones hat ihm offenbar eingeredet, ich würde ihn belästigen. Bloß weil wir mal ein Date hatten und es nicht geklappt hat …« Er machte eine nichtssagende Handbewegung.

Nicht geklappt? Jones fühlte, wie eine Welle von Aggressionen in ihm hochstieg, als er daran dachte, wie Elias ihn damals in der Gasse bedrängt hatte. Mühsam unterdrückte er das Verlangen, ihm eine Ohrfeige zu verpassen.

»Wo ist Svend?«, fragte Akira.

»Im Krankenhaus«, meinte Elias.

»Weshalb?«

»Sein Arm wurde ihm fast vom Körper abgerissen. Von einem Zerberus, den Jones auf mich gehetzt hat, als ich ihm das Buch abnehmen wollte.«

Akira starrte Jones an. »Ist das wahr?«

»Nein, Kit hat den Zerberus aus dem Buch gerufen«, widersprach Jones.

Kit nickte. »Ich wollte nur helfen.«

»Wobei?«, erkundigte sich Akira.

»Mich zu töten, natürlich«, behauptete Elias.

»Nein«, sagte Kit. »Die haben alle gekämpft und so …«

»Alle?«

»Dieser Elias, Emilio, Jones und noch zwei, darunter eine Frau.«

Elias änderte seine Sitzposition. Akiras Blick lag auf ihm.

»Svend war dabei«, gab er zu. »Hab ich ja gesagt.«

»Und die Frau?«

»Dieser Kit lügt doch! Wahrscheinlich steckt er mit Jones unter einer Decke!«

»Klar.« Jones schnaubte. »Alle stecken mit mir unter einer Decke, ich habe eine ganze Connection. Ich kannte Kit bisher gar nicht, er hat heute Nacht das Buch gestohlen, deshalb bin ich hinter ihm her.«

»Wie hast du ihn gefunden?«

Scheiße! Von der Asche durfte Akira nie erfahren, sonst wäre er geliefert. »Wie hast du mich gefunden?«, stellte Jones eine Gegenfrage.

»Kann ich jetzt gehen?«, versuchte es Kit erneut.

»Nein!«, kam es von den anderen wie aus einem Munde.

»Was möchten Sie trinken?« Eine Kellnerin war neben ihnen aufgetaucht, Jones hatte sie gar nicht bemerkt.

»Einen Cappuccino, bitte«, orderte er.

Auch die anderen bestellten etwas und die Dame verschwand wieder.

»Also noch einmal von vorne«, meinte Akira ruhig. »Emilio wurde zufällig in die Sache verwickelt. Warum bist du eigentlich in seinem Hotel?«

Jones erklärte ihm, wie er zu seiner Schlafgelegenheit gekommen war.

»Dachte mir doch, dass du dir niemals ein Fünf-Sterne-Hotel leisten könntest.« Akira rieb die Fingerspitzen aneinander. »Gut. Und Kit hat das Buch geklaut. Jones hat ihn verfolgt, Elias hat Jones verfolgt und ihr seid alle wo gelandet?«

»In einem abgelegenen Haus«, sagte Jones.

»Es ist verboten, Unwissende in deine Angelegenheiten zu verwickeln«, mahnte Akira. Das war der Satz, auf den Jones schon gewartet hatte.

»Nein, das war meine eigene Entscheidung«, stellte Emilio klar. »Jones wollte mich die ganze Zeit über da raushalten. Das Angebot mit dem Hotel kam von mir allein und ich habe ihn zum Haus verfolgt, nachdem er gegangen war.«

»Warum?«, fragte Akira.

»Ich sagte ja, Jones hat ihn um den Finger gewickelt«, sagte Elias.

»Sagt der Mann, der besessen von Jones ist«, gab Emilio zurück.

»So ein Unsinn.«

»Ihr alle wart also in dem Haus, mit Svend und einer Frau?«

»Saskia«, ergänzte Jones.

»Svends Freundin ist auch hier?«, fragte Akira, scheinbar überrascht, dabei hatte Jones ihm bereits bei ihrem ersten Telefonat darauf hingewiesen.

Er will Elias beim Lügen ertappen, dachte Jones.

»Er ist mit ihr im Urlaub«, meinte Elias.

»Du hast Saskia nicht erwähnt, als wir telefoniert haben«, bemerkte Akira.

»Ich war gerade im Stress, immerhin hat mein Bruder eine schwere Verletzung in Kauf genommen.«

»Wo ist Saskia jetzt?«

»Sie hat Svend ins Krankenhaus gefahren. Wer sonst? Ich kam ja auf direktem Weg hierher.«

»Wieso ist der Zerberus eigentlich aus dem Fenster gesprungen?«, fragte Jones. »Hast du dich als Köder davor gestellt, um ihn von deinem Bruder runter zu locken?«

Elias schnaubte geringschätzig. »Nein, Saskia hat es mit einem Lied versucht und da hat das Tier einen spontanen Selbstmordversuch unternommen.«

Oh!

»Auch du weißt, dass es untersagt ist, Leute in Magie-Angelegenheiten hineinzuziehen«, sagte Akira verärgert.

»Es war ein unglücklicher Zufall«, bekundete Elias.

»Nun müssen sich die Akasha mit Svend und Saskia befassen, bisher waren die ja bloß Kleinverbrecher, das hat sich heute geändert«, stellte Akira klar.

Elias knirschte mit den Zähnen. »Natürlich.«

Ihre Bestellungen kamen und wurden vor ihnen abgestellt. Jones genoss den bitteren Geschmack des Koffeins auf seiner Zunge und entspannte sich sogar ein wenig.

»Elias hat mich im Hotel belästigt«, erzählte Emilio von Anfang. »Bevor ich auf Jones traf.«

»Er ist in die Anlage gekommen, weil er eine Angestellte verführt hat«, sagte Jones. »Diese Marissa!«

»Ich kenne keine Marissa!«, behauptete Elias.

»Vielleicht hat er ihre Telefonnummer?« Kit blickte in die Runde. Der konnte echt hilfreich sein!

»Ich habe mein Handy nicht hier, abgesehen davon ist das lächerlich!« Elias verschränkte die Arme.

»Aber es wäre ein Beweis«, sagte Akira.

»Das dachte ich mir«, schnauzte Elias. »Du warst immer auf Jones' Seite, seit du ihn kennst! Deine Meinung ist nicht objektiv!«

Akira schlug mit der flachen Hand auf den Tisch, sodass die Tassen klirrten. »Ich bin objektiv. Wäre ich es nicht, hätte ich dich bereits festgenommen.«

Akira sollte man lieber nicht gegen sich aufbringen, dessen war Jones sich bewusst. Der Krieger war dafür bekannt, dass er alles aus einer distanzierten Perspektive sah. Er war stets fair, und das wurde geschätzt.

»Was sollte ich überhaupt mit dem Buch wollen?«, fragte Jones.

Elias schob die Unterlippe vor. »Möglicherweise möchtest du die Akasha angreifen, um mehr Artefakte zu stehlen, oder die Reiter haben dich gekauft?«

So eine Frechheit!

»Weitere Akasha werden übrigens nach Kreta kommen«, erklärte Akira gelassen. »Bis dahin werde ich das Buch aufbewahren und ihr geht nirgendwohin.«

»Kein Problem. Es wird nicht lange dauern, bis die anderen hier sind, immerhin sind die nicht in Australien.« Elias nahm einen Schluck seines Getränks.

Akira sah ihn scharf an. »Woher weißt du, dass ich in Australien war?«

Elias stellte das Glas ab und lächelte unsicher. »Du … hast es erwähnt.«

»Hab ich nicht. Nur Jones wusste es.«

»Er hat es mir gesagt.«

»Warum sollte ich das tun?«, fragte Jones.

Elias lachte nervös auf und sah sich im Café um. »Ich hab keine Zeit dafür!«

Blitzschnell kickte er Akiras Stuhlbeine weg, schnappte sich das Buch vom Tisch und rannte Richtung Ausgang.

Jones warf ihm ein Glas hinterher, das an seinem Hosenbein zerschellte.

Akira war es jedoch, der ihn aufhielt. Er war schneller auf den Beinen als von seinem Gegner erwartet und warf sich auf Elias, bevor dieser ins Freie gelangen konnte. Das Buch glitt aus seiner Hand und schlitterte über den Boden.

Die beiden begannen miteinander zu kämpfen. Elias' Gesicht war wutverzerrt, während Akiras Züge stets asketisch blieben, seinen Zorn verbarg er.

Elias wirbelte durch die Luft, täuschte mit dem einen Bein eine Attacke vor, zog dieses dann zurück und ließ das andere auf seinen Gegner niederfahren.

Doch Akira war einer der Besten der Akasha. Fast schon galant wich er aus, sprang und versetzte Elias seinerseits einen Tritt gegen die Seite, der ihn quer durch den Raum schleuderte. Wie eine Puppe krachte er gegen die Wand und dann zu Boden.

»Wow«, entfuhr es Emilio.

Mit seinem langen Haar und der schimmernden Haut wirkte Akira wie ein japanischer Rachegott, als er auf Elias zuging, der sich gerade aufrappelte.

»Das war sehr unklug von dir«, meinte er.

Elias spuckte ihm vor die Füße. »Fick dich!« Dann griff er erneut an. Er schlug Akiras Bein weg, kam mit Schwung in eine stehende Position und wollte dem anderen sein Knie ins Gesicht rammen. Akira schnappte es sich in letzter Sekunde und stieß Elias mit voller Wucht von sich.

Dumm, dass sich an der Stelle hinter ihm nun keine Wand mehr, sondern ein großes Fenster befand. Es zerbrach in tausend Scherben, die klirrend überallhin flogen. Ächzend kam Elias auf dem Asphalt vor dem Café auf.

Emilio grinste und nahm einen Schluck seines Mineralwassers.

»Ich dachte, du magst keine Gewalt«, erinnerte Jones.

»Das hat sich geändert, seit ich dich kenne«, gab Emilio zu. »Jeder, der dich bedroht oder pervers ansieht, den bring ich am liebsten um.«

»Wie romantisch«, sagte Jones belustigt.

Akira marschierte unterdessen zum Tresen, holte ein paar Münzen aus seinem Geldbeutel und erklärte auf Griechisch: »Die sind aus purem Gold, das sollte für die Schäden reichen.«

Dann verließ er das Café durch die Tür und ging zu Elias, der sich langsam rührte.

Akira zog Handschellen hervor und zwang seine Hände auf den Rücken. Kaum war er gefesselt, verstummten die russischen Flüche und sein Körper wurde schlaff.

»Was ist passiert?«, fragte Kit.

»Diese Handschellen sind aus einem besonderen Material und tragen Runen, die den Träger in Schlaf versetzen«, erklärte Jones.

»Ziemlich praktisch«, fand Emilio. »So hält er endlich die Klappe.«

Sie folgten Akira nach draußen zu seinem Auto, wo er Elias unsanft auf den Rücksitz warf.

Jones gab ihm das Buch, Akira legte es auf den Beifahrersitz, dann sah er ihn an.

»Tut mir leid, aber ich musste sichergehen …«, begann er.

Jones hob die Hand. »Deshalb hab ich dich angerufen. Der Orden wird deinem Urteil trauen.«

»Die anderen Akasha kommen erst morgen an, einen früheren Flug gab es nicht. Dafür hab ich sie zu spät informiert.« Er klopfte Jones auf die Schulter. »Wir haben noch viel zu bereden.«

»Ich weiß«, erwiderte Jones zerknirscht.

Akira zeigte auf Kit. »Du kommst auch mit!«

»Nein, bitte nicht!«, flehte der.

»Entschuldige, wenn ich dich jetzt gehen lasse, finde ich dich wahrscheinlich nie wieder.« Akira holte ein weiteres Paar Handschellen hervor. »Du musst keine Angst haben, ich tu dir nichts. Mir fällt gerade nur nichts Besseres ein.«

Seufzend ergab Kit sich seinem Schicksal und murmelte: »… keine Bücher mehr stehlen.« Mit diesen Worten sank er in den Schlaf, Akira legte ihn behutsam neben Elias.

Dann warf er Jones einen kleinen Gegenstand zu. Sein Handy!

»Kann sein, dass wir uns heute noch mal treffen müssen, aber ruh dich erst mal aus«, sagte er.

»Ja, ich hab noch gar nichts gegessen«, erinnerte Jones sich. »Ich sterbe vor Hunger!«

Emilio lachte. »Ich denke, es gibt schon Mittagessen.«

»Heute ist die Strandparty!« Jones' Augen leuchteten.

Akira sah in den Himmel. »Ich glaube, die fällt ins Wasser.«

»Verdammt!«, fluchte Jones. »Wieso ist das Wetter auf einmal so schlecht, auf meiner App wurde Sonne angezeigt.«

»Da kann man nichts machen.« Emilio seufzte. »Im Regen gehen wir nicht auf eine Party im Freien.«

»Warum nicht?«

»Weil du dich dann verkühlst.«

Jones zog eine Schnute.

Akiras Mund zuckte, während er die beiden beobachtete.

»Eins beschäftigt mich«, sagte er. »Warum Kreta?«

»Gute Frage«, erwiderte Jones. »Kann sein, dass er das Buch an jemanden verkaufen wollte und die hier sind?«

»Ich werde Elias diesbezüglich befragen müssen.« Kopfschüttelnd stieg er ein und verabschiedete sich. Sein Hotel war nicht weit von hier.

10

Emilio

Da Jones nicht länger hatte warten wollen, waren sie direkt zum Speisesaal gegangen. Während sie aßen, wurden sie von den anderen Gästen mehr oder weniger auffällig angestarrt. Emilio konnte es ihnen nicht verübeln, auch Sasha war schockiert gewesen, als er ihre Aufmachung gesehen hatte. Jones schien das alles nicht zu stören. In aller Seelenruhe schaute er anschließend sogar noch in den kleinen Shop, der sich neben dem Speisesaal befand.

Sobald er sich mit neuen Sachen eingedeckt hatte, gingen sie auf ihr Zimmer und duschten. Er hatte Emilio den Vortritt gelassen.

Sauber und mit frischer Kleidung fühlte Emilio sich wie neu geboren. Er sah auf sein Handy und stellte fest, dass Henri zehnmal angerufen hatte! Er müsste zurückrufen, wusste aber nicht, was er dann sagen sollte, also ließ er es.

Jemand klopfte an der Tür. Emilio fühlte, wie er sich anspannte, misstrauisch öffnete er. Ein Kellner stand vor ihm.

»Zimmerservice!«

Er überreichte ihm eine Flasche Dom Perignon.

»Ich hab gar nichts …«

»Das war ich!« Jones kam gerade aus dem Badezimmer und rubbelte sich die Haare trocken. Er trug lediglich ein Badetuch um die Hüften!

Emilio bedankte sich, ohne seine Augen von Jones' Körper zu nehmen, und schloss die Tür. Den silbernen Eiskübel mit der Flasche stellte er auf dem Tisch ab.

»Zur Feier des Tages?«, fragte er.

Jones grinste und leckte sich dann lasziv über die Lippen. »Ganz genau!«

Er ging zum Bett, ließ sich darauf fallen und streckte sich aus. »Ich bin bereit!«

Verblüfft beobachtet Emilio ihn. »Wofür?«

»Na, für die Eiswürfel-Nummer, die du mir so schmackhaft dargestellt hast!«

Emilios Herz machte einen Salto. *Oh Gott!* Meinte er das ernst?

Steh nicht so blöd da! Tu was!

Er schluckte. »Ich hab keine Seidentücher. Und es ist helllichter Tag!«

»Tagsüber kann man auch Sex haben. Und was glaubst du, hab ich in dem Shop gemacht?« Er deutete auf die Einkaufstüte neben sich.

Aufgeregt zog Emilio die Vorhänge zu und kniete sich aufs Bett, bevor er in die Tüte sah. »Im Shop gibt es tatsächlich seidene Schals!«, stellte er erstaunt fest.

»Die sollten lang genug sein.« Bereitwillig streckte Jones seine Arme über den Kopf.

Der Anblick allein reichte, Emilio spürte, dass er hart wurde. Er musste schlucken. Er beugte sich über Jones und fesselte dessen schmale Handgelenke mit dem ersten roten Schal an das Eisengestell. Nicht zu fest, immerhin wollte er nicht, dass es unangenehm war. Er zog sein Hemd aus und holte den anderen Schal hervor. Jones' dunkler Blick wanderte über seinen Oberkörper, bevor Emilio ihm die Augen verband. Er betrachtete nun seinerseits Jones' schlanken, wohlgeformten Körper, der einige Prellungen vom Kampf aufwies, aber dennoch makellos schien. Dann stand er auf, holte den Champagner und stellte ihn neben das Bett. Einen Eiswürfel nahm er in die Hand und wartete einige Sekunden, bevor er ihn sachte an Jones' Lippen legte. Der atmete vor Überraschung scharf ein, als er die Kälte spürte. Emilio ließ das Eis über den perfekten Mund abwärts gleiten, über den blassen Hals bis zu seiner unversehrten Brustwarze, die er umkreiste. Er blies sanft darauf, sodass sie sich aufstellte, als Jones eine Gänsehaut bekam. Dann nahm er den Würfel weg und ersetzte ihn durch seinen warmen Mund, was den anderen leise stöhnen ließ. Er leckte, saugte und biss leicht hinein, bevor er von ihm abließ. Jones gab einen enttäuschten Laut von sich.

Erneut senkte Emilio den Eiswürfel und fuhr den flachen Bauch hinunter, hinterließ dabei eine feuchte Spur. Jones wand sich unter der Berührung. Ohne Eile löste Emilio den Knoten am Badetuch und entfernte es. Nun lag Jones völlig nackt in seinem Bett!

Emilios Erektion schmerzte vor Verlangen. Aber er hatte keine Eile, er wollte das genießen!

Er griff unter Jones' Kniekehlen, winkelte die Beine an und spreizte sie ein wenig. Den Eiswürfel setzte er an der Innenseite des Oberschenkels an und glitt damit nach oben bis zu seinem Hintern. Jones biss sich auf die Lippe, als Emilios Zunge der kühlen Spur zwischen seine Beine folgte. Als sie wieder verschwand, gab er erneut diesen unbefriedigten Laut von sich und Emilio lächelte in sich hinein.

»Ungeduldig?«, fragte er.

»Mach nur weiter«, meinte Jones. »Das bekommst du alles zurück.«

»Welch schreckliche Drohung!«

Er nahm den Champagner und öffnete ihn. »Willst du was davon?«

»Ja, gerne.«

Emilio nahm etwas von der prickelnden Flüssigkeit in den Mund, schluckte jedoch nicht, sondern küsste Jones. Dieser trank gierig von Emilio und ein Teil des Getränks rann über sein Kinn und landete auf dem Kissen.

»Mmh«, machte Jones genießerisch. »Lecker. Mehr!«

Seine geschickte Zunge schnappte sich die letzten Tropfen von seinen Lippen. Emilio nahm einen weiteren Schluck und küsste ihn wieder. Diesmal länger und ausgiebiger.

»Da ist noch etwas in der Tüte«, verriet Jones.

Emilio griff nach ihr und zog ein kleines Fläschchen heraus. »Massageöl? Was ist das für ein Laden da unten?«

Jones lachte. »Ein ganz normaler. Mit Souvenirs, Sonnencreme …«

Ein Kuss auf die Nase ließ ihn verstummen. Emilio verteilte ein wenig von dem Öl auf seiner Hand und schob vorsichtig zwei Finger in ihn.

»Du bist wunderschön, hat dir das schon mal jemand gesagt?«

Jones' Atmen beschleunigte sich unter seinen Dehnbewegungen. »Ja.« Er grinste frech.

Als Emilio auf eine bestimmte Stelle traf, stöhnte Jones auf. »Oh ja! Mach das noch mal!« Jones bog den Rücken durch und drängte ihm entgegen, als er den Punkt erneut streifte. Ein erster Lusttropfen zeigte sich und Emilio leckte ihn ab, bevor er seine Finger aus Jones gleiten ließ.

»Sind da auch Kondome in der Tüte?«

Jones verzog seinen hübschen Mund. »Vertraust du mir nicht?«

Nachdenklich blickte Emilio auf ihn herab. »Doch. Du mir?«

»So vorsichtig wie du bist, hast du sicher keine ansteckenden Krankheiten«, neckte er.

»Ich nehme das als Kompliment«, erwiderte Emilio. »Bist du bereit?«

»Mehr als bereit!«

Emilio befreite sich von seiner Hose und warf sie vom Bett. Dann positionierte er sich vor Jones und glitt behutsam in ihn. Plötzlich schlang der die Beine um ihn und zogen ihn mit einem Ruck tiefer. Es war so eng, beinahe wäre er gekommen.

»Bist du wahnsinnig?«, keuchte Emilio.

Die Antwort bestand aus einem dunklen Kichern. »Du glaubst, nur weil ich gefesselt bin, bin ich wehrlos?«

Jetzt nicht mehr!

Langsam begann Emilio sich zu bewegen, verfiel in einen stetigen Rhythmus. Seine Hände lagen an Jones' Hüfte. Der spannte sich unerwartet an und drückte so Emilios Schwanz, dass dieser fluchte.

»Du kannst ja unartige Wörter sagen«, sagte Jones spitz.

»Ich kann noch mehr als das!« Emilio stieß fester in ihn und traf den Punkt, der ihn zum Stöhnen brachte.

»Ah!« Jones keuchte. »Nicht fair!«

Er bog den Kopf zurück – seine dunklen Haare bildeten einen starken Kontrast zu den blütenweißen Kissen – und bot seinen Hals dar. Emilio küsste sich über sein Schlüsselbein hinauf zu seinem Ohr bis zu seinem Mund. Gierig verschlangen sie einander, während seine Bewegungen immer schneller wurden. Jones kam ihm mit der Hüfte bei jedem Stoß entgegen.

Er hielt es nicht mehr aus! Oh Gott! Es fühlte sich so gut an!

Emilio stützte sich mit einer Hand ab, während die andere über Jones' Körper wanderte und sich sanft in die wunderbar weiche Haut krallte. Reflexartig zog Jones an den Fesseln, doch sie gaben nicht nach.

Emilio entfernte die Augenbinde. Er wollte, dass Jones ihn ansah, und das tat dieser, pure Lust funkelte in dessen Augen, als er nach seinem erigierten Glied griff und es geschickt massierte.

Sie kamen zusammen. Der Orgasmus fegte über Emilios Körper hinweg und ließ ihn erschaudern, für einen Moment wurde ihm sogar schwarz vor Augen. Unter ihm schrie Jones auf, sein Leib zitterte und erschlaffte dann. Emilio stützte sich auf den Ellbogen ab, um nicht auf ihm zusammenzubrechen.

Er schnaufte gegen seine Schulter. »Das war …«

»Kataklystisch!«, ergänzte Jones.

»Was ist das denn für ein Wort?«

»Bedeutet noch besser als fantastisch.«

»Dann passt es.« Er gab ihm einen Kuss auf die atemlosen Lippen. »Ich liebe dich! Ist es zu früh, das zu sagen?« Es gab Menschen, denen machte so ein Geständnis Angst.

Jones' Grinsen zeigte, dass dies nicht der Fall war. »Na, mich muss man ja lieben!«

Inzwischen wusste Emilio, dass solche Sprüche immer kamen, wenn er verlegen war.

»Ich liebe dich auch«, erwiderte Jones, doch es klang ein wenig traurig.

Bevor Emilio fragen konnte, was los war, klingelte ein Handy.

»Kannst du mal?«

Ach, er war ja noch gefesselt. Emilio löste sich von ihm und band den Knoten des Schals auf. Ohne den anderen Körper dicht an seinem war es gleich sehr viel kälter.

»Das ist Akira!«, teilte Jones mit und hob ab. »Hallo! … Ja … alles klar. Ich bin gleich da … okay.«

Das Gespräch dauerte nicht lange, Akira kam schnell zur Sache, was für ihn typisch zu sein schien.

»Ich muss los. Tut mir leid.« Jones ging ins Bad und duschte eilig noch einmal, bevor er sich anzog.

Emilio tat es ihm gleich. »Du hast hoffentlich nicht vor, ohne mich zu gehen.«

Jones schlüpfte in seine Schuhe. »Dann komm mit. Anscheinend werde ich dich nicht los.«

»Niemals!«, flötete Emilio.

Akira

Um seine Gefangenen mit auf sein Zimmer zu nehmen, war ein Verschleierungszauber von Nöten, schließlich konnte er sie schlecht im Wagen lassen oder einfach so herumschleppen. Das würde höchst seltsam aussehen und die Aufmerksamkeit der Polizei konnte er sich nicht leisten. Normalerweise hätte er nicht auf Magie zurückgegriffen, doch in diesem Fall ging es nicht anders.

Er legte Elias auf der Couch und Kit auf dem Bett ab. Sein Zimmer war ziemlich klein, aber recht sauber für ein Zwei-Sterne-Hotel. Da er nicht lange auf Kreta sein würde – zumindest hatte er das nicht geplant –, wäre eine teure Unterkunft Geldverschwendung gewesen.

Seufzend zog er sich sein Shirt aus, denn obwohl es bewölkt war, war es ziemlich schwül und seine Reise hatte ihn zum Schwitzen gebracht.

»Cooles Drachen-Tattoo auf deinen Rücken!«

Erschrocken wandte er sich um, griff dabei nach seinem Dolch, welcher in einer Scheide steckte, die sich gut verborgen am Rande seiner Reisetasche befand.

Kit saß aufrecht auf dem Bett, seine goldenen Augen lagen auf der runenverzierten Klinge.

»Wieso bist du wach?«, fragte Akira. Hatte er ihm nicht …?

Der Dieb hob die geöffneten Handschellen hoch. »Warum nicht? Hier, die kannst du zurückhaben!«

Es wunderte Akira weniger, dass er sie aufbekommen hatte, doch dass er wach geworden war, um sie zu öffnen, verblüffte ihn. Dennoch senkte er die Waffe.

»Du solltest schlafen!«

»Bin nicht müde«, erklärte Kit.

»Das kann nicht sein.«

Kits Gesicht wurde angsterfüllt. »Was soll das heißen? Tust du mir jetzt was?«

Verärgert runzelte Akira die Stirn. Zwar hatte er keine Ahnung, wie es möglich war, dass die Zeichen nur so kurz Wirkung zeigten, dennoch war es zu früh, ihm zu unterstellen, er wäre … was eigentlich?

»Nein, ich werde dir nichts tun«, versicherte Akira ihm und steckte den Dolch zurück an seinen Platz.

Erleichtert sanken Kits Schultern herab und er stand auf. »Kann ich mal duschen?«, fragte er vorwitzig und deutete auf seine Kleidung. »Ich bin ziemlich schmutzig.«

So, wie er die Worte aussprach, klang es irgendwie … anzüglich. War das Absicht? Bis eben hatte dieser Dieb den Eindruck vermittelt, ahnungslos und nervös zu sein.

War es nötig, Vorsicht walten zu lassen? *Ja*, beschloss Akira. Trotzdem sah er keinen Grund, den Mann nicht duschen zu lassen, immerhin war er kein Barbar. Kit könnte wirklich einfach ein ahnungsloser Dieb sein, der zur falschen Zeit am falschen Ort gewesen war. Er zeigte zum Badezimmer. Ein Fenster gab es dort drinnen nicht, damit war eine Flucht ausgeschlossen. »Okay! Aber beeil dich!«

Kit schenkte ihm ein Lächeln und begann sich bereits auf dem Weg ins Bad auszuziehen. Der Krieger schloss die Tür hinter ihm und wartete. *Ein merkwürdiger Mann!* Als die Dusche anging, nahm er sein Handy und wählte die Nummer von Terence. Es wurde sofort abgehoben. Akira erklärte ihm die Situation und dass alles darauf hinwies, dass Elias ein Verräter war.

»Ich werde ihn heute nochmals befragen«, sagte Akira.

»Es ist eine Schande, dass ein langjähriges Mitglied unseres Ordens fehlgeleitet wird«, meinte Terence.

»Ich schäme mich für ihn«, gab Akira zu. »Bin aber froh, dass Jones unschuldig ist – zumindest größtenteils.«

Die Dusche wurde abgestellt.

»Meine Menschenkenntnis hätte mich enttäuscht, wenn es anders wäre. Jones scheint mir zwar ein wenig unprofessionell und übermütig, aber nicht bösartig oder hinterlistig.«

»Das sehe ich genauso.« Akira wandte sich um, um sicherzugehen, dass Elias noch schlief. Das tat er, doch …

Akira zuckte zusammen und hätte dabei fast sein Handy fallen lassen. Vor ihm stand Kit. Er starrte ihn an, immerhin befand sich das Bad hinter ihm und Kit … »Wie bist du an mir vorbeigekommen?«

»Mit wem redest du? Alles in Ordnung?«, fragte Terence.

»Ich bin schnell«, antwortete Kit. »Du musst eben besser aufpassen.«

»Ich rufe zurück«, versprach Akira. »Es gibt da noch einen Dieb, der das Buch gestohlen hat, um den muss ich mich kümmern.«

»Ah, alles klar. Viel Spaß!« Vor ein paar Monaten wäre Terence nicht so locker gewesen. Ein weiterer Beweis dafür, dass er jemanden traf.

»Dir auch«, sagte Akira.

»Wie meinst du das?«

»Darüber reden wir später.« Er legte auf und widmete seine Aufmerksamkeit wieder dem Problem vor sich.

Ungläubig riss er die Augen auf. »Ist das meins?«

Tatsächlich trug Kit nichts weiter als ein weißes Hemd, das gerade groß genug war, um ihn zu bedecken. Der Stoff endete in der Mitte der Oberschenkel.

»Meine Sachen sind ja dreckig«, erinnerte Kit ihn.

»Ich habe dir trotzdem nicht erlaubt …« Akira schüttelte den Kopf, kam auf ihn zu und packte ihn an den Schultern. »Niemand hat sich je an mir vorbeigeschlichen!«

Niemand!

Wie konnte das überhaupt sein? War Kit gefährlicher, als er aussah?

»Es gibt für alles ein erstes Mal«, erwiderte der frech.

»Bring mich nicht zur Weißglut!«, warnte Akira und drückte ihn gegen den Türrahmen.

»Ich dachte, das hätte ich schon.« Sein rechtes Bein schob sich zwischen Akiras Oberschenkel und streifte dessen Männlichkeit, die sich unter der dunklen Jeans verbarg. Kit gab einen begeisterten Laut von sich und grinste unverschämt. »Beeindruckend.«

»Lass das!«

»Sonst was?«, fragte Kit. »Verprügelst du mich wie Elias? Das sah übrigens toll aus. Deine Kampfbewegungen haben mich richtig angeheizt.«

Akira betrachtete das blasse Gesicht vor sich. Die Augen besaßen eine merkwürdige, aber wunderschöne Farbe. Kits Nase war spitz, was ihn noch neugieriger wirken ließ, die Lippen voll. Und dieses rote Haar! War das seine natürliche Farbe?

Kit legte eine Hand auf Akiras Brust, seine langgliedrigen Finger fuhren über sein Schlüsselbein aufwärts. »Deine Haut ist wie aus Gold ...«, schmeichelte er und sah ihm tief in die Augen. »Diebe stehlen gerne ... Gold!« Er legte seinen Arm um seinen Hals und wollte ihn zu sich herabziehen. Da er kein Stück nachgab, zog er sich kurzerhand selbst an ihm hoch und küsste ihn. Wärme breitete sich in seiner Brust aus.

Wann war er zuletzt von jemandem geküsst worden? Nicht mehr seit fünf Jahren, als ... Er wollte nicht daran denken, so gut es sich auch anfühlte ... Schnell drehte er den Kopf zur Seite, sodass Kits Lippen lediglich seine Wange streiften, dann schob er den verführerischen Körper von sich.

»Ich sollte dich wieder fesseln«, beschloss Akira. Mühelos drehte er den schlanken Körper und ergriff Kits Handgelenke, zwang sie auf dessen Rücken. In seinen Armen kam ihm Kit derart fragil vor, dass er nicht zu fest zupackte.

Statt der Handschellen nahm er ein schmales Seil aus seiner Tasche.

»Machst du diese Bondage-Nummer?« Kit klang begeistert, ungelenk blickte er sich über die Schulter. »Sei aber bitte vorsichtig, meine Haut bekommt leicht blaue Flecken.« Dieses teuflische Grinsen, während seine Augen die eines Engels waren.

»Ja, nein!«, sagte Akira stirnrunzelnd und begann ihn zu fesseln. »Das ist nur zweckmäßig.«

»Die Knoten sehen geil aus!«

Akira beeilte sich, um weiteren Kommentaren zu entgehen. Als Kit seinen Hintern provokativ gegen seinen Schritt drückte, drehte er den Dieb eilig wieder zu sich.

»Ich lege dir zusätzlich die Schlaffessel an«, erklärte er. Im Wachzustand war Kit ihm viel zu aktiv. »Ich werde herausfinden, was mit dir nicht stimmt.«

Abrupt veränderte Kits Miene sich und zeigte Furcht, er sah aus wie die reine Unschuld. »Hab ich was falsch gemacht?«, fragte er kleinlaut. »Bitte, tu mir nicht weh!«

Waren diese Gefühle echt? Hatte Kit möglicherweise lediglich versucht, die Stimmung aufzulockern, weil er nervös war? Immerhin war er mehr oder weniger gekidnappt worden!

Nein, das muss ein Trick sein! Dieser Mann ist gefährlich, irgendetwas stimmt mit ihm nicht. Die Fesseln …!

Quatsch! Kit ist offensichtlich verängstigt. Er ist bloß ein unerfahrener junger Dieb. Sicher erst Anfang zwanzig, wenn überhaupt! Geh sanfter mit ihm um.

»Du willst mich echt halb nackt in Schlaf versetzen?«, fragte Kit mit großen Augen.

Ach ja, die Hose!

»Ich gebe dir eine Hose von mir.«

»Die passen mir nicht.«

Akira warf einen Blick auf die schmalen Hüften seines Gegenübers. Da könnte Kit recht haben. »Wo ist deine?«

»Im Bad.«

Akira holte sie. »Die ist nicht kaputt, nur voller Staub.« Er schüttelte sie.

Kit schmollte, dann streckte er ihm auffordernd einen Fuß entgegen.

Zähneknirschend kniete Akira vor ihm nieder und streifte ein Hosenbein über Kits wohlgeformtes Bein, das andere folgte. Der Stoff glitt über den – zugegebenermaßen ansehnlichen – Hintern, dann schloss er den Reißverschluss vorsichtig.

»Danke«, flüsterte Kit.

Er stand auf. »Setz dich aufs Bett.«

Kit tat wie ihm geheißen und sah ihn dabei an. Akira legte ihm die Handschellen an. Die Augenlider des Diebes wurden schwer, dieser Schlafzimmerblick sah verdammt sexy aus!

»Aber mach keine unartigen Dinge mit mir, das ist unfair, wenn ich es nicht … mitbekomme«, murmelte er, bevor er einschlief.

Nachdenklich sah Akira auf Kit herab. Dieser Kerl war ihm ein absolutes

Rätsel. Er deckte ihn zu und ging anschließend ins Badezimmer, um selbst zu duschen.

Als er fertig war, zog er sich an und sah erneut nach Kit, dieser schien noch zu schlafen. Dann wählte er Jones' Nummer und beorderte ihn zu sich. Akira wollte, dass er bei der Befragung dabei war.

Emilio

Etwas verärgert, weil er gerne länger mit Jones im Bett geblieben wäre, erreichte er mit Jones Akiras Hotel und fragte an der Rezeption nach diesem. Erstaunlicherweise wurden sie direkt zu seinem Zimmer geführt. Waren hier Gäste erlaubt? Jones klopfte an und die Tür öffnete sich. Als er Emilios Verwunderung bemerkte, sagte er: »Akira hat dem Angestellten wohl ein nettes Trinkgeld zugesteckt.«

»Ganz genau«, bestätigte Akira anstelle einer Begrüßung. »Mit Magie wäre es ebenfalls gegangen, aber das vermeide ich, wenn möglich.«

Dieses Zimmer war viel kleiner als Emilios. »Wieso nimmst du so ein billiges Hotel, wo sich keiner richtig für die Gäste interessiert?«

»Eben deshalb.«

»Auch wieder wahr.«

Akira sah Jones an. Der verstand sofort.

»Ich übernehme die Verantwortung für Emilio.«

Elias war jetzt mit normalen Fesseln an einen Stuhl gebunden und bereits wach. Als er die Besucher sah, stand ihm die Begeisterung ins Gesicht geschrieben.

»Du schon wieder!« Das galt Emilio.

»Hast du mich vermisst?«, scherzte dieser. »Bist du nicht happy wegen der Fesseln? Du stehst doch so auf Bondage.«

Elias starrte ihn hasserfüllt an. »Sollte ich freikommen, werde ich dich töten und mir Jones nehmen. In allen Stellungen.«

Akira hob eine Augenbraue und blickte zu Elias. »Du hast das ernst gemeint mit dem perversen Gerede«, stellte er fest.

»Hab ich ja gesagt.« Emilio schnaubte.

»Also.« Akira setzte sich an den kleinen Tisch, Elias gegenüber. »Was wolltest du mit dem Buch machen?«

Elias zuckte die Achseln. »Vielleicht wollte ich die Kreaturen auf den Orden hetzen und andere Artefakte stehlen?«

»Dazu muss man nicht nach Kreta fliegen.«

»Ich hatte vor, es zu verkaufen.«

»An wen?«

»Der Kerl ist anonym.«

»Du lügst.«

»Warum sollte ich?«

Akira holte sein Handy hervor. »Weißt du, ich hab ein wenig Nachforschungen über dich betrieben, als ich hörte, du könntest in diese Sache verwickelt sein.«

»Wieso nur über mich?«

»Jones' Geschichte kenne ich bereits. In den letzten Stunden ist mir etwas aufgefallen.«

Elias machte ein gelangweiltes Gesicht. »Das wäre?«

»Erinnerst du dich noch an deine Jugend? Deine Familie ist aus Russland geflohen.«

»Na und?«, fauchte er.

»Du bist kurzzeitig in eine rumänische Schule gegangen. Damals war dein Nachname Smirnov. Du hast ihn beim Eintritt in den Orden geändert.«

Elias beugte sich vor, soweit es ihm gefesselt möglich war. »Worauf willst du hinaus?«

Akira lächelte freudlos. »Einer deiner Klassenkameraden war Victor Andrei.«

Jones sog scharf die Luft ein. »Victor?«

Akira nickte.

»Wer ist dieser Victor?«, fragte Emilio.

»Victor ist zurzeit der von den Akasha meist gesuchte Verbrecher«, erklärte Jones. »Er war ein Mitglied der Reiter – das ist ebenfalls ein Orden, allerdings für die Bösen. Vor einigen Monaten ist er mit der Büchse der Pandora entkommen. Akira hat ihn quer durch die Welt verfolgt, aber nicht erwischt.«

»Von dieser Büchse hab ich schon mal gehört. Da soll alles Schlechte drin gefangen sein. Was hat er damit vor?«

»Sie öffnen?«

Emilio glaubte sich verhört zu haben. »Ist er irre?«

»Schätze ja.«

Akiras Augen waren kalt, als er Elias fixierte. »Wo. Ist. Victor?«

Elias' Miene wurde arrogant. »Woher soll ich das wissen?«

»Du wolltest das Buch für ihn, nicht wahr?«, fragte Jones.

»Und wenn schon«, schnaubte Elias. »Victor hat mich zur rechten Zeit kontaktiert und mir ein Angebot unterbreitet, welches zu gut war, um es abzulehnen. Denk nach, Jones! All diese Macht da draußen und die Akasha nutzen sie nicht. Was für eine Verschwendung!«

Jones machte ein angewidertes Gesicht. »Wir sind dazu da, um diese Artefakte zu bewahren. Sie sollen nicht benutzt werden.«

»Oh doch, genau das sollten sie«, entfuhr es Elias begeistert.

»Ich frage ein letztes Mal freundlich«, erklärte Akira nüchtern. »Wo ist Victor?«

Elias lächelte und zeigte dabei weiße Zähne, es wirkte ein wenig raubtierhaft. »Na, hier auf Kreta, immerhin ist es Pandoras Zuhause. Wo genau, weiß nicht mal ich, er ist vorsichtiger geworden.«

»Pandora ist eine echte Person?«, fragte Emilio.

»Sie ist die Frau, die die Büchse einst öffnete und von ihr verschlungen wurde«, sagte Jones.

»Victor will sie befreien?«, fragte Akira angespannt.

»Das hat er schon längst«, erwiderte Elias lässig. »Vor einer Woche oder so.«

»Ich verstehe nicht ganz.« Emilio runzelte die Stirn »Was hat das alles mit dem Buch zu tun?«

»Gute Frage.«

Erwartungsvoll sahen sie Elias an. Dieser lachte herablassend.

»Das Buch war nur ein Bonus. Futter für Pandora.«

»Werd konkreter«, forderte Akira.

»Der Plan war wie folgt: Pandora ist schwach, wenn sie die Büchse verlässt, ein ahnungsloses Mädchen«, sagte Elias. »Victor nimmt sie unter seine Fittiche, damit sie ihm vertraut, und sobald sie im Vollbesitz ihrer Kräfte ist, wird sie tun, was immer er will. Die Dämonen aus dem Buch wären lediglich dazu da gewesen, diesen Vorgang zu beschleunigen.«

»Pandora hätte die Dämonen nicht benutzt, sondern verschlungen, um ihre Macht zu mehren«, verstand Akira.

»Richtig. Allerdings ist das nun ohnehin nicht mehr notwendig. Es ist genug Zeit verstrichen. Habt ihr das Wetter bemerkt?«

Ein Blick aus dem Fenster zeigte dunkle Gewitterwolken.

»Das ist wegen Pandora?«, fragte Emilio erstaunt.

»Ja.« Elias klang euphorisch. »Ihr seid zu spät.«

Jones ging zu ihm und begann in dessen Taschen zu wühlen. Er holte sein Handy heraus.

»Ruf Victor an. Sofort!«, befahl er. »Sag ihm, du hast das Buch und willst ihn treffen!«

»Du kannst mich mal!«, erwiderte Elias.

»Darf ich ihn schlagen?«, fragte Emilio Akira.

Dieser sinnierte darüber, dann sagte er: »Wieso nicht? Könnte die Sache beschleunigen.«

Hervorragend! Emilio ließ die Fingerknöchel knacksen.

Elias wirkte mit einem Mal unsicher. »Das meinst du nicht ernst, Akira! Ich bin Mitglied des Ordens, und du würdest mich nicht schlagen lassen? Von einem Hinterwäldler?«

»Ruf einfach die Nummer an«, riet Akira.

Wütend stierte Elias ihn an. »Na gut!«

Er verriet seinen Code, Jones suchte Victors Nummer heraus und stellte auf Lautsprecher.

Es piepte, dann hob jemand ab.

»*Da*!«, ertönte eine tiefe Stimme.

»Hi, Victor«, sagte Elias.

»Gibt es Neuigkeiten?«

»Ja. Ich wurde geschnappt und sitze hier mit zwei Akasha und einem Volltrottel fest, während Svend verletzt im Krankenhaus liegt und Saskia ihm die Pranke hält.«

Schockiert lagen alle Blicke auf ihm. *Dieser verdammte …!*

Akira presste die Lippen zu einem blassen Strich zusammen.

Victor legte nicht auf. »Mmhm«, machte er. »Es sind nur zwei?«

»*Da*«, bestätigte Elias. »Und einer ist ein bisschen unerfahren. Weitere Akasha kommen erst morgen an.« Er zwinkerte Jones zu.

»Perfekt!«

»Was?«

»Hören sie mit?«

»*Da*.«

»Hallo allerseits! Ich hätte ein Angebot für euch. Wir können uns treffen. Interessiert?«

Unsicher schaute Emilio in die Runde.

»Ja«, sagte Akira schließlich.

Die Chance durfte man sich nicht entgehen lassen. Aber was könnte Victor wollen?

Victor nannte die Adresse eines Restaurants. »Dort, in einer halben Stunde!«

Er hatte aufgelegt.

»Das Gespräch ist anders gelaufen als erwartet«, sagte Jones.

Elias wirkte ebenfalls überrascht. »Was hat er vor? Egal, euer Problem.«

»Recht hast du«, sagte Jones. »Zeit, wieder ein Nickerchen zu machen.« Akira zückte die Handschellen. »Keine Sorge, morgen kommen die anderen und ich garantiere dir, wenn du vor das Gremium trittst, bist du wach.«

»Wie mich das freut«, spottete Elias, bevor der Schlaf ihn erreichte.

11

Victor

Ausgezeichnet! Dank dieser neuen Wendung könnte er die Kurve kriegen. Zufrieden wollte er das Handy wegstecken, als es erneut klingelte.

»Wieso rufst mich an, Ciaran?«, fragte er und blickte dabei über die Schulter. Pandora war im oberen Stock.

»Ich wollte wissen, ob alles in Ordnung ist«, gestand dieser.

»Bald«, versicherte Victor. »Mir wäre lieber, du würdest die Insel verlassen, aber das Wetter ist für einen Flug wohl nicht günstig.«

»Kann ich helfen?«

Victor lächelte. »Halt dich von mir fern, Dragul meo.«

Er legte auf und schnappte sich im Gehen seine Autoschlüssel.

»Was machst du?«

Das war Pandora, der Klang ihrer Stimme beschleunigte seinen Herzschlag, allerdings nicht auf angenehme Art. Sie stand an der Treppe, wunderschön.

»Ich muss etwas erledigen«, sagte Victor möglichst ruhig. Ob sie sein Herz hörte? Wie es in seiner Brust flatterte?

Sie kam auf ihn zu, ihre Miene drückte Missfallen aus. »Du warst doch erst weg.«

»Ich treffe mich zum Essen mit jemandem, der mir etwas besorgen sollte. Für unsere Sache«, sagte Victor.

Pandoras gespaltene Zunge zuckte über ihre Lippen, wie bei einer Schlange, die seine Lüge roch.

Nein, das konnte sie nicht!

»Du meinst das Geschenk, über das du letztens gesprochen hast?« Ihre Stimme zeigte nun Interesse. Sie blinzelte reptilienartig.

Ihm fiel ein, dass er ihr nichts über das Buch gesagt hatte, sondern lediglich über ein Geschenk geredet hatte, welches für sie bestimmt wäre. Das wäre es auch gewesen, doch die Dinge hatten sich geändert.

»Genau.« Er lächelte sie knapp an. »Der Mann, der es mir besorgen sollte, ist ein wenig in Verzug geraten und ich wollte ihn zur Eile ermutigen.«

Pandora legte den Kopf schief und ließ ihre Hand mit den langen Nägeln über Victors Schulter streifen. »Das ist lieb von dir. Sollte er versagen, dann bring ihn zu mir. In diesem Falle darfst du das Haus natürlich verlassen, aber sei in ein paar Stunden zurück. Die Nacht ist so wunderbar stürmisch und ich möchte sie mit dir genießen!«

Er *durfte* das Haus verlassen? War das zu fassen? Die wachsende Macht war ihr wohl zu Kopf gestiegen!

»Wie Ihr wünscht, Schönste aller Schönen!« Victor deutete bei den Worten sogar eine Verbeugung an. Der eingebildeten Göttin schien das zu gefallen.

»Ich denke nicht, dass ich ohne dich könnte, Victor«, lächelte sie. »Du bist ein nützlicher Untertan.«

Untertan? Diese blöde Schl…

Victor war froh, als er endlich im Auto saß, etwas weiter entfernt von der Villa konnte er seine Wut herausschreien. Die würde schon sehen, mit wem sie sich anlegte!

JONES

Das Restaurant befand sich in Heraklion und lag somit nur fünfzehn Minuten entfernt. Die Straßenlaternen waren bereits an und im Inneren befanden sich einige bunte Lichter. An einer Seite des Gebäudes rankte sich Efeu und verlieh allem etwas Mystisches.

Sie entdeckten Victor an einem Tisch, er aß gerade ein saftiges Stück Fleisch.

»Das ist er?«, fragte Emilio.

Jones nickte. Zusammen mit Akira setzten sie sich.

»Guten Abend«, grüßte Victor. Er schien nicht besonders angespannt zu sein. Jones betrachtete ihn. Er hatte dunkles Haar, sein Gesicht war eher schmal und er trug ein elegantes Hemd und eine Hose von Armani. Stil hatte er also. Obwohl er nicht auf klassische Weise als gut aussehend zu bezeichnen war, hatte er etwas an sich, das ihn attraktiv machte. Es war seine Ausstrahlung. Einerseits locker, wirkte er trotzdem gefährlich.

»Wollt ihr auch was essen?«, fragte er und kaute.

»Ja«, antwortete Jones, der immer hungrig war, doch Akiras Blick ließ ihn seine Meinung ändern. »Ich meine: nein!« Er platzte beinah vor Neugierde. Warum wollte Victor sich mit ihnen treffen? War es eine Falle? Sie hatten rund ums Restaurant alles abgesucht und nichts Verdächtiges entdecken können. Svend und Saskia waren noch im Krankenhaus – das hatten sie überprüft. Waren weitere Reiter hier? Es hieß, Victor agiere allein. Der beendete sein Mahl und tupfte sich den Mund mit einer Serviette ab. Dann genehmigte er sich einen Schluck seines Weines. Jones verfolgte das alles eifersüchtig, sein Magen knurrte.

»Aus welchem Grund wolltest du dich treffen?« Akira kam wie immer direkt zur Sache.

Eine vage Geste mit den Händen. »Na ja, ihr scheint ein Problem zu haben und ich bin bereit, euch zu helfen.«

Akira machte ein entgeistertes Gesicht. »Uns helfen? Du bist das Problem!«

Er schüttelte vehement den Kopf. »Da muss ich widersprechen.«

»Erklär uns das«, verlangte Jones.

»Mit Vergnügen.« Victors Augen funkelten, als er ihn ansah. »Es ist ganz einfach. Pandora ist euer Problem.«

»Moment mal«, sagte Emilio. »Du hast sie doch befreit, oder?«

»*Da*, das hab ich. Schuldig im Sinne der Anklage.«

»Und wobei möchtest du uns helfen?«, fragte Akira.

»Na, sie wieder in ihre Büchse zu kriegen«, erklärte er, als wäre das alles ganz logisch.

Jones starrte ihn mit offenem Mund an. Meinte er das ernst? »Wieso befreist du sie, wenn du sie jetzt wieder einsperren willst?«

Victor wich seinem Blick aus.

»Es ist nicht so gelaufen wie erhofft«, tippte Jones.

»Das ist nicht von Bedeutung.« Victor überging seine Frage. »Wichtig ist nur, dass wir einander helfen können.«

Aha! Warum nicht? Sie waren ja beste Freunde. Jones schnaubte. »Pandora tanzt dir wohl auf der Nase rum?«

»Tut sie nicht!«, erwiderte Victor ein wenig wütend.

»Man sollte die Launen einer Frau niemals unterschätzen«, sagte Emilio.

Victors Miene fiel in sich zusammen. »Ach ja?«

»Du willst sie also loswerden«, wollte Akira wissen.

»Ja, verdammt!«, knurrte Victor.

»Wir haben ein gemeinsames Ziel«, fuhr Akira fort. »Aber wieso sollten wir dir vertrauen?«

Victor seufzte laut. »Pandora war zuckersüß, als sie aus der Büchse kam, langsam, aber sicher ändert sich das. Alles Schlechte in der Büchse geht auf sie über.«

»Oh«, machte Emilio. »Das hättest du vielleicht bedenken sollen.«

Victor sagte etwas auf Russisch, es klang beleidigend. »Sei's drum. Nun sind wir hier. Die Vergangenheit liegt hinter uns.« Er lächelte.

Akira biss die Zähne aufeinander. »Du hast Mist gebaut, tauchst hier einfach so locker flockig auf und erwartest, dass wir das korrigieren?«

»Dafür seid ihr doch da.«

Akira sah aus, als hätte er ihn am liebsten erwürgt. Jones konnte es ihm nachfühlen.

»Was für'n Trottel«, murmelte Emilio.

»Der Plan war nicht schlecht«, verteidigte Victor sich.

»Findest du?«

»Dir ist klar, dass du nach dieser Sache festgenommen wirst?«, bemerkte Akira.

»Das besprechen wir danach.« Victor griff nach seinem Weinglas. »Schmeckt phänomenal. Wollt ihr?«

Jaaa! Wieso quälte man ihn so? Jones zappelte auf seinen Stuhl herum.

»Nein«, knurrte Akira. »Wieso sollten wir uns auf eine Zusammenarbeit mit dir einlassen? Wir könnten selbst versuchen, Pandora zu besiegen.«

Victor lachte dunkel. »Viel Glück. Ihre Berührung verursacht die Beulenpest und ihr Kuss ist giftig. Ihre Laune überträgt sich außerdem auf das Wetter, dabei ist sie noch nicht einmal im Vollbesitz ihrer Kräfte.«

»Das klingt fies«, sagte Emilio. »Warum lässt man so jemanden frei?«

Genervt verdrehte Victor die Augen. »Ich sagte doch: Bei unserer ersten Begegnung war sie die Unschuld in Person.«

»So kann man sich täuschen.«

»Wie würde dein Plan lauten?«, fragte Jones.

»Ab in die Büchse!«, sagte er und prostete ihnen zu.

»Und wie?«

»Die Büchse ist magisch, sie verändert ihre Form passend zu ihrer Umgebung und sie *will*, dass Pandora eingesperrt bleibt«, erklärte Victor.

»Damit wäre die Büchse ein … Verbündeter?«, fragte Emilio.

»Du hast es erfasst«, sagte Victor. »Wir müssen Pandora dazu bringen, in die Büchse zu greifen, und dann wird sie hineingezogen werden.«

»Klingt einfach. Wo ist der Haken?«, fragte Akira.

Victor verzog den Mund. »Pandora weiß das.«

»Hervorragend«, spottete Jones. »Sollen wir sie etwa zwingen? Ach nein! Wir können sie ja nicht mal anfassen!«

»Warte, warte! Nicht so negativ. Wie gesagt, ändert die Büchse ihre Form. Und Pandora spürt ihre Präsenz nicht mehr.«

»Du meinst, sie erkennt sie nicht?«, hakte Akira nach.

»Genau«, bestätigte Victor. »Sie hat solche Angst, aus Versehen in dieses Kästchen zu greifen, dass sie es weggesperrt hat.«

»Weggesperrt? Wieso gibst du uns deine Informationen häppchenweise?«, wollte Emilio wissen.

»Damit ihr sie besser verdauen könnt!«

Allmählich ging Jones Victors gute Laune gehörig auf den Senkel.

»Wohin weggesperrt?«, fragte Akira.

»In einen Tresor.«

»Woher hat sie einen Tresor?«, wollte Jones wissen.

»Es ist meiner«, gestand Victor beschämt.

»Dann solltest du den Code doch kennen.«

»Den hat sie geändert.«

»Bestand dein Plan nicht darin, dass sie dir vertraut?« Emilio schnaubte.

»Wollen wir hier über Fehler reden oder eine Göttin besiegen? Ich fürchte, wenn wir sie nicht bald aufhalten, wird sie nach und nach die ganze Insel verschlingen.«

»Wie geht das?« Emilio klang skeptisch.

»Frag lieber nicht«, warnte Jones. Er wusste, was Victor meinte.

»Wo ist Pandora?«, fragte Akira.

»In einer Villa, dreißig Minuten entfernt von hier. Mein Vorschlag: Jemand besorgt die Büchse, ohne dass sie es merkt – sie kontrolliert den Tresor nur einmal am Tag. Dann werde ich ihr die Büchse überreichen, da ich der Einzige bin, dem sie wenigstens ein bisschen vertraut. Und bumm! Sie wird eingesaugt. Und wir gehen freundschaftlich auseinander.«

Sicher nicht!

»Ich schätze mal, es wäre günstig, wenn das heute Nacht passieren würde«, vermutete Akira.

»Pandora wird jeden Moment mächtiger«, bestätigte Victor.

Sie hatten keine Wahl, sie mussten sich auf ihren Feind verlassen. Und wenn es schiefging? Warten konnten sie nicht. Selbst wenn morgen die anderen Krieger ankamen, würden sie genauso wehrlos gegen Pandora sein. Jones wusste nicht, ob ihr runenversehene Schwerter etwas anhaben konnten. Sollten sie versagen, wäre sie vorgewarnt und ziemlich sauer.

Ein Blitz zuckte über den Himmel, Donner grollte unheilvoll.

Victor lehnte sich zurück. »Und? Kennt ihr einen talentierten Dieb, der die Büchse holt?«

Akira öffnete die Hotelzimmertür. Jones und Emilio folgten ihm ins Innere. Elias lag kopfüber auf dem Tisch und schnarchte, genauso wie sie ihn verlassen hatten.

Das traf jedoch nicht auf Kit zu. Der junge Dieb saß vor dem Fernseher und sah sich einen Actionfilm an.

»Hey Leute!«, begrüßte er sie. Seine Arme waren immer noch nach hinten gebunden, allerdings mit einem gewöhnlichen Seil und mit höchst komplizierten, fast kunstvollen Knoten.

»Die Handschellen hat er immer abbekommen«, erklärte Akira.

»Wie soll das gehen, wenn er schläft?«, fragte Emilio.

»Die Wirkung hält bei ihm nicht lange an.«

»Vielleicht sind die Fesseln defekt?«, sagte Jones.

»Stimmt«, sagte Kit und lächelte entwaffnend. »Diesmal hab ich auch nicht besonders lange geschlafen. Du solltest dich in Zukunft besser im Badezimmer umziehen und nicht direkt vor meiner Nase.«

Akira riss die Augen auf. »Du warst wach?«

Kit grinste. »Gratis Show.«

»Wow«, machte Jones. »Der ist ja auf einmal so …«

»Frech«, ergänzte Emilio.

»Das war das Wort, nach dem ich gesucht habe.«

Augenblicklich sanken Kits Schultern herab und er biss sich nervös auf die Lippen. »Ich wollte nicht unverschämt sein, bitte nicht mehr fesseln und schlagen.«

»Schlagen?« Empört sahen Emilio und Jones Akira an.

»Ich hab ihn nie geschlagen!«

»Nein.« Kit sah eingeschüchtert aus. »Aber du warst ziemlich aggressiv.«

Akira fiel die Kinnlade herunter. »Er lügt. Das ist seine Masche! Er fängt immer so an.«

»Ist er dauernd derart unbeherrscht?«, fragte der Dieb und wich etwas zurück.

Jones kannte Akira eigentlich nur besonnen, er verlor selten die Fassung, seine Wut war stets eiskalt, während er jetzt ziemlich erhitzt wirkte.

»Wechseln wir das Thema«, bestimmte Akira und fuhr sich durch die Haare. »Wir sind aus einem bestimmten Grund hergekommen.«

»Richtig«, sagte Jones und ging zu dem Gefesselten. »Kit! Wie geht es dir? Harter Tag, nicht wahr?«

Der Angesprochene nickte verlegen.

»Ich hoffe, du nimmst uns unsere Vorgehensweise nicht übel?« Jones machte sich daran, die Knoten zu lösen, versagte jedoch kläglich. »Akira, kannst du mal?«

Akira zog an einer Stelle und die Fesseln fielen von ihm ab.

»Nein, das versteh ich schon«, meinte Kit freundlich. »Schließlich hab ich euch bestohlen. Die Polizei ruft ihr wahrscheinlich nicht, weil das Buch magisch ist, schon klar. Aber wann lasst ihr mich frei?«

»Wie wäre es mit einem Deal?«, fragte Jones. »Du hilfst uns bei einer Sache und wir vergessen den Diebstahl.«

»Aha?« Kit sah Akira an.

»Versprochen«, knurrte der Krieger unwillig.

Jones wusste, wie ungern er gegen die Regeln verstieß. Der Dieb hatte Magie gesehen und durfte eigentlich nicht einfach frei herumspazieren. Doch Akira hielt immer sein Wort.

Emilio wirkte unsicher. »Es könnte gefährlich sein.«

Kit hüpfte vom Tisch, auf dem er eben gesessen hatte. »Interessant!« Er rieb sich die Handgelenke, von den Fesseln hatte er leichte Spuren davongetragen. »Was soll ich tun, um meine Freiheit zu erlangen?«

»Ironischerweise sollst du etwas stehlen«, sagte Akira.

»Ich wusste, mit euch wird es nicht langweilig.« Kit grinste.

»Bist du deshalb noch hier?«

»Und weil ich deine Knoten nicht aufbekommen habe. Was soll ich stehlen? Schieß los!«

»Du hast doch unseren Tresor geknackt …«, sagte Jones. »Wie lange hast du dafür gebraucht?«

»Nicht sehr lange.«

»Benötigst du Werkzeug?«

»Nö.«

Irritiert zog Jones die Augenbrauen dicht zusammen. »Echt nicht?«

»Lass mich nur machen. Wo steht dieser geheimnisvolle Tresor?«

»In einer Villa.«

Kits Augen leuchteten begeistert.

»Du darfst nichts anderes mitnehmen«, ermahnte Akira. »Es darf nicht auffallen, dass jemand dort war.«

»Logisch, nur was in dem Tresor ist. Und was ist das?«

»Eine Büchse. Wie genau sie aussieht, wissen wir nicht«, sagte Jones.

»Sie könnte ihre Form auch verändern, während du sie stiehlst«, erklärte Emilio.

»Lass dich davon nicht irritieren.« Akira sah ihn fest an. »Und komm dann gleich zum Treffpunkt, den wir vereinbaren.«

»Geht klar. Wann geht's los?«

»Sofort.«

»Wird immer besser, mir war schon langweilig.«

»Und sprich niemals mit irgendjemand über alles, was du mit uns erlebst, kapiert?«

»Verstanden. Ich hänge meine Errungenschaften nie an die große Glocke.«

»Gehen wir!« Akira steuerte die Tür an.

»Was ist mit Elias?«, fragte Jones.

Der lag immer noch auf den Tisch und schlief.

»Dem geht's gut«, meinte Akira.

Sie verließen das Hotelzimmer.

»Ist das nicht dein Hemd, das Kit trägt? Es ist ihm etwas zu groß«, bemerkte Jones.

Akiras Antwort bestand lediglich aus einem Brummen. Als sie die Treppe erreichten, hielt Emilio Jones am Arm zurück.

»Geht schon vor zum Auto, wir kommen gleich«, sagte er.

»Okay, aber beeilt euch«, erwiderte Akira.

Nachdem ihre Schritte verklungen waren, fragte Jones, was los sei. »Bekommst du kalte Füße?«

Emilio zögerte. »Die Sache scheint wirklich gefährlich zu sein. Ich mache mir Sorgen um dich.«

Jones fühlte, wie Hitze in seine Wangen stieg. Er war es nicht gewohnt, dass sich jemand derart für ihn interessierte und sich darum kümmerte, wie es ihm ging oder ob ihm etwas zustieß. »Das ist nett von dir, aber mein Job ist eben so. Das wusstest du, als du dich auf mich eingelassen hast und du sagtest, du würdest es akzeptieren.«

»Das tue ich ja, trotzdem hab ich Angst. Gerade erst hab ich dich gefunden, ich will dich nicht verlieren.«

Jones nahm seine Hand in die seine. »Das wirst du nicht«, versicherte er. »Es wird alles gut gehen.«

»Und wenn nicht?«

»Das steht nicht zur Debatte! Doch es sind keine anderen Akasha vor Ort. Wer soll Pandora aufhalten außer uns? Ich würde es mir nie verzeihen, wenn ich Akira allein gehen ließe und er sterben würde. Er hat so viel für mich getan.«

Emilio seufzte schwer. »Einverstanden. Bitte sei vorsichtig. Keine Indiana Jones Aktionen.«

Jones musste lachen und er gab ihm einen Kuss auf die Wange. »Du wartest im Hotel und ich rufe an, sobald …«

»Was? Nein!«, widersprach Emilio und vollzog eine schneidende Handbewegung. »Ich komme mit oder du gehst nicht!«

Emilios Handy klingelte, er sah auf das Display und steckte es weg.

»Wieder Henri?«, fragte Jones mitfühlend.

Er nickte.

»Willst du mit ihm reden?«, fragte Jones.

Emilio deutete ein schwaches Kopfschütteln an. »Was sollte ich ihm sagen? Vielleicht sterbe ich heute, ich liebe dich? Sollte ich überleben, macht er sich bloß umsonst fertig und sollte ich sterben, hätte ich jetzt keine Zeit, ihm alles zu erklären.«

»Wir machen das einfach«, sagte Jones und versuchte sich selbst und Emilio zu motivieren. »Diese Göttin hat keine Chance. Wer weiß, möglich, dass es einfacher ist, als du es dir vorstellst.«

Emilio machte ein zweifelndes Gesicht.

Gemeinsam gingen sie nach unten zu den anderen.

12

Kit

Wann hatte es auf Kreta wohl zuletzt gehagelt? Das fragte sich Kit, während er im Auto saß und eiswürfelgroße Klumpen aufs Dach prasselten. Es war unheimlich laut und er fürchtete, dass die Windschutzscheibe bald beschädigt werden würde.

Plötzlich, so schnell wie es gekommen war, hörte es auf. Endlich konnte man wieder seine eigenen Gedanken hören.

Sie waren vor der Villa – etwas entfernt am Straßenrand – zum Stehen gekommen.

»Hör gut zu«, sagte Akira. »Victor lenkt Pandora ab und führt sie auf den Balkon im oberen Stock.«

»Warum?«

»Damit du unten über die Veranda reinkannst, Victor hat sie für dich offen gelassen. Du musst allerdings von der Seite kommen, da liegt ein toter Winkel, wo man dich vom Balkon aus nicht sehen kann«, erklärte der Krieger.

»Ich hätte auch hochklettern können, aber gut. Ich mach's, wie ihr wollt.«

»Der Tresor befindet sich im Schlafzimmer«, teilte Jones ihm mit. »Sobald du das Kästchen hast, verschwindest du!«

»Und egal was passiert: Pandora darf dich keinesfalls entdecken«, mahnte Akira. »Falls doch, dann lauf, so schnell du kannst.«

»Scheint eine gefährliche Frau zu sein«, schlussfolgerte Kit.

»Sie kann wohl echt ungemütlich werden, nach allem, was ich gehört habe«, sagte Emilio.

»Die Büchse versteckst du an der Stelle am Strand bei den kleinen Felsen, das haben wir mit Victor ausgemacht.« Akira klang angespannt.

»Am Strand sieht sie mich«, überlegte Kit.

»Nein, bei den Felsen nicht.«

»Alles klar.« Er atmete tief durch und grinste. »Ist gleich erledigt.«

Er öffnete die Autotür, Akira fasste ihn am Arm. »Sei vorsichtig.«

Machte der Große sich Sorgen um ihn? Das gefiel ihm. Er zwinkerte ihm zu, stieg aus und lief in geduckter Haltung über die Straße bis zur Villa, bis er an der seitlichen Hauswand war, schlich sich an dieser entlang um die Hausecke und erreichte die Veranda. Es tröpfelte nur noch leicht, doch der Himmel sah weiterhin düster aus.

Vorsichtig schielte er durch die Glastür ins Innere. Alles war hell möbliert und schlicht, aber schick eingerichtet. Auf dem Boden befanden sich helle Fließen und ein Fellteppich. Kit blickte auf seine Schuhe hinab, die voller Schmutz und Schlamm waren, weil der Erdboden durch das Wetter aufgeweicht war.

Er verzog den Mund, zog sich die Schuhe aus und stellte sie versteckt an die Hauswand. Zumindest war er so viel leiser. Bedächtig tappte er über den flauschigen Teppich durch den Raum zur Treppe, die sich geschwungen nach oben wand. Ein Blitz zuckte über den Himmel und erhellte die Dämmerung. Donner grollte einem hungrigen Riesen gleich.

Eine dunkle Aura umgab dieses Haus, das spürte Kit. Er durfte keinen Geruch hinterlassen. Ein gewöhnlicher Dieb hätte keine Chance, aber das war er ja nicht. Wenn die anderen nur wüssten!

Kit schlich nach oben, Stimmen wurden lauter.

»Deine Macht mehrt sich«, hörte er einen Mann – Victor?

»Sieht es nicht wunderschön aus?« Das kam von einer Frau.

Sie befanden sich im Schlafzimmer. *Mist!* Kit verlangsamte seinen Herzschlag, damit dieser nicht zu laut war, und sah vorsichtig in den Raum.

Pandora trug ein schneeweißes Kleid, ihre langen Haare fielen ihr den Rücken herab. Sie sah Richtung Balkon, vor ihr stand Victor in einem eleganten Anzug.

»Nicht so schön wie Ihr«, schmeichelte dieser. Er öffnete eine Sektflasche und goss ihnen ein.

»Zur Feier des Tages?«, frage sie.

Er hob sein Glas. »Auf meine Göttin!«

Pandora legte ihre Hand auf seine Brust, schob sie dann unter sein Hemd, ihre scharfen Krallen kratzten die Haut leicht auf. Sie hob ihren Finger an ihren Mund, leckte das Blut ab. »So schmeckt es viel besser.«

Victor ließ es geschehen, als sie ihm die Arme um den Nacken schlang und ihn küsste, doch seine Augen blieben offen. Als er ihn entdeckte, zuckte sein Blick zur Seite und Kit verstand. Dort an der Wand war der Tresor.

Als Pandora ihn aus ihren Klauen ließ, sagte Victor: »Lass uns nach draußen gehen.«

Nach einer Sekunde folgte sie ihm auf den Balkon und sah in den Himmel.

Unterdessen schlüpfte Kit ins Zimmer und machte sich am Tresor zu schaffen.

»Die Welt wird atemberaubend sein«, hörte er Pandora im Hintergrund. »Alle Menschen werden mich anbeten …«

Kit bemühte sich, nicht hinzuhören, denn er brauchte seine Ohren hier. Langsam begann er am Riegel zu drehen und lauschte. Immer wenn es klickte, hatte er die richtige Zahl gefunden. Ein Hilfsmittel benötigte er nicht, sein Gehör war übermenschlich.

Das erste Klicken. Fehlten noch drei.

Pandora fantasierte noch immer von der düsteren Zukunft.

Das zweite Klicken folgte.

Kit hielt den Atem an und lauschte angestrengt.

»Hast du mein Geschenk dabei?«, fragte sie.

Eine Sekunde herrschte Schweigen. »Ja«, sagte Victor dann. »Aber gedulde dich noch etwas. Ich möchte diesen Moment genießen.«

Drittes Klicken.

Komm schon!

»Ich bin eine ungeduldige Göttin«, widersprach sie. »Ich möchte es sofort haben. Bevor wir uns zurückziehen.«

Würg! Wo ist das verdammte letzte Klicken?!

»Lass uns reingehen!«, sagte sie.

Scheiße!

Da! Endlich!

Kit öffnete den Tresor und blickte ängstlich über die Schulter. Pandora und Victor standen noch auf dem Balkon, nur zehn Meter entfernt von ihm. Zum Glück übertönte das Gewitter die quietschende kleine Tür.

Victor küsste Pandoras Hand, um Zeit zu schinden, ihr Lachen klang wie ein zerspringender Kristall.

Im Tresor befand sich ein kleines Kästchen aus Glas, rechteckig und nicht besonders groß. Es schillerte in unterschiedlichen Grüntönen. Er nahm es und verschloss alles wieder.

Gerade rechtzeitig, wie sich herausstellte. Pandora wandte sich in dem Moment um, als Kit lautlos in den Gang glitt. Mit schnellen Schritten eilte er die Stufen hinab, dann über den Teppich und nach draußen, wo er die Tür zur Veranda zuzog und zu seinen Schuhen ging.

Jetzt zum zweiten Teil der Aufgabe!

Er hielt nach dem besten Weg über den Strand Ausschau. *Da hinten!* Er entdeckte die Felsen, von denen sie gesprochen hatten, hüfthoch und spitz ragten sie aus dem Boden, nicht weit vom Ufer entfernt.

Die Finsternis war sein Freund, als er geduckt dort hinschlich. Bei jedem Schritt versank er im feuchten Sand, einige Körner gelangten in seine Schuhe, was sehr unangenehm war.

Ein kühler Wind kam auf, schließlich erreichte er die Stelle. Vorsichtig legte er das Kästchen in eine kleine Felsspalte.

So, das war's! Unbemerkt suchte er das Weite und kehrte über denselben Weg zum Auto zurück.

Die anderen wirkten sehr erleichtert, als sie ihn sahen.

»Hat es geklappt?«, fragte Akira.

Kit nickte. »Ich bin Profi!«

»Was nun?«, wollte Jones wissen. »Werden wir einfach hier sitzen bleiben und hoffen?«

»Warum nicht?« Emilio klang hoffnungsvoll.

»Seht ihr die höheren Felsen, die näher bei uns liegen?«, fragte Akira. »Dort können wir uns verstecken und sollte etwas schiefgehen, aus der Deckung heraus angreifen.«

Er zog seinen Schwertgurt enger.

»Wie hast du es eigentlich geschafft, ein Schwert durch die Kontrolle zu bringen?« Jones schien eifersüchtig.

»Schleierstaub«, sagte Akira.

»Ich sollte so was auch immer bei mir haben«, überlegte Jones.

Akira reichte ihm seinen Dolch, damit er ebenfalls eine Waffe zur Verfügung hatte.

»Emilio und Kit, ihr solltet euch im Hintergrund halten, egal was geschieht«, befahl er.

Sie stiegen aus dem Auto und machten sich auf den Weg.

In Kits Brust wallte Aufregung auf. Er würde sich ansehen, wie das hier ausging, und anschließend klammheimlich verschwinden.

Emilio

W*as zur Hölle mache ich hier eigentlich?*, fragte Emilio sich, während er in Deckung ging.

Ein Teil von ihm wollte sich Jones schnappen und von hier abhauen. Aber das konnte er nicht. Jones war ein Akasha, er musste das hier erledigen, auch wenn Emilio sich wünschte, es wäre anders.

Doch er würde an seiner Seite bleiben, egal was passieren würde.

»Da sind sie«, flüsterte Jones.

Pandora und Victor kamen aus der Villa direkt auf den Strand zu, wie geplant. Die Frau trug keine Schuhe, ihre Füße sanken in den Sand. Victors Blick schweifte zu dem Versteck, in dem die Büchse lag.

»Dein Werk ist gigantisch«, lobte Victor, als weitere Blitze über ihnen zuckten.

»Ich weiß!« Pandora hob die Arme, als wäre sie allmächtig, und schloss genießerisch die Augen.

Dann runzelte sie die Stirn.

Sie merkt, dass etwas nicht stimmt!

Ihre Nasenflügel blähten sich raubtierhaft und sie neigte den Kopf, als würde sie lauschen.

»Ist alles in Ordnung, meine Liebste?«, fragte Victor.

Pandora schlug die grünen Augen auf. »Hier ist jemand. Ich rieche Menschen.«

»Hier gibt es viele Menschen«, sagte Victor. »Kann sein, dass welche vorbeigekommen sind, immerhin gibt es in der Nähe weitere Häuser. Ich habe dieses Versteck mit höchster Vorsicht ausgesucht.«

Sie schüttelte gemächlich den Kopf, als ließe sie sich nicht beirren. »Nein, sie sind ganz nah, ich rieche ihren Schweiß.«

Ihr Blick wanderte über den Strand. Langsam und eindringlich, sodass es Emilio einen Schauder versetzte. Als sie in ihre Richtung sah, hielt er den Atem an.

Und verharrte.

Nein! Sie waren im Schatten der Felsen verborgen. Pandora konnte sie nicht sehen. Das war unmöglich. Er fürchtete den nächsten Blitz, der die Nacht erhellen und sie verraten würde.

Aber das war gar nicht nötig, Pandora schien sich auch so schon sicher zu sein und kam näher, während sie die Felsen fixierte.

Akira wartete nicht. Er gab Jones ein Zeichen und kletterte den Felsen hoch. Obwohl Donner grollte und der Regen laut prasselte, glaubte Emilio seinen Herzschlag zu hören. Auf jeden Fall konnte er ihn mehr als deutlich spüren. Die Temperatur war im Vergleich zu den letzten Tagen deutlich gesunken, dennoch badete er in Schweiß. Angstschweiß!

Als Pandora nur mehr wenige Meter entfernt war, fiel ein Schatten auf sie.

Akira!

Er war vom Felsen gesprungen. Pandora bemerkte es zu spät. Sie wich aus, indem sie sich zur Seite drehte, doch Akiras Schwert verpasste ihr trotzdem einen tiefen Schnitt am Oberarm.

Sie kreischte auf.

Akira zögerte nicht, er duckte sich unter ihrer Klaue hinweg und bohrte ihr mit einer fließenden Bewegung die Klinge ins Herz.

Emilio stockte der Atem. War sie besiegt? War alles gut?

Pandoras Augen waren weit aufgerissen, Blut durchtränkte ihr Kleid. Ihre Hände griffen nach der Waffe, als wollte sie diese herausziehen. Sie umklammerte sie so fest, dass die scharfen Kanten ihre Haut durchdrangen, mehr dunkelrote Flüssigkeit bedeckte das Metall.

Dann lachte sie.

Es war ein Lachen, welches von überall her widerhallte, lauter als der Donner und die Blitze, als wäre sie überall. Als erfüllte sie die Luft. Der Klang war so unerträglich, dass Emilio sich am liebsten die Ohren zugehalten hätte.

Was als Nächstes geschah, war unfassbar. Die Runen an der Klinge leuchteten kurz auf und verblassten, das gesamte Schwert wurde aschfahl und zerfiel zu Staub, den der Wind davontrug.

Verdammte. Scheiße!

Gar nicht gut!

Eine Welle der Panik glitt durch Emilios Körper. Das Adrenalin drängte ihn dazu, wegzulaufen.

Hasserfüllt starrte Pandora Akira an. Sie zog ihren Arm zurück, ihre Hand zu einer Klaue gebogen. Etwas Blaues begann darin zu knistern und zu funkeln, als würde es sich aufladen. Ruckartig streckte sie den Arm nach vorne und schleuderte einen langen Energieblitz. Akira versuchte dem Angriff zu entgehen und warf sich zur Seite. Der Blitz traf ihn dennoch an den Rippen und warf ihn einige Meter nach hinten, während sein Körper sich einmal um sich selbst drehte. Die Landung sah gelinde gesagt schmerzhaft aus.

»NEIN!« Jones trat aus den Schatten der Felsen heraus. Sein Arm zuckte genauso schnell vor wie Pandoras eben. Ehe Emilio sich's versah, steckte ein Dolch in deren Hals.

Ihre Augen waren weit aufgerissen. Sie griff nach der Waffe und zog sie heraus. Das Blut, das wie ein Fluss aus der Wunde sprudelte, war nun pechschwarz und versiegte im Sand. Auch diese Waffe zerfiel zu Nichts. Pandoras Pupillen wurden dunkel und schlitzförmig, sie fletschte die rasiermesserscharfen Zähne und fauchte Jones an.

Der Sturm wurde schlimmer, das Meer schien unnatürlich dunkel, die Wellen schlugen meterhoch. Der Wind pfiff zwischen den Felsen hindurch. Im grauen Himmel verschob er Wolken und wurde zu einem Wirbelsturm, der mit der Meeresoberfläche zusammentraf.

Ein lauter Knall hallte von allen Seiten her wider.

»Ich glaub, sie ist echt sauer«, entfuhr es Jones.

Ein roter Blitz zeigte sich und als er verblasste, regnete es. Dunkle Seile fielen herab. Was war das? Das waren …

»Schlangen!«, entfuhr es Emilio. *Wieso ausgerechnet Schlangen?*

Sie waren nicht besonders groß, ihre Haut wirkte glitschig und dunkel. *Überall!* Emilio trat auf sie, einige fielen ihm auf den Kopf. Er hielt es nicht mehr aus! *Igitt! Oh Gott!*

Plötzlich begann der Boden sich zu bewegen, erst dachte er an ein Erdbeben, doch das war es nicht. Der Sand sackte unter Jones zusammen und ließ ihn knietief einsinken.

Pandora lächelte auf ihn herab, die Wunden an ihrem Körper hatten bereits aufgehört zu bluten.

Da! Unter der Oberfläche bewegte sich etwas. Egal was es war, es war lang und gewaltig.

Bitte nicht!

Jones sah zu ihm zurück. »Verschwinde! Bring dich in Sicherheit!«

»Ich lass dich nicht allein!« Den Teufel würde er tun!

Eine Schlange schlüpfte in sein Hosenbein, er schüttelte sich, bis sie herauskullerte. Inzwischen kroch weiteres Ungeziefer herum. Spinnen,

Insekten … Man konnte nur erahnen, wie eine Welt mit Pandora aussehen würde.

Die Göttin hob die Arme in einer beschwörenden Geste.

Schlagartig war das Etwas im Sand direkt vor Jones, schoss blitzschnell heraus. Es war eine riesige Schlange, viel größer als die anderen. Ihr Leib war so breit wie Jones, Sand rieselte davon herab. Ihr Maul wurde noch gewaltiger, als sie es aufriss. Ihre Fänge waren spitz, Gift rann von ihnen, kam im Sand auf und fraß sich hinein. Die Zunge war lang, gespalten und zuckte ohne Unterlass.

»Jones«, schrie Emilio, als das Vieh über diesem aufragte, sich bog und zum Angriff bereit machte. Doch der konnte nicht ausweichen. Seine Beine steckten im Sand fest, egal, wie sehr er versuchte freizukommen.

Emilio wollte sich nach vorne werfen. Wahrscheinlich wäre es sinnlos und sie würden beide gefressen werden, doch er konnte ihn nicht im Stich lassen. Er musste irgendetwas tun. Wieso hatten sie denn nicht mehr Waffen!?

Das Untier zischte.

Gerade als er losrennen wollte, hielt ihn jemand zurück.

Kit! Der grinste ihn an und hielt ihm einen weiteren Dolch hin.

Woher? War das Elias' Waffe? Dieser kleine, gerissene Dieb!

Emilio nahm ihn und warf ihn zu Jones.

»Nimm!«

Die Waffe schlitterte über den Sand. Das Monster beugte sich über Jones, sein Maul fuhr herab und … er griff den Dolch und riss ihn vor sich hoch. Die Klinge bohrte sich in den Rachen des Untiers. Es spie Blut und begann zu röcheln, als es zurückwich. Sein gigantischer Körper wand sich und brach schließlich zusammen. Bei ihm schienen die Runen zu funktionieren, denn statt der Waffe zerfiel das Wesen zu Asche.

Gott sei Dank!

Emilio eilte zu Jones und half ihm aus dem Sand. Es erforderte ziemlich viel Kraft, aber sie schafften es. Schwer atmend standen sie auf.

Pandora gab einen verärgerten Laut von sich, ihre Haare wehten im Sturm. Akira war wieder auf den Beinen und griff sie von hinten an. Mühelos schleuderte sie ihn weit von sich. Jones lief auf sie zu und sprang mit den Beinen voraus durch die Luft. Doch er sollte sie nicht erreichen.

Pandora hob die Hand, sie leuchtete blau auf. Jones erstarrte in der Luft. Wütend vollzog sie eine entsprechende Geste, Jones' Körper wurde zurückgerissen und wie eine Puppe ans Ufer geworfen, wo er reglos liegen blieb.

Nein! Das durfte nicht sein. Ihm durfte einfach nichts passiert sein!

Emilio wollte zu ihm, aber Pandora war schlagartig vor ihm, ihre schlanke Hand lag plötzlich um seinen Hals und hob ihn von den Beinen. Er bekam keine Luft und der Griff schmerzte. Verzweifelt zappelte er mit den Beinen, trat sie, zerkratzte ihren Arm. Es zeigte keinerlei Wirkung, unerbittlich drückte sie zu.

Aus und vorbei! Sie hatten versagt!

Emilios Blick wurde trüb. Er sah den sturmumtosten Himmel, hörte Pandoras Lachen in seinen Ohren, fühlte, wie die Kraft aus seinem Körper wich, seine Glieder schlapp wurden und seine Gedanken erlahmten …

»Pandora!«

War die Stimme real? Oder war er bereits so weit, ins Jenseits zu gleiten?

»Meine Göttin!«

Victor?

Der Würgegriff wurde etwas lockerer, ein kleiner Luftstrom zog sich schmerzhaft in seine gequälten Lungen.

Pandora wandte ihren Blick Victor zu. Der sah sie an, als wäre er soeben erleuchtet worden. Er sank auf die Knie und bewunderte sie.

»Ihr seid es wirklich«, sagte er. Seine Augen waren voller Faszination und Ergriffenheit. »Lange habe ich gewagt zu hoffen und nun bin ich mir sicher!«

»Sicher?«, fragte Pandora und legte den Kopf schief, während sie auf ihn herabblickte.

Victor nickte hastig. »Ihr seid die Göttin, die ich gesucht habe. Endlich! Nach so langer Zeit! Jetzt seid Ihr bereit, mein Geschenk zu erhalten!«

Ah! Victor spielte seine Ergebenheit und Ehrfurcht so ausgezeichnet, dass Emilio darauf hereingefallen war.

Mit einem Mal desinteressiert ließ Pandora von ihm ab und warf ihn achtlos von sich. Unsanft kam er im Sand auf. Er hustete schmerzerfüllt, sein Körper zitterte, die Gischt peitschte gegen ihn und er bekam etwas Wasser in den Mund. Angewidert spuckte er es sofort wieder aus. Es schmeckte nicht nach Salz, eher als wäre ein Öltank ausgelaufen.

Victor kniete weiter vor Pandora, die nun näher kam. Er hielt eine mit grünem Samt bezogene Schatulle in den Händen.

»Was ist es?«, fragte Pandora erwartungsvoll, ihre Stimme war irgendwie unmenschlich und hallte immer noch wider, man hörte sie selbst im Sturm überdeutlich.

»Ich habe keine Kosten und Mühen gescheut, um es Euch überreichen zu können, meine Göttin!«

Victor klappte die Schatulle auf. Es befand sich eine Halskette darin.

Pandora keuchte, ihre Augen wurden heller und sie war wie gebannt.

»Poseidons Perlen!«, stöhnte sie erstaunt. »Wo hast du sie gefunden?«

Da Emilio nicht davon ausging, dass Victor eine Antwort darauf hatte – keiner hatte gewusst, was die Büchse offenbaren würde –, war er erleichtert, dass Pandora nicht nachhakte, sondern die rechte Hand ausstreckte, um ihr Geschenk entgegenzunehmen.

Hoffentlich!

Sie zögerte einen Atemzug. Mit verschwommenem Blick sah Emilio, wie ihre Hand verharrte.

Bitte! Nimm die verfluchte Kette!

Andernfalls wäre alles verloren!

Sie biss sich auf die Lippe, konnte aber nicht widerstehen. Ihre Finger umfassten die Perlen, die zweite Hand folgte, ihr Mund öffnete sich begeistert.

»Sie sind meiner würdig!«, hauchte sie.

Die Freude endete, als sich die Form der wunderbaren Perlen veränderte. Die Illusion fiel in sich zusammen, ein grünes, zähflüssiges Licht wand sich um ihre Handgelenke. Mit angsterfüllter Miene wollte sie zurückweichen, doch es gelang ihr nicht.

»Nein! Nein!«, schrie sie hysterisch, während die Fesseln sie an sich zogen, ihre Unterarme verschwanden bereits in der Büchse!

Es funktioniert!

Zornerfüllt starrte sie Victor an. »Du! Ich werde dich töten! Ich werde euch alle töten, die gesamte Menschheit werde ich auslöschen!«

Der Sturm tobte unheilvoll, das Ungeziefer quietschte und zischte. Pandora wand sich voller Verzweiflung, das Licht breitete sich über ihrem Körper aus. Sie wollte entkommen, mit aller Kraft. *Keine Chance!* Der Sog war mächtiger.

»Victor!«, versuchte sie es erneut, diesmal war ihre Stimme unschuldig und sanft. »Rette mich! Wir beide werden die Welt beherrschen! Königin und König!«

Doch der lächelte kühl. »Ich habe herausgefunden, dass wir eine Gemeinsamkeit haben, Pandora. Wir teilen unsere Macht nicht gerne!«

Ihr Gesicht verzerrte sich zu einer Fratze. Dann wurde es hell. Das Licht war so strahlend, dass Emilio die Augen schließen musste.

Einen Moment später war es vorbei. Die Nacht war zurück, allerdings war sie nun ruhig, der Wind war jetzt ganz sanft und leise, die Wellen rauschten sachte. Der Himmel war klar, der Mond schien auf sie herab, das Ungeziefer war verschwunden!

Das Kästchen war geschlossen. Es hatte seine Form geändert und sah nun aus wie eine silberne Büchse. Grüne Glyphen leuchteten auf und zeigten die Stelle an, wo sie versiegelt war.

Victor kippte zurück in den Sand und atmete laut. Er war wohl erschöpft, wie alle anderen auch.

Jones!

Halb laufend, halb stolpernd eilte Emilio zu dem regungslosen Körper. Er tätschelte mit der Hand gegen Jones' Wange, legte sein Ohr an dessen Brust, um sein Herz zu hören.

Es schlug!

Jones hustete und sah ihn benommen an. »Du siehst furchtbar aus. Haben wir gewonnen oder sind wir tot?«

Emilio grinste. »Pandora ist in der Büchse«, teilte er ihm mit. »Ich bin so unendlich froh, dass dir nichts passiert ist!« Er half ihm in eine sitzende Position und umarmte ihn.

»Au!«, zischte er.

Emilio ließ ihn los. »Was ist los? Wo hast du Schmerzen? Bist du verletzt?«

»Nein, ich hab mir bloß ein paar Rippen gebrochen.«

»Das ist nicht witzig«, tadelte Emilio.

»Sollte kein Scherz sein.« Jones hob sein Hemd an. Um seinen rechten Rippenbogen zeigten sich Blutergüsse. »Ich denke, ich bin auf einem Stein oder so aufgeschlagen.«

»Fuck! Du musst in die Klinik, das könnte innere Verletzungen verursacht haben …!«

Jones küsste ihn und brachte ihn so zum Schweigen. »Keine Panik. Das wird schon.« Er stützte sich schwer auf ihn, als Emilio ihn auf die Beine stellte. »Wo sind alle?«

Victor lag noch im Sand. Er wirkte nicht besonders begeistert. Akira war bereits bei ihm und legte ihm Handschellen an, bevor er Gelegenheit bekam, zu entwischen.

»Ich kann's nicht fassen«, schnaufte Akira. »Es hat tatsächlich funktioniert! Weißt du, was das bedeutet?«

»Ja«, meinte Jones. »Wir haben die Strandparty verpasst.«

Emilio warf ihm einen Blick zu. »Du bist unverbesserlich.«

Sein Gegenüber grinste, doch sein Gesicht wurde gleich daraufhin schmerzverzerrt, er griff sich an die Seite.

»Ab ins Krankenhaus«, kommandierte Emilio. »Du auch, Akira? Bist ganz schön durch die Gegend geflogen.«

Akira brummte. »War kein Vergnügen! Doch als Erstes muss ich die Büchse und Victor in mein Zimmer bringen.«

»Pflichtbewusst wie immer«, sagte Jones. »Wir gehen zusammen und helfen dir, danach machen wir einen Besuch in der Klinik.«

»Passt auf, dass ihr Saskia nicht über den Weg lauft«, erinnerte ihn Akira.

Ach, die war ebenfalls dort? »Werden wir.«

Jones hob den Dolch aus dem Sand, die Bewegung schien anstrengend für ihn zu sein. »Woher hattest du den eigentlich?«, fragte er.

»Kit hat ihn Elias geklaut«, sagte Emilio.

Akira sah sich um. »Wo ist der eigentlich?«

Flüchtig glitt ihr Blick über den Strand.

»Ich fürchte, er hat sich davongestohlen«, sagte Jones. »Eigentlich war das zu erwarten, oder?«

»Du hast ihm sowieso versprochen, ihn gehen zu lassen«, sagte Emilio.

»Ja, hab ich. Aber …« Akira wirkte irgendwie … enttäuscht? »Egal, ist besser so.«

»Lasst uns gehen, ich hab erst mal genug vom Strand«, sagte Jones.

Da konnte er ihm nur zustimmen.

13

Jones

Nachdem sie Victor und die Büchse in Akiras Hotelzimmer gebracht und sicher verstaut hatten – die Büchse zum Buch in den Tresor, Victor neben Elias schlafend auf dem Tisch –, gab Akira ihnen seine Kreditkarte. Sie würden sie gebrauchen können. Er selbst kam nicht mit.

»Ich hatte schon schlimmere Verletzungen«, sagte er. »Bin im Sand gelandet, es war dieser Blitz, der mich ausgeknockt hat.«

Emilio und Jones nahmen ein Taxi, die Nacht war noch tiefdunkel, als sie das Krankenhaus erreichten. Sobald man dort festgestellt hatte, dass sie beide Touristen und Gäste eines angesehenen Hotels waren, war ihre Wartezeit vorüber.

Der Arzt war ein untersetzter Grieche mit Halbglatze und freundlichen Augen. Er war der deutschen Sprache mächtig, wenn auch nicht fließend. Jones hätte es nichts ausgemacht, wenn es anders gewesen wäre, er konnte ja ein bisschen Griechisch.

»Das sieht nicht gut aus«, meinte der Mediziner, als er einen Blick auf Jones' malträtierten Rippenbogen warf. Vorsichtig tastete er die rot und blau verfärbte Stelle von der Größe eines Fußballs ab. »Tut das weh?«

Als Antwort zog Jones zischend die Luft ein.

»Tut es beim Atmen weh?«

Er überlegte und testete es. »Ja, irgendwie schon.«

»Tut das Atmen weh oder die Bewegung des Brustkorbes?«, wurde der Arzt genauer.

Ah! Er verstand, was er meinte. Jones atmete noch einmal ein und aus. »Ich glaube Letzteres.«

»Gut, bitte setzten Sie sich auf, ich höre Ihre Lunge ab.«

Er tat wie ihm geheißen. Nachdem er fertig war, nahm er das Stethoskop weg und lächelte. »Mit der Lunge scheint alles in Ordnung zu sein.«

Emilio neben ihm atmete erleichtert aus.

»Aber zur Sicherheit, dass keine inneren Orange gequetscht wurden, werde ich weitere Untersuchungen veranlassen«, fuhr er fort und versprach: »Sie kommen sofort dran! Wie ist das eigentlich passiert, wenn ich mir die Frage erlauben darf?«

»Ähm … Ich bin unglücklich gefallen und auf einem Felsen gelandet, am Strand.«

»Oh! Da hatten Sie Glück, dass nichts gebrochen ist«, meinte er.

»Ich hab mir noch nie was gebrochen.« Jones grinste und klopfte dreimal auf den Holztisch neben sich.

Emilio öffnete den Mund, sicher um zu fragen, was das sollte, unterließ es allerdings.

»Und was ist mit Ihnen passiert?«, erkundigte sich der Arzt und deutete auf seinen Hals.

Wenn man genau hinsah, erkannte man auf ihm noch Pandoras Fingerabdrücke.

Überrumpelt stammelte Emilio nur *Äh* und *Also* … Anscheinend war er so auf Jones konzentriert gewesen, dass er sich selbst völlig vergessen hatte. *Wie süß!* Er half ihm aus der Patsche. »Wir waren in eine Schlägerei verwickelt.«

Der Arzt bekam große Augen. »Mit wem? Möchten Sie Anzeige erstatten?«

»Mit anderen Touristen«, sagte Jones eilig, um ihn zu beruhigen. »Wir haben ihnen auch ziemlich zugesetzt und uns geeinigt, es ohne Polizei zu regeln.«

»Wie Sie wünschen. Darf ich?«

Emilio nickte, als der Arzt die Hände hob und seine Kehle abtastete. »Tut das weh?«

»Ja«, erwiderte Emilio.

»Bitte schlucken!«

Emilio tat es mit schmerzverzerrter Miene.

»Ihr Kehlkopf scheint okay zu sein«, erklärte der Arzt. »Haben sie weitere Beschwerden, abgesehen von Schmerzen?« Er machte sich Notizen auf seinem Klemmbrett.

Sein Patient überlegte kurz. »Nein.«

»Sollten welche auftreten, bitte geben Sie Bescheid.« Der Mediziner steckte den Kugelschreiber in die Brusttasche und wandte sich zum Gehen. Es dauerte nicht lange und Jones wurde für Röntgenbilder und dergleichen abgeholt. Er hasste Krankenhäuser. Nun, wer tat das nicht? Nach einer gefühlten Ewigkeit wurde er in ein Zimmer gebracht, in dem Emilio bereits auf ihn wartete, und bekam ein Schmerzmittel verabreicht. So war es gleich viel besser, musste Jones sich eingestehen. Aber er wollte keinesfalls bis Sonnenaufgang hierbleiben.

»Ich hab Hunger«, beschwerte er sich.

»Und ich bin froh, dass es dir halbwegs gut geht.« Emilio gab ihm einen Kuss.

Jones leckte sich über die Lippen. »Mehr!«

Emilio lachte.

»Ich hoffe, der Arzt kommt bald und stellt die Diagnose.«

»Soll ich dir einen Snack holen, damit das Warten erträglicher ist?«

»Von wo?«

»Ich hab im Erdgeschoss einen Automaten gesehen«, verriet Emilio.

»Worauf wartest du?«

Emilio machte sich auf den Weg. Bereits fünf Minuten später begann Jones ungeduldig zu werden. Er lehnte sich zurück, schob einen Arm unter seinen Hinterkopf und seufzte. Sein Magen knurrte. Unglücklich sah er auf seine Verletzung herab. Schmerzen mochte er nicht besonders, genauso wenig wie Schmerzmittel.

Wir haben Pandora besiegt!

Dieser Gedanke wiederum machte ihn glücklich. Vielleicht würde seine Hilfe in dieser Sache dazu beitragen, dass er seinen Job behalten durfte.

Was sollte er machen, wenn er kein Akasha mehr war? Er fühlte, es war seine Bestimmung, einer zu sein. Jeder andere Beruf würde ihn langweilen.

Emilio würde sich wahrscheinlich freuen, dachte Jones. Immerhin hasste der Gefahr.

Jemand klopfte an die Tür. Er runzelte die Stirn.

»Ja?«, fragte er misstrauisch. Emilio würde nicht anklopfen. War es der Arzt? Er lag mit beiden Vermutungen falsch: Eine schlanke, hochgewachsene Frau kam herein und schloss die Tür hinter sich.

Jones' Gemütszustand verschlechterte sich. »Hallo, Saskia«, grüßte er und richtete sich im Bett ein wenig auf. Die Infusionsnadel schränkte seine Bewegungsfreiheit ein, damit kam er sich hilflos vor.

Hoffentlich wollte die Frau keinen Ärger machen. Die Nacht war anstrengend genug gewesen.

»Hallo, Jones«, erwiderte sie. Mit ihrem Akzent klang alles, was sie von sich gab, wie eine Drohung. Sie kam auf ihn zu. »Wie geht es dir?«

»Interessiert dich das wirklich?«, fragte Jones.

»Ich möchte nur auf den neusten Stand kommen«, gab sie zu. »Was hab ich verpasst, nachdem Elias zu diesem Akira gegangen ist? Er meldet sich seitdem nicht mehr.«

Sie zog eine zerbeulte Zigarettenschachtel aus ihrer hinteren Hosentasche, nahm eine Zigarette und ein Feuerzeug heraus und zündete sie an.

Jones hustete, er hasste Zigarettenrauch! »Rauchen ist hier verboten.«

Als Antwort erhielt er lediglich ein Achselzucken.

»Bitte, öffne das Fenster, sonst ersticke ich«, versuchte er es noch mal.

Mit einem unsympathischen Lächeln riss Saskia das Fenster weit auf. Kalte Luft kam herein, es stank dennoch. Konnte sie nicht wieder gehen?

»Elias wurde festgenommen, er ist aufgeflogen«, teilte er ihr mit, um ihren Fortgang zu beschleunigen.

Sie verdrehte enttäuscht die Augen. »Hatte ich mir schon fast gedacht.« Sie pustete eine graue Wolke aus.

Jones verzog angewidert den Mund.

»Dann ist er noch bei Akira?«, wollte sie wissen. »Mit dem Buch?«

»Und der Büchse«, erzählte Jones stolz.

Verwundert starrte sie ihn an, nahm einen tiefen Zug von ihrer Zigarette, drückte diese am Fensterrahmen aus und schnippte sie weg. »Wie das?«

Ob es schadete, es ihr zu sagen? Sie würde es ohnehin bald erfahren. »Wir haben Victor in Gewahrsam.«

Sie fluchte in ihrer fremden Sprache. »Männer sind alle nutzlos und unfähig.«

»Wie geht es Svend?«

»Er wurde operiert, sein Arm wurde genäht«, sagte sie. »Ich war den ganzen Tag bei ihm, vor und nach der OP.«

»Hat er es gut überstanden?« Völlig desinteressiert war er nicht. Er wünschte Svend nichts Böses, abgesehen davon, dass er hinter Gitter kommen sollte.

»Ja.« Sie zuckte mit den Schultern. »Er muss noch hierbleiben, sonst entzündet sich die Wunde und so weiter.«

Sie klang nicht begeistert, als hätte sie keine Lust zu warten.

»Das wird schon«, meinte Jones.

Der Geruch störte ihn, er ging einfach nicht weg.

»Was ist mit Pandora?«, wollte sie als Nächstes wissen.

»Die ist wieder da, wo sie hingehört«, sagte Jones. *Und jetzt verschwinde endlich!*

Saskia machte keine Anstalten zu gehen.

»Solltest du nicht zurück zu Svend?«, fragte Jones. »Nicht, dass ich deinen Besuch nicht zu schätzen wüsste …«

Die Tür öffnete sich erneut und diesmal war es Emilio.

»Ohne Nüsse gab es bloß diesen Schokoriegel, magst du den?«, sagte er gerade, dann entdeckte er Saskia und seine Miene verfinsterte sich augenblicklich. »Was machst du hier?«

Ihr Mund bog sich kurz zu einem emotionslosen Lächeln. »Krankenbesuch. Als ich hörte, Jones ist hier, wollte ich nach ihm sehen.«

»Und das hat sie eben getan, um mich auszuquetschen«, sagte Jones. »Jetzt wollte sie gerade gehen, nicht wahr? Bye, Saskia. Bussi!«

In der nächsten Sekunde zog sie etwas aus ihrer Jacke, es blitzte auf und ein Messer lag plötzlich an Jones' Kehle. Anscheinend hatte sie andere Pläne.

»Was soll das?«, knurrte Emilio, überrascht und wütend.

»Ich bin nicht dumm«, fauchte sie. »Wenn Elias geschnappt wurde, werden eure Akasha Svend und mich ebenfalls festnehmen wollen, da wir in magische Angelegenheiten verwickelt sind.«

»Ein Verbrechen, in dem magische Artefakte eine Rolle spielen«, bestätigte Jones.

Sie krallte ihre andere Hand grob in sein Haar und zog daran. »Halt die Klappe!«

»Fass ihn nicht an«, warnte Emilio sie. »Diesmal ist es mir egal, ob du eine Frau bist, ich verpass dir eine!«

Saskia schnaubte abfällig. »Du? Ich hab dich voll verprügelt letztes Mal!«

Emilio biss die Zähne aufeinander. »Heute ist es anders.«

»Das bezweifle ich«, sagte Saskia schlicht. »Aber ich habe keine Zeit, mit dir zu spielen.«

»Was bezweckst du damit?«, fragte Emilio.

»Ganz einfach.« Sie hielt die Klinge weiter an Jones' Hals. »Ich werde Jones mitnehmen. Als Absicherung.«

»Wofür?«

»Ihr bekommt ihn wieder im Austausch für …« Sie schob die Unterlippe vor. »Elias? Das Buch? Oder die Büchse?«

Jones begann zu lachen. »Da muss ich dich enttäuschen. Ich bin momentan nicht besonders beliebt im Orden. Die werden dir keine Artefakte aushändigen, meinetwegen.« Ob das stimmte, wusste er nicht, die Ratsmitglieder würden eifrig darüber disputieren.

»Da hat er recht«, steuerte Emilio bei.

»Möglich, dass sich über Elias' Freilassung reden ließe …«, sagte Jones.

»Ohne Artefakte benötige ich keinen Elias«, stellte sie kalt fest. »Fein, dann halt was anderes. Du bleibst bei mir, bis Svend sich ausgiebig erholt hat, anschließend bin ich bereit für einen Austausch. Und die Akasha müssen mich und Svend gehen lassen, vorausgesetzt, sie wollen dich in einem Stück wiederhaben.«

Jones presste zornig seine Lippen zusammen. *Dieses Miststück*. Mit ihr irgendwohin zu gehen war mit Abstand das Letzte, was er vorhatte. Ohne diese verdammte Transfusionsnadel in seinem Arm hätte er schon längst angegriffen.

Unsanft zerrte sie ihn hoch. »Pass auf!«, fuhr Jones sie an und deutete darauf.

»Argh!«, machte Saskia ungeduldig. »Das blöde Ding!«

Jones wollte das Gestell mit dem Infusionsbeutel vor sich herschieben, doch Saskia entschied sich anders und riss ihm die Nadel einfach aus der Armbeuge.

Er spürte es kaum. Das Schmerzmittel war echt super! Diese Aktion war jedoch ein Fehler gewesen, denn so war Jones frei für eine Attacke. Um sie abzulenken, schrie er auf, als hätte er Schmerzen, packte blitzschnell ihr Handgelenk und verdrehte ihr den Arm.

Sie kreischte, das Messer fiel ihr aus der Hand, aber sie befreite sich und schlug ihm den Ellbogen ins Gesicht. Es tat ein bisschen weh, Jones wollte nicht wissen, wie es ihn schmerzen würde, nachdem die Wirkung der Mittel aufhörte.

Der Schlag war fest genug, um ihn auf das Bett zurückzuwerfen. Als er sich aufrichtete, sah er Emilio, der mit dem Schuh gerade das Messer außer Reichweite von Saskia kickte, die sich gebückt hatte, um danach zu greifen. Ruckartig richtete sie sich auf, Emilio entging ihrem Kopf nur knapp.

Saskia machte sich für einen weiteren Angriff bereit, hob die Fäuste, doch Emilio versetzte ihr einen Stoß. Sie taumelte rückwärts, ruderte mit den Armen. Die Zeit schien stillzustehen. Letztendlich verlor sie das Gleichgewicht, sie schrie und fiel … aus dem geöffneten Fenster.

Jones klappte die Kinnlade herunter, Emilio riss die Augen auf. »Mein Gott! Das tut mir leid, das war keine Absicht!«

Beide stürmten sie zum Fensterbrett. Das Zimmer lag auf der Hinterseite des Gebäudes, hier war keine Straße und somit gab es keine Beleuchtung, erst entfernt befand sich eine Laterne.

»Erkennst du was?«, fragte Emilio, kniff die Augen zusammen und blickte in die Dunkelheit.

Angestrengt sah auch Jones nach unten in den Hof. »Sind das Büsche?«

»Kann sein«, bestätigte Emilio. »Denkst du, ihr ist was passiert?«

»Wir sind im ersten Stock, wenn sie auf den Büschen gelandet ist, hat sie sich vielleicht lediglich einen Knochen gebrochen«, sagte Jones.

Emilio sah ihn böse an.

»Was? Du bist hier die Killermaschine!«

»Ich bin keine …« Emilio raufte sich die Haare. »Warum war das Fenster überhaupt offen?«

»Sie hat geraucht, da hab ich sie gebeten, es zu öffnen, konnte ja nicht ahnen, dass du sie gleich rauswirfst. Aber sieh es einfach positiv.«

»Positiv?«

»Wenn es geschlossen gewesen wäre, müssten wir erklären, wieso es kaputt ist«, sagte Jones.

»So fest hab ich sie nicht geschubst«, widersprach Emilio und hielt weiter hektisch nach Saskia Ausschau. »Ich sehe sie nicht. Was machen wir jetzt?«

Bevor Jones darauf antworten konnte, kam jemand herein.

Der Arzt! Er hielt sein Klemmbrett in der Hand.

»Sie sollten nicht aufstehen«, sagte er perplex, als er die zwei musterte. Er bemerkte die Nadel am Boden.

»Entschuldigung«, sagte Jones. »Ich hatte einen Panikanfall und wollte frische Luft.« Er schnaufte fester, um das zu unterstreichen.

Emilio tätschelte ihm den Rücken. »Geht es besser?«

»Ja, danke.« Er kehrte zum Bett zurück.

»Die Infusion war fast fertig.« Der Arzt und deutete auf den Beutel. »Also ist es nicht so tragisch. Nächstes Mal rufen Sie doch bitte die Schwester.« Er zeigte auf den Rufknopf.

Jones nickte. »Es ging alles so schnell.«

Der Arzt blätterte seine Dokumente durch und sah eine Seite genauer an. »Perfekt. Es sieht gut aus. Soweit ich dies im Augenblick beurteilen kann, scheinen sie keine inneren Verletzungen davongetragen zu haben, Mr. Jones.«

Emilio pustete die Luft aus. »Das erleichtert mich sehr.«

»Mich ebenso. Kann ich gehen?«, fragte Jones.

»Lieber würde ich Sie ein paar Tage zur Beobachtung hierbehalten. Die Entscheidung liegt aber bei Ihnen.«

»Morgen geht unser Flug heimwärts«, erklärte Jones.

Der Arzt machte ein verständnisvolles Gesicht. »In dem Falle melden Sie sich, sollten Sie das Gefühl haben, die Reise nicht zu schaffen.«

»Vielen Dank!« Jones schüttelte ihm die Hand.

Man gab ihm Rezepte für Schmerzmedikamente und eine Rechnung über die Krankenhauskosten.

»Akira wird über die Abrechnung nicht erfreut sein«, stellte Jones fest.

»Beeil dich.« Emilio schob ihn förmlich aus dem Krankenhaus.

Jones hatte Saskia beinah vergessen. Sie gingen ums Haus herum, bis sie unter dem Fenster standen, von dem sie annahmen, es wäre das seines Zimmers. Hier befanden sich tatsächlich einige dicke Büsche, ein paar Äste waren geknickt.

»Keine Spur von ihr«, sagte Jones nach kurzer Suche. »Die ist abgehauen!«

»Soll mich das freuen?«, überlegte Emilio.

Jones schlang müde die Arme um ihn. »Lass uns ins Hotel gehen, ich bin total fertig.«

»Du hast recht!«

Sie riefen ein Taxi.

In der Anlage angekommen begegneten sie Sasha. Arbeitete der immer? Er hob eine Augenbraue, als sie hereinkamen. Anscheinend war er nicht mehr überrascht, sie jedes Mal in katastrophalem Zustand vorzufinden.

»Kann ich etwas für Sie tun?«, fragte er höflich.

»Nein, wir wollen aufs Zimmer, danke«, sagte Emilio.

Sasha wirkte ein wenig erleichtert, oder war das Einbildung? Wer konnte es ihm verübeln? Sicher hatte er nie zuvor so viel Stress und Chaos gehabt wie in dieser Woche.

Endlich auf dem Zimmer ließen sie sich angekleidet aufs Bett fallen.

»Hast du noch den Schokoriegel?«, fragte Jones.

Emilio reichte ihm die Packung. Jones öffnete sie und knabberte an einer Schokostange, dann ließ er den Kopf zurück auf Emilios Brust sinken und schluckte. Er war zu müde, um weiterzuessen.

»Die Sonne geht gleich auf«, flüsterte Emilio und gab ihm einen Kuss auf den Scheitel.

Jones hörte die Worte und im nächsten Moment war er eingeschlafen.

Emilio

Ein Geräusch drang durch das Gewirr seiner Träume in sein Bewusstsein und weckte ihn. Mittlerweile hasste er das Klingeln seines Handys. Als Emilio die verklebten Augen endlich aufbekam, hatte es schon aufgehört zu läuten.

Langsam regte er sich, alles tat ihm weh, er spürte jeden einzelnen Muskel. Sein Arm war eingeschlafen, Jones lag immer noch darauf. Emilio küsst ihn auf die Stirn und er schlug die Lider auf.

»Guten Morgen«, sagte Emilio.

»Morgen«, nuschelte Jones und rollte zur Seite.

Blut floss in sein abgestorbenes Körperteil, sodass es kribbelte. »Willst du ein wenig weiterschlafen?«, fragte er. »Der Flug geht erst am Nachmittag. Du fliegst doch mit, oder?«

Jones sah ihn an. »Ich weiß nicht«, gestand er. »Ich muss noch mal zu Akira und das mit ihm besprechen. Und ihm von Saskias Versuch berichten, mich zu kidnappen.«

Emilio verzog den Mund, er wollte sich nicht daran erinnern. »Trotzdem. Das hat keine Eile.« Er kuschelte sich an Jones. »Wir können ja zu Mittag frühstücken.«

Plötzlich war Jones hellwach. »Wie lange ist das Frühstück noch?«

»Bis elf Uhr.«

»Wie spät ist es?«

Brummend blickte Emilio auf sein Handy. »Halb elf.«

Jones sprang auf und wäre beinah über den Bettrand gefallen, hätte Emilio ihn nicht gehalten. Er stöhnte auf.

»Hey! Sei vorsichtig! Du bist verletzt!«

»Daran hat mich mein Körper eben erinnert.« Jones stand auf, diesmal langsamer. »Wer hat dich angerufen?«

»Henri«, sagte Emilio und erhob sich ebenfalls. Seine Kleidung war der Ereignisse wegen immer noch schmutzig, was ihn ein wenig störte.

»Willst du ihn nicht zurückrufen, während ich mich etwas ansehnlicher mache?«, fragte Jones und ging ins Bad.

»Noch ansehnlicher und ich bekomme einen Herzinfarkt«, scherzte Emilio. »Nein, ich fürchte, das Gespräch dauert länger.«

»Ist egal. Du kannst weiterreden und ich esse.«

Nachdem sie sich fertig gemacht hatten so gut es ging, wählte Emilio Henris Nummer. Sie erreichten den Speisesaal und Jones sammelte flink alles Leckere zusammen, während Emilio die Tees für sie beide herrichtete.

»Emilio?«, fragte Henri endlich.

»Du hast angerufen.«

»Ja!«, knurrte sein Bruder. »Um die tausend Mal. Was fällt dir ein, nicht ranzugehen? Ich bin dein Bruder, du kannst mich nicht ignorieren. Mutter dachte, du seist tot. Sonst meldest du dich dauernd und jetzt … nichts!«

»Tut mir leid«, erwiderte er zerknirscht, während er das Handy zwischen Schulter und Wange klemmte, heißes Wasser eingoss und die Beutel in die Tassen legte. »Es war … ich war beschäftigt. Ihr müsst euch keine Sorgen machen, ehrlich. Heute Abend komm ich heim und morgen sehen wir uns dann oder so.«

Ein beleidigtes Schnauben. »Du hast die ganze Zeit nur Trübsal geblasen, nicht wahr?«

»Äh«, kam es von Emilio.

»Dazu musst du nichts sagen, das merke ich. Ich hoffe, du bist stolz auf dich, den schönen Urlaub so zu versauen.« Henri seufzte. »Ist deine Sache. Sag mir, wann du ankommst, ich hol dich vom Flughafen ab, dann musst du kein Taxi nehmen, das hasst du ja so sehr.«

Emilio lächelte und nannte ihm die Uhrzeit. »Du musst mich nicht abholen, es sei denn, du möchtest«, fügte er hinzu.

»Ich möchte«, zickte Henri. »So kann ich dir gleich an den Kopf werfen, wie idiotisch du dich verhalten hast.«

»Alles klar.« Emilios Blick lag auf Jones, der ihm gegenübersaß und fröhlich seine Waffel mampfte. »Bis dann.« Er legte auf, damit er selbst essen und sich mehr auf Jones konzentrieren konnte, solange der bei ihm war.

»Bin stolz auf dich«, schmatzte Jones zwischen zwei Bissen, »dass du gestern nicht ausgeflippt bist.«

»Ich flippe nie aus«, sagte Emilio und nahm einen Schluck Pfefferminztee.

»Wenn wir an den Strand gehen, werden wir voller Sand«, äffte Jones ihn mit verstellter hoher Stimme nach und grinste dabei.

Emilio liebte dieses Grinsen. »Mach nur so weiter und ich nehme dir deine Pfannkuchen weg.«

»Das wagst du nicht!«

Sie aßen auf der Terrasse und Emilio genoss ein letztes Mal die kretische Sonne.

»Wenn wir uns beeilen, können wir noch einen Abstecher nach Heraklion machen, bevor ich zu Akira gehe«, schlug Jones vor.

Emilio überlegte. Sein Flug ging um fünf, gleich war es elf. Noch vor ein paar Tagen hätte er abgelehnt. »Klar, machen wir das! Schließlich hab ich nichts mehr zum Anziehen, außer das langweilige Zeugs.«

Zufrieden prostete Jones ihm zu.

Gleich nach dem Frühstück fuhren sie los. Es war heiß, doch das störte sie nicht, denn in den Läden war es angenehm kühl. Emilio kleidete sich selbst und Jones ein, auf das Geld achtete er diesmal nicht so penibel. Es machte Spaß zu shoppen und er sah toll in den neuen Klamotten aus.

Sie spazierten durch die Stände und Jones erklärte Emilio jede Götterfigur, die sie finden konnten. Alles, was Jones erzählte, fand er interessant.

Gerade rechtzeitig zum Mittagessen – es waren zehn Minuten übrig, bevor der Speisesaal schloss – waren sie wieder im Hotel. Nach einem schnellen Imbiss verabschiedeten sie sich vorläufig.

»Du gibst mir Bescheid, ob du mitfliegst oder nicht?«, sagte Emilio, als sie in der Halle standen.

»Ja!«

»Und du meldest dich, egal was ist?«

Ein Nicken.

»Wir verlieren uns nicht aus den Augen!«

Jones lachte. »Nein, jetzt hast du ja auch meine Nummer.«

»Und pass auf dich auf!«, sagte Emilio nachdrücklich. »Hol die Medikamente und falls du Saskia begegnest, läufst du einfach weg.«

»Wie du willst.«

Sie umarmten sich innig. Jones fühlte sich so gut an, er liebte seinen Duft. Unauffällig schnupperte Emilio an seiner Halsbeuge und schloss einen Moment lang die Augen, bevor sie sich voneinander lösten.

Es brach ihm fast das Herz, als er ihn ins Taxi steigen sah.

Er kommt wieder!

Sie würden nicht lange getrennt sein, höchstens einen Tag. Oder zwei.

Das halte ich nicht aus!

Mit hängendem Kopf ging Emilio auf sein Zimmer und begann seine

Sachen einzupacken. Viel Arbeit war das nicht, immerhin hatte er sich geweigert auszuräumen. Er entdeckte Jones' Sonnenhut auf dem Schreibtisch und steckte ihn in seinen Koffer.

Der tollste Urlaub seines Lebens ging zu Ende.

JONES

Akira war konsequent wie eh und je, als er von Saskias Besuch im Krankenhaus hörte. »Damit hat sie sich selbst noch tiefer hineingeritten«, sagte er. »Diese Tat wird nicht zu einer Milderung der Strafe beitragen.«

»Wann kommen die anderen Krieger an?«, fragte Jones.

»Sie kommen mit dem Flugzeug, mit dem Emilio wegfliegt.«

Jones spürte, wie sich seine Mundwinkel nach unten verzogen. »Das bedeutet, wenn ich die Akasha treffe, verpasse ich den Flug.«

Er seufzte schwer.

Akira nickte. »So ist es. Außer du kannst dich zweiteilen.«

Jones setzte sich auf das Bett.

»Du möchtest gerne mit ihm heimfliegen?«, fragte Akira.

»Einer unserer Stützpunkte ist doch sowieso in Österreich«, sagte Jones.

»Zu diesem werden wir auch zurückfliegen, sobald wir das alles hier geregelt haben«, sagte Akira. Er machte eine weitläufige Geste. »Die Büchse, das Buch, Victor, Elias … Irgendwer muss Saskia schnappen und ein Auge auf Svend haben.«

»Das ist mir bewusst.«

»Und jemand muss nach Kit suchen.«

Jones blickte auf. »Kit? Weshalb?«

Akira nahm das silberne Buch in die Hand. »Du hast hier wirklich einen schönen Saustall hinterlassen«, polterte er.

Ihm waren wohl die entflohenen Kreaturen aufgefallen.

»Sorry«, murmelte Jones. »Die grauen Seiten hab ich schon erledigt. Den Zerberus hat Kit gerufen, aber Medusa und den Garuda … Ich fand

Kit irgendwie ganz nett. Kann nicht glauben, dass er sie einfach so freilässt. Er wirkte so unschuldig.«

»Er hat sie nicht freigelassen«, erklärte Akira. »Ich hab mir das Buch genauer angesehen und bemerkt, dass die Seiten zunehmend graue Flecken bekommen.«

»Was?« Jones' Herz machte einen Satz.

»Die Banne sind zu alt, schätze ich«, fuhr Akira fort und schlug das Buch auf. »Die Dämonen beginnen sich selbst zu befreien.«

»Alles meine Schuld«, murmelte Jones. »Ich hätte verhindern sollen, dass Salomos Bann gebrochen wird.«

»Weiß nicht.« Akira runzelte die Stirn. »Die Banne des Hexers, welcher die Dämonen eingesperrt hat, sind es, welche nicht mehr halten.«

»Das wäre egal, solange Salomos Siegel darüber liegt«, sagte Jones.

»Nicht unbedingt.« Akira sah ihn ernst an. »Womöglich hätte Salomos Siegel nicht standgehalten, wenn die einzelnen Banne zu den Kreaturen gebrochen werden. Vielleicht hat uns deine unreife Aktion letztendlich vor einem Massenausbruch bewahrt.«

»Du meinst, sie wären alle auf einmal durchgedreht?«

»Mit vereinter Kraft. Alle wollen da raus.«

»Die Gefahr ist immer noch da.«

»Aber wir sind uns ihrer bewusst, wir sind vorgewarnt und haben etwas Zeit, das in Ordnung zu bringen«, sagte Akira. »Wir werden einen Weg finden, die Siegel zu erneuern, bevor die Dämonen entkommen.«

Jones' Brust wurde eng, er schluckte. »Wie viel Zeit haben wir?«

»Nicht sehr viel«, erklärte Akira. »Das Buch muss sofort zu unseren Forschern gebracht werden.«

Jones sah ihn fragend an. Akira lächelte.

»Ich muss hierbleiben und alles regeln.« Er klang fest entschlossen. »Du musst mit dem Buch deinen Flieger erwischen und es dem Gremium übergeben!«

Aufregung wallte in Jones auf. »Also flieg ich mit Emilio?«

»Ja!«

Bloß nicht zu fröhlich sein!, mahnte er sich. Akira war kein gefühlsbetonter Mensch.

Er sprang vor und umarmte ihn. »Danke, dass du mir diese Aufgabe anvertraust!«

»Mach deine Sache gut, das wäre dann auch der passende Beweis dafür, dass du das Buch nicht für dich haben wolltest«, meinte Akira gelassen.

Stimmt! Warum sollte er es dem Orden sonst freiwillig geben? Die Akasha mussten einsehen, dass er es nur aus einem Grund gestohlen hatte: um es vor Elias zu schützen.

»Sobald du gelandet bist, wirst du den Orden unverzüglich aufsuchen«, ordnete Akira an.

Jones nickte eifrig. »Ich muss los.«

»Eine Sache wäre da noch.« Akira hielt ihn zurück. »Hast du dir das Buch jemals genauer angesehen?«

»Das schien mir nicht rechtens«, sagte Jones ehrlich.

»Dir scheint ein Dämon entwischt zu sein.« Akira zeigte ihm eine graue Seite.

»Shit!«, entfuhr es Jones.

Die Seite zeigte einen Kitsune.

»Fällt dir etwas auf?«

Jones überlegte. *Was sollte ihm …?*

Akira legte die Finger über die Buchstaben *sune*.

»Kit«, hauchte Jones.

»Genau der.«

»Ich hatte keine Ahnung, ich …«

»Ich dachte ebenfalls, er wäre ein gewöhnlicher Dieb«, gab Akira zu. »Im Nachhinein muss ich sagen, es gab Anzeichen, doch ich war zu beschäftigt mit Pandora und all den Übrigen.«

»Was soll ich tun?«

»Was ich dir gesagt habe«, sagte Akira im festen Ton. »Zuerst muss ich alles andere regeln, danach werde ich mich auf die Suche nach unserem Freund begeben. Wahrscheinlich macht er sich nach Japan auf. Dämonen sind immer dort am mächtigsten, wo ihre Legende zu Hause ist. Ich hoffe, er mischt sich nicht unter die Yakuza.« Er seufzte.

»Bestimmt wird er ein Meisterdieb und stiehlt irgendetwas Tolles«, sagte Jones. »Machst du nie Urlaub?«

»Nein.« Akira schloss das Buch und überreichte es ihm. »Ich hab was für deine Verletzung.« Er reichte ihm einen kleinen Tiegel.

»Eine Wundsalbe? Magisch?«, fragte Jones.

»Sie beschleunigt die Heilung um einiges«, bestätigte er. »Man sollte so etwas immer dabeihaben, genau wie das.« Er gab ihm ein kleines Säckchen. »Für das Buch, damit es unscheinbarer aussieht. Gute Reise, wir sehen uns in ein paar Tagen.«

»Du wirst da sein, wenn über mein Schicksal entschieden wird, oder?«

»Natürlich, ich bin Teil des Gremiums, wie du weißt.«
Das beruhigte ihn ein wenig, immerhin einer, der ihn leiden konnte.

14

Emilio

Deprimiert stellte Emilio mit einem Blick auf sein Handy fest, dass Jones sich nicht gemeldet hatte, also flog er nicht mit. Er stieß ein Brummen aus.

Was hast du dir erwartet?

Die Akasha kamen heute an, Jones hatte einiges zu tun, das wichtiger war. Er wischte mit dem Finger über den kleinen Bildschirm. Am liebsten hätte er ihn angerufen.

Lass ihn seine Arbeit machen und nerv nicht!

Genau! Sperr ihn bloß nicht ein, sonst kommt er nie mehr zu dir zurück.

Jones war ein Freigeist, das hatte Emilio gewusst, als er sich auf ihn eingelassen hatte. Auf keinen Fall wollte er die Klette sein, die ihn nicht in Ruhe ließ. Er steckte sein Handy weg und rollte seinen Koffer zur Tür. Ein letzter Blick durchs Zimmer, ob er nichts vergessen hatte, dann verließ er es.

Fast wäre er mit Barbarella zusammengestoßen. Die Putzfrau stand wohl schon bereit, sein Zimmer für die nächsten Gäste fertig zu machen.

»Kalimera!«, sagte sie lächelnd.

Emilio erwiderte den Gruß.

»Sie checken aus.« Es war keine Frage. »Trinken Sie noch einen Kaffee an der Bar? Das tun viele Gäste, bevor sie abreisen!«

»Ähm, nein.« Emilio kratzte sich im Nacken. »Ich denke, es ist am besten, ich fahre gleich zum Flughafen, so ist es weniger stressig.«

»Ochi.« Sie schüttelte den Kopf. »Der Flughafen ist im Sommer sehr stickig. Trinken Sie einen Kaffee!« Er wollte widersprechen. »Versprechen Sie es!«

Wow! Die Frauen hier waren sehr dominant.

»Ich verspreche es.«

Irritiert nahm er den Fahrstuhl und gelangte in die Eingangshalle. Er seufzte. Eigentlich wollte er schnell hier weg, da er dauernd an Jones denken musste, aber er hielt sein Versprechen und ging zur Bar. Er setzte sich ins Freie und trank einen Kaffee mit Zucker und Milch. Der Blick auf die Palmen, deren breite Blätter sachte im Wind wehten, war wundervoll. Heute war wieder schönes Wetter. Im Hintergrund hörte er zwei Gäste an einem Tisch miteinander reden. Sie sprachen darüber, wie schrecklich stürmisch es gestern gewesen war. Flüge waren abgesagt worden, ebenso die Strandparty und man hatte den ganzen Tag nicht ins Meer gehen können.

»Es war wie der Weltuntergang!«, keuchte eine ältere Frau.

Wenn sie nur wüsste, wie recht sie damit hat!, dachte er.

Sein Blick schweifte über die Anlage, bevor er austrank und sich auf den Weg machte.

»Auf Wiedersehen.«

Sasha erwiderte mit einem Lächeln: »Alles Gute!«

Kein Wiedersehen? Emilio konnte ihm nicht böse sein. Er hätte sich auch nicht noch einmal als Gast haben wollen, wer hätte das gedacht?

»Und sagen Sie der Putzfrau Barbarella danke, das Zimmer war immer sehr sauber!«, ergänzte er.

Sasha sah ihn an. »Ich kenne keine Barbarella. Und ich kenne jede Putzfrau. Vielleicht haben Sie ihren Namen falsch verstanden?«

Falsch gelesen. »Wahrscheinlich«, murmelte er.

Das Taxi, beziehungsweise der Privattransfer, wartete bereits auf ihn. Gerade wollte er einsteigen, da hörte er eine Stimme.

»Warte … auf … mich!«

Er sah auf die Straße und erkannte Jones, der ziemlich außer Atem auf ihn zurannte.

»Wolltest du ohne mich fahren?«

»Jones!« Emilio kam zu ihm und umarmte ihn kurz. Dieser griff sich an die Seite. »Sprinten ist nicht gut mit der Prellung.«

»Wieso hast du mich nicht angerufen? Ich habe gesagt, du sollst mir Bescheid geben!«

Ich freue mich so, dass du da bist!

»Es war eine ziemlich kurzfristige Entscheidung«, erklärte Jones, während sie einstiegen.

»Hast du immer noch kein Gepäck?«

»Nö, hatte eh bloß eine Hose und ein Hemd dabei.«

»Du verreist und hast echt nichts weiter dabei?«

»Das war damals auch eine kurzfristige Entscheidung. Das Wichtigste hab ich ja: den Pass!«

Mit Jones an seiner Seite freute er sich viel mehr auf den Heimflug. Er hatte zwar keine Ahnung, wie dieser überhaupt an ein Ticket gekommen war, aber es war ihm egal. Erst als sie beim Flughafen ankamen und sich in die Schlange stellten, fragte Emilio: »Was hat Akira gesagt?«

»Er bleibt vorerst hier, um alles zu regeln«, erzählte Jones. »Zusammen mit den anderen Akasha, die jetzt ankommen müssten, kümmert er sich um die Büchse, Elias, Saskia und Svend.«

»Was, wenn die Büchse wieder geöffnet wird?« Emilio bereitete die Vorstellung daran Kopfzerbrechen.

»Die geht gar nicht so leicht auf, wie du denkst«, beruhigte Jones ihn. »Victor hat lange gebraucht, um die Versiegelung mithilfe von Magie aufzuheben.«

»Und was ist mit dir? Alles geregelt?«

»Nein«, sagte Jones. »Ich muss sofort zum Orden, meine Anhörung findet erst statt, wenn Akira zurück ist – er ist Mitglied des Gremiums.«

»Cool, er wird sicher ein gutes Wort für dich einlegen.« Aufmunternd legte Emilio einen Arm um ihn, mit dem anderen schob er seinen Koffer immer ein Stück weiter.

»Das hoffe ich jedenfalls«, stöhnte Jones.

»Bedrückt dich das sehr?«

»Die Anhörung? Ein Vergnügen ist es nicht, aber du kennst mich. Ich bin immer positiv.«

Sie warteten, es ging nur langsam voran und dauerte über eine halbe Stunde, bis sie bei der Kontrolle waren. Dort gab Emilio seinen Koffer ab und ließ sein Handgepäck durchleuchten. Jones hatte nur ein Buch vorzuweisen.

Ein Buch?

»Was ist das?«, fragte Emilio und betrachtete es intensiver.

Es war klein und zerfledert, die Seiten vergilbt. Ein Liebesroman.

»Woher hast du den?« Er nahm ihn in die Hand: Es war schwerer, als es aussah.

Nachdem sie die Kontrolle passiert hatten, antwortete Jones ihm. »Das ist Salomos Buch.«

Skeptisch hob Emilio eine Augenbraue.

»Wirklich! Akira hat mir Schleierpulver gegeben, damit es harmlos aussieht.«

So was gab es tatsächlich? »Warum nimmst du es mit?«

»Ich soll es gleich nach der Landung dem Orden übergeben, dann legen die Wissenschaftler neue Bannsprüche drauf.«

»Du meinst, ein neues Siegel? Das finde ich gut«, sagte Emilio. »Vorsicht ist besser als Nachsicht.«

»Tja.« Jones' Augen huschten umher und er biss sich auf die Lippe. »Es ist eher eine Notwendigkeit, keine Vorsichtsmaßnahme«, gestand er kleinlaut.

»Wie bitte?« Emilio blieb stehen.

»Die Banne sind verdammt alt und … instabil.«

»Instabil?« Bloß nicht hysterisch werden, am Flughafen durfte er nicht schreien. »Wie meinst du das genau?«

»Medusa und der Garuda … Kit war es nicht, der sie befreit hat.«

Emilio runzelte die Stirn. »Wer sonst?«

»Akira ist aufgefallen, dass sich die Seiten … na ja … von selbst grau färben.«

Gedanken rasten durch Emilios Gehirn wie Puzzleteile, die er zusammenfügte. »Sie kommen von selbst frei, weil die Banne zu schwach geworden sind, um sie zu halten?«

»Jetzt hast du's kapiert.«

Emilio fixierte den Liebesroman. »Und diese tickende Zeitbombe hältst du in der Hand?!«

»Hey«, machte Jones und zog ihn weiter. »Solche Worte solltest du hier nicht verwenden, sonst wird noch ein Polizist aufmerksam.«

Er hatte recht.

»Keine Panik.« Jones war gewohnt locker. »Wir haben ein bisschen Zeit, ich geh sofort zum Orden, sobald wir daheim sind!«

»Ich wusste gar nicht, dass sich der Orden dort befindet, wo ich lebe?«

»Wir haben mehrere Stützpunkte, im Moment muss ich zu diesem.«

»Bist du von *dort* hergeflogen?«

»Ja, am Sonntag, im selben Flieger wie du.«

Erstaunt riss er die Augen auf. »Du bist mir nicht aufgefallen.«

»Kein Wunder, sind ja jede Menge Fluggäste gewesen.«

Je weiter sie in den Flughafen kamen, desto stickiger wurde es. Barbarella hatte recht gehabt. Da fiel im etwas ein.

»Ich hätte dich verpasst, wenn ich nicht auf die Putzfrau gehört hätte«, sagte er.

»Was?« Jones verstand Bahnhof.

»Eine Putzfrau hat mir geraten, nicht zum Flughafen zu fahren, ohne einen letzten Kaffee zu trinken.« Er sinnierte darüber. »Eigentlich hat sie mich dazu gebracht, einen Ausflug zu unternehmen! Außerdem hat sie mich an das Buch erinnert.«

»Mhmm«, machte Jones. »Vielleicht ist sie das Orakel von Delphi«, sagte er leichtfertig.

»Wer?«

Jones lachte. »Sollte nur ein Scherz sein, aber so wie es aussieht, müssen wir dir unbedingt den Kindercomic über die griechische Mythologie kaufen! Apropos mythische Wesen …« Jones hielt kurz inne. »Kit ist kein Mensch.«

»Hä?«

»Er ist ebenfalls aus dem Buch gekommen und hat beschlossen, es mitzunehmen«, sagte Jones.

»Diese miese kleine Ratte«, knurrte Emilio.

»Fuchs«, korrigierte Jones ihn. »Kit ist ein neunschwänziger Fuchs, der Menschengestalt annehmen kann. Den Kitsune werden einige Fähigkeiten zugesprochen. Akira wird nach ihm suchen, sobald er die Zeit findet.«

Eine weitere Stunde später saßen sie endlich im Flugzeug.

Mit lautem Motorengeräusch hob der Flieger ab und sie waren in der Luft. Unruhig veränderte Emilio seine Sitzposition.

Bloß nicht an das Buch denken.

»Was machen wir, wenn die Dämonen ausbrechen«, flüsterte er Jones zu.

Der zuckte die Schultern. »Wir erfahren, wie stabil das Flugzeug ist.«

»Haha!« Emilio fand das gar nicht witzig.

Er griff sich an den Hals, die Male an seiner Haut schienen zu brennen.

»Ah!« Jones kramte in seiner Hemdtasche und zog ein kleines Tiegelchen hervor. »Akira hat mir was geschenkt.« Geschickt drehte er es auf und tupfte seinen Finger in die Salbe. »Komm her!« Sanft verteilte er sie auf seinem Hals.

Es fühlte sich gut an, kühlte ihn ab. »Was ist das?«

»Eine Art Heilsalbe.«

»Hilft die auch gegen die Pest?«

»Pandora hat dir nicht die Pest verpasst, keine Angst!«

»Hast du sie bei dir aufgetragen?«

»Noch nicht.«

Als er fertig war, nahm Emilio ihm die Salbe ab und wollte sein Hemd hochschieben. Jones blickte sich verschämt um.

»Das geht hier nicht.«

Er stand auf, ging Richtung Toilette und gab Emilio ein Zeichen.

Unsicher stand der auf und folgte ihm. Die Stewardess war am anderen Ende des Ganges mit dem Getränkewagen beschäftigt. Ungesehen schlüpften sie in die Toilettenkabine.

Es war verflucht eng, sodass sie aneinandergepresst wurden. Umständlich hob Emilio Jones' Hemd an und verteilte eine dünne Schicht der Creme auf der strapazierten Haut.

»Danke!«

Emilio wollte gehen, wurde aber zurückgehalten. Fragend sah er Jones an.

Der grinste. »Ich hab dich nicht umsonst hier hergelockt.«

Hergelockt?

Jones begann ihn leidenschaftlich zu küssen. Emilio wurde augenblicklich mitgerissen und legte die Arme um seine Taille. Die Vernunft kehrte erst nach einer Minute zurück und er löste sich von ihm.

»Das können wir nicht machen. Hier ist es viel zu eng.«

Ein Ruck ging durch die Maschine und drückte Jones' schlanken Körper an seinen. Sein Glied erwachte schlagartig zum Leben.

»Und es gibt Turbulenzen ...«, fuhr er fort.

Jones legte ihm den Zeigefinger an den Mund. »Du denkst zu viel nach.« Er griff nach unten an seinen Schritt. »Der ist bereit!«

»Wir dürfen hier nichts schmutzig machen«, protestierte Emilio.

»Ich verspreche, nichts zu verunreinigen«, schwor Jones feierlich.

»Wie willst du das schaffen?«

Jones sank auf die Knie, seine Hände fuhren über Emilios Bauch abwärts und öffneten seine Hose. Er sog überrascht die Luft ein. Nein, nein! Das konnten sie nicht tun!

Ein kalter Luftzug traf auf seinen nackten Penis, bevor Jones' Hand die Wurzel umfasste. Seine Zunge tippte auf die Eichel, leckte den ersten Lusttropfen ab, während er zu Emilio aufsah.

Dieser Anblick! Oh Gott!

Sein Widerstand bröselte dahin. Jones' volle Lippen legten sich auf die Spitze und glitten über den Schaft, als er ihn tief in sich aufnahm. Es fühlte sich fantastisch an. Nein! *Kataklystisch!*

Seine Augen verdrehten sich, er gab sich vollkommen dem Gefühl hin, wie Jones' Mund auf und ab fuhr, ihn massierte, ihn dazwischen mit geschickten Zungenschlägen quälte.

Der Druck wurde immer größer, ein Kribbeln fuhr sein Rückgrat hinauf. Er zuckte.

»Ich kann nicht mehr«, stöhnte er. »Hör nicht auf!«

Jones' dunkle Augen blitzten, offenbar gefiel ihm Emilios Betteln. Er nahm sein Glied noch tiefer in den Rachen und er glaubte sterben zu müssen, so gut war es. Die freie Hand krallte Jones in seine Hüfte, der Schmerz vermischte sich mit seiner Lust und Emilio schrie ein kleines bisschen auf. Er hoffte inständig, der Motor wäre laut genug, um das Geräusch zu übertönen. Fest biss er sich auf die Lippen, als er den nahenden Orgasmus spürte.

»Ich komm gleich«, warnte er Jones. Doch der hatte nicht die Absicht, von ihm abzulassen.

Emilio warf den Kopf in den Nacken. Als er explodierte, griff er in Jones' seidiges Haar und stöhnte laut auf. Die Kraft wich aus seinen Beinen, die Wellen ließen seinen gesamten Körper erschaudern und prickeln, bis sie langsam verebbten.

Er fluchte und sah auf Jones hinab, der sich wie eine Katze über die Lippen leckte, bevor er aufstand.

»Du bist wahnsinnig.«

»Ich hatte dir versprochen, keinen Schmutz zu hinterlassen.«

Emilio schloss seine Hose. »Was ist mit dir?«

»Du kannst dich später revanchieren«, sagte Jones.

»Das werde ich, ausgiebig.«

Sie kehrten auf ihre Sitzplätze zurück und Emilio versuchte, nicht während des gesamten Fluges wie bescheuert zu lächeln.

Emilio

Der Flug verlief problemlos, doch Emilio war froh, sich die Beine vertreten zu können, nachdem sie gelandet waren.

»Geh schon mal vor und such deinen Bruder«, sagte Jones. »Ich hole dein Gepäck, muss sowieso noch ein Telefonat mit dem Orden führen.«

»Okay, danke«, erwiderte Emilio und ging durch die Halle.

Er ließ seinen Blick über die Menge streifen und nach ein paar Minuten kam ein Mann mit ausgebreiteten Armen und einem Lächeln im Gesicht auf ihn zu.

Es war Henri.

»Da bist du ja, Großer!«, grüßte er und schlug ihm auf den Arm. »Was hast du da am Hals? Sonnenbrand?«

»Ähm … genau!«, erwiderte Emilio. »Und du? Deine Haare sind irgendwie anders.«

Sie waren eine Spur länger und die Spitzen waren blond gefärbt. »Ja, Vanessa gefällt's!«, entgegnete sein Bruder und atmete tief ein. »Ich hab eine Überraschung für dich?«

Emilios Augenbrauen hoben sich. »Ah ja? Welche?«

Henris Blick glitt an ihm vorbei und er wandte sich um. Dort stand jemand. Philippe!

Oh Gott!

Überrumpelt öffnete Emilio den Mund, wusste allerdings nicht, was er sagen sollte. Sein Ex kam lächelnd auf ihn zu.

»Hallo, Emilio!«

»Hallo!«, erwiderte Emilio steif.

»Ich geh mal da rüber zu dem kleinen Café«, meinte Henri und verzog sich.

Um sicher zu sein, dass er nicht träumte, schüttelte Emilio den Kopf. »Wow! Du bist echt hier …!«

»Ja. Wie geht es dir?«, fragte Philippe. »Ich habe gehört, du warst im Urlaub und das in einem fremden Land, da dachte ich mir, das kann nicht sein.«

»Doch, das war ich, aber Henri hat mich gezwungen und ich hatte zu viele Arbeitstage …«, plapperte er nervös.

Philippe war anders, als er ihn in Erinnerung hatte. Er wirkte etwas älter und obwohl er nicht schlecht aussah, funkte absolut nichts. Das erleichterte ihn. Da war einfach … nichts. Verglichen mit Jones' unglaublicher Ausstrahlung konnte Philippe einfach einpacken, stellte er fest.

»Du … du siehst toll aus!«, lobte Philippe verwundert und musterte ihn von Kopf bis Fuß.

»Ja, ich hab meinen Kleidungsstil drastisch geändert.«

»Steht dir hervorragend!«

»Du siehst auch gut aus«, sagte Emilio. »Wie geht es dir so?«

Philippe schob unsicher die Finger ineinander. »Na ja, ich hab mein Studium abgebrochen, nachdem wir uns getrennt hatten.«

»Oh«, machte Emilio, er war ehrlich traurig darüber. »Weil wir uns getrennt haben?«

»Nein!«, stellte Philippe klar. »Ich wollte mit Stephan und seiner Band mitziehen.«

»War das der von damals?«

»Richtig. Wir sind inzwischen nicht mehr zusammen und ich hab derzeit einen Job als Kellner.«

»Du könntest dein Studium wieder aufnehmen.«

»Ja, das möchte ich gern«, erwiderte Philippe und kam näher. »Leider fehlt mir mit dem Job aber die Zeit und ohne das Geld …«

»Da bist du ja!«, ertönte eine Stimme hinter ihnen.

Jones kam winkend zu ihnen, in der einen Hand den Koffer, welchen er Emilio überreichte, in der anderen sein Handy und das Buch.

»Puh, dein Koffer ist echt schwer. Wann wirfst du deine alte Kleidung weg?«, fragte er ihn.

»Ich hatte überlegt, sie zu spenden.«

»Nein, die will niemand, Süßer!« Er schlang einen Arm um seinen Hals – der nicht mehr wehtat, welch Wunder! – und gab ihm einen innigen, heißen Kuss, wobei er einen genießerischen Laut von sich gab. Danach sah er zu Philippe, der ihn mit offenem Mund anstarrte. »Hi! Ich hatte mir Henri irgendwie anders vorgestellt«, gestand Jones.

»Das ist nicht Henri«, erklärte Emilio. »Henri ist der da hinten, der am Tisch sitzt, sich gerade an seinem Bier verschluckt und so tut, als hätte er uns nicht belauscht.«

Enttarnt wischte sich Henri das Bier vom Mund, gesellte sich zu ihnen und schüttelte Jones die Hand. »Freut mich!«

»Mich erst.« Jones schenkte ihm sein typisches Grinsen. »Und du bist?«, fragte er.

»Philippe«, sagte Emilio endlich. »Das ist Philippe, Henri hat ihn mitgebracht. Ich habe ihn jahrelang nicht mehr gesehen.« Das wollte er unbedingt klarstellen.

Philippe schüttelte ebenfalls Jones' Hand.

»Ah, Philippe … Philippe …« Jones tat so, als müsse er scharf nachdenken, dann der Geistesblitz! »Ah! Du hast ihn erwähnt, als wir über Ehemalige sprachen. Ich bin Jones.«

Philippe stand da, nickte langsam und sah ihn an. Eine Sekunde später sprach er: »Also … war nett, dich wieder mal nach so langer Zeit gesehen zu haben, Emilio!« Er machte ein paar Schritte rückwärts. »Wiedersehen!«

Ein wenig fluchtartig verließ er den Flughafen. Offenbar war ihm klar geworden, dass er gegen Jones nicht bestehen konnte.

»Interessant«, meinte Jones sarkastisch und setzte sich die Sonnenbrille auf, als er nach draußen ging.

Henri ging neben Emilio her. »Sag mal«, beschwerte er sich, »du hättest mich ruhig warnen können.«

»Ich verstehe nicht, was du meinst«, erwiderte Emilio.

»Philippe hab ich mitgebracht, weil ich dachte, du wärst immer noch deprimiert seinetwegen«, erklärte Henri flüsternd. »Und du tauchst mit einer Sexbombe auf!«

Emilio lachte und schaute Jones auf den Hintern. »Ach, findest du?«, fragte er unschuldig.

»Ich bin zwar nicht schwul, aber blind bin ich nicht.«

Vor dem Auto blieben sie stehen.

»Willst du zu uns kommen?« Henri sperrte seinen Wagen auf. »Mama würde sich freuen, deine Bekanntschaft zu machen!«

»Ich muss leider gleich zur Arbeit«, erwiderte Jones.

»Sollen wir dich irgendwohin mitnehmen?«

»Nein, danke. Ich werde abgeholt.«

Sie küssten sich zum Abschied, er wollte gar nicht von ihm ablassen.

»Ich will alles wissen, was in dieser Woche passiert ist«, verlangte Henri, nachdem er gegangen war und sie sich auf den Weg gemacht hatten.

»Heute nicht«, sagte Emilio. »Ich gehe erst heim und packe aus.«

»Ich helfe dir!«

Emilio verdrehte die Augen. Den wurde er wohl nicht so leicht los.

VICTOR

Fünf Tage später

Gelangweilt saß er auf dem Rücksitz. Seine Hände lagen in Handschellen, diesmal welche, die ihn nicht schläfrig machten, befreien konnte er sich trotzdem nicht von ihnen. Abgesehen von ihm selbst befanden sich drei weitere Männer im Wagen – Akasha!

Offenbar hatte man Angst, weniger würden nicht reichen, damit Victor an sein Ziel kam.

»Habt ihr nicht ein Auto, das ein bisschen mehr …« Er schob die Unterlippe vor. »… Stil hat?«

Die Karre wirkte alt und es war zu warm hier drinnen, er begann bereits zu schwitzen.

Der Krieger neben ihm verdrehte die Augen und schwieg. Von den anderen bekam er genauso wenig eine Antwort.

Dabei hatte er recht, fand er. Hätte er nicht in einem Porsche oder wenigstens einem Audi abgeführt werden können? War wohl zu viel verlangt.

Nach seiner Anhörung hatte das Gremium beschlossen, dass er zu gefährlich wäre, um ihn je wieder freizulassen. Nun wurde er in ein internes Gefängnis gebracht. Vorläufig.

Die Chancen standen gut, dass man ihn liquidierte. Bei einem Orden wie den Akasha hieß das, dass man seine Leiche nie finden würde. Man würde ihn in einer anderen Dimension verscharren, das wusste Victor.

Furcht? Wozu? Die half ohnehin nicht.

Möglicherweise ergab sich in seinen letzten Tagen irgendetwas, das ihm helfen könnte, obwohl es nicht danach aussah. Im Moment mochte seine Zukunft sehr düster erscheinen, aber es war noch nicht vorbei.

Mit diesen magischen Fesseln konnte er jedoch keine Zauber wirken, was ihn wahnsinnig ärgerte.

»Wie wär's mit Musik?«, fragte er in die Stille hinein.

Er wurde weiterhin ignoriert und unterdrückte ein Seufzen. Das Fahrgeräusch musste anscheinend genügen.

»Oder Wodka?«

Die schauten ihn nicht einmal an. Hatten die alle einen Stock im Arsch, das war ja unerträglich! Hoffentlich war es im Gefängnis spaßiger. Vielleicht redete dort zumindest jemand mit ihm.

»Sex?«

Nicht einmal ein Zucken war im Gesicht seines Sitznachbarn zu erkennen.

Schließlich gab er auf und schielte unauffällig zu dem Schlüssel, welcher am Gürtel des Kriegers hing, der neben ihm saß. Wenn er da nur unbemerkt herankäme! Zwar schien der Mann ihn nicht zu beachten, Victor unterschätzte dessen Reaktionsfähigkeit jedoch nicht. Hier im Auto befand sich leider absolut nichts, was er als Waffe hätte nutzen können. Dabei wäre es am besten, er würde verschwinden, bevor man ihn einbuchtete.

Dort herauszukommen wäre mit Sicherheit um einiges schwerer als aus diesem Auto!

Innerlich fluchte er in seiner Muttersprache.

Er überlegte, ob es eine Gelegenheit geben würde, an ein Handy zu kommen. So könnte er Alexsander anrufen. Möglich, dass er ihn rettete, bloß um sich danach über ihn lustig zu machen.

Magie konnte er ja leider vergessen. Die Akasha hatten genug Vorsichtsmaßnahmen getroffen, daran zweifelte er nicht.

»Könnte man wenigstens ein Fenster öffnen? Es ist heiß, wir haben Sommer und die Klimaanlage scheint nicht zu funktionieren oder sie ist Scheiße!«, fragte er nun etwas unfreundlicher.

Sein Nachbar zögerte. An dessen Schläfe war eine Schweißperle zu erkennen. Letztendlich drückte er einen Knopf und die Scheibe neben ihm öffnete sich. Kühler Fahrtwind streifte Victor. Immerhin etwas.

Deprimiert sah er nach draußen und betrachtete die karge Landschaft, die an ihm vorbeizog. Man brachte ihn weit hinaus. Das Quartier war sicher gut versteckt. Er erblickte keine Häuser, nicht einmal andere Autos gab es auf dieser verstaubten Straße.

Nein, das stimmte nicht, korrigierte er sich. Ein einzelner Motorradfahrer näherte sich. Victor richtete sich in seinem Sitz auf. Ihm kam die Gestalt bekannt vor. Oder war das ein falscher Hoffnungsschimmer?

Der Fahrer war in eine schwarze Ledermontur gekleidet, sein Helm war geschlossen und verbarg sein Gesicht. Er kam näher und Victor glaubte, er würde einfach so an ihnen vorbeirasen. Was er auch tat. Allerdings nicht, ohne dabei etwas durchs Fenster zu werfen. Es ging so schnell und kam derart unerwartet, dass selbst die Krieger zu spät reagierten. Die kleine silberne Kugel rollte über den Boden zu Victors Fuß und zischte vernehmlich. Der Akasha versuchte eilig nach ihr zu greifen, doch er kam nicht mehr dazu.

In derselben Sekunde stieß die Kugel in alle Richtungen Rauch aus, die Sicht wurde schlagartig vernebelt von dichtem Weiß. Seine Begleiter begannen zu husten, Victor spürte ebenfalls ein Kratzen im Hals. Das Zeug brannte außerdem in den Augen. Als Nächstes begann das Auto zu schlingern und Victor wurde gegen die Tür geschleudert. Er sah nichts mehr und vermutete, dass es dem Fahrer ebenso erging. Blind tastete er nach seinen Nachbarn, fand dessen Gürtel und den Schlüssel. Mit ein wenig Gewalt nahm er ihn an sich.

Sie kamen ruckartig zum Stehen. Alle Wagentüren wurden aufgerissen und die Akasha flüchteten nach draußen an die frische Luft. Victor ebenso, sein Blick klärte sich sehr langsam, er hustete, was das Kratzen schlimmer machte. Das alles hielt ihn nicht zurück. Er musste die Ablenkung nutzen. So schnell er konnte, entfernte er sich vom Wagen, während er gleichzeitig an seinen Handschellen herumwerkelte.

Hinter ihm waren lautes Motorengeräusch und Schüsse zu hören. Ein Geräusch, als würden Reifen platzen, folgte. Die Krieger riefen durcheinander. Alles war immer noch in Nebel gehüllt, sodass sie ihren Gefangenen aus den Augen verloren hatten.

Stolpernd trat Victor über den sandigen Boden.

Das Klicken verriet seinen Erfolg, eine Hand war frei, die zweite folgte wenig später. Er blinzelte den Schleier fort und sah in die Sonne. Ein Brummen wurde lauter und vor ihm kam das Motorrad zum Stillstand.

Victor grinste, er vergeudete keine Zeit und stieg hinter dem Mann auf, bei dem es sich zweifellos nur um einen Menschen handeln konnte.

»Hätte ich dir gar nicht zugetraut, Ciaran«, gab er zu. Der gab Gas, Victor hielt sich an seiner schmalen Taille fest. Hinter ihm vernahm er die Rufe und Wutausbrüche der Akasha. Ihr Auto rauchte, die Reifen waren platt und jeder Angriff mit einer Schusswaffe ihrerseits kam zu spät, denn Victor und Ciaran waren außer Reichweite und rasten in die Freiheit.

Vielleicht hatte Victor sich getäuscht und Ciaran war stark genug für ihn. Für eine Weile.

15

Emilio

Schwer ließ Emilio sich auf die Couch fallen, schaltete den Fernseher ein und zappte durch die Kanäle, während seine andere Hand in eine Chipstüte griff. Gelangweilt entschied er sich für Animal Planet, wo eine Dokumentation über Affen lief.

Sein Handy klingelte. Er sah sich um. *Zu weit weg!*

Doch das verdammte Ding hörte nicht auf. Resigniert erhob er sich, ging zu dem kleinen Gerät, welches auf dem Tisch lag, und nahm ab.

»Hallo.«

»Hätte nicht gedacht, dass du rangehst«, sagte Henri. »Wollte eigentlich auf deine Mailbox sprechen.«

»Soll ich wieder auflegen?«

»Sei nicht albern! Ich halte dich nicht lange von deiner Arbeit ab.«

»Bin nicht bei der Arbeit.«

»Was? Warum? Es ist erst Mittag.«

»Hab mich die Woche krankgemeldet.« Müde rieb Emilio sich die Augen und gähnte. Ein Sonnenstrahl fiel durch einen kleinen Schlitz zwischen den beiden Vorhängen, das nervte ihn.

»Krankgemeldet? Das hast du dich noch nie! Was ist los? Hast du die Pest?«

Fast hätte Emilio gelächelt. »Nein, hatte bloß keine Lust.«

Henri seufzte. »Es ist jetzt zwei Wochen her, seit du aus dem Urlaub gekommen bist«, sagte er. »Und ich höre und sehe überhaupt nichts mehr von dir! Mama macht sich Sorgen. Du kommst heute Nachmittag zum Kaffee zu ihr.«

»N…«

»Keine Widerrede! Ich schleife dich aus deiner Wohnung, wenn du nicht pünktlich um fünf da bist, kapiert?«

Mit diesen Worten legte er auf.

Schmollend legte Emilio das Telefon auf dem Tisch ab. Er blickte an sich herab. In seiner Jogginghose konnte er wohl nicht aufkreuzen. Die Uhr verriet ihm, dass noch Zeit für ein Nickerchen war.

Nachdem er zwei Stunden geschlafen hatte, duschte er widerwillig, rasierte sich – immerhin wollte er nicht, dass seine Mutter eine Herzattacke bekam – und zog sich an. Er entschied sich für seine neue Kleidung. Seitdem er diese feinen Hemden und Hosen ausprobiert hatte, konnte er seine alten Sachen gar nicht mehr leiden. Der Stoff kratzte wirklich! Wie hatte er das jemals anziehen können?

Ein Blick in den Spiegel, um alles zu überprüfen, dann nahm er seine Autoschlüssel und fuhr los. Das Haus seiner Mutter war nicht weit entfernt.

»Hallo, mein Liebling!« Seine Mutter Elisabeth umarmte ihn kurz, bevor sie ihn hereinließ. »Du siehst ja furchtbar aus! Diese Augenringe! Was hast du die ganzen Tage gemacht?«

Trübsal geblasen. »Nichts.«

Sie gingen hinten hinaus in den Garten, der wie immer sehr gepflegt war – seine Mutter arbeitete gerne daran. Hohe Hecken verdeckten den Blick auf Straße und Nachbarn. Außerdem verhinderten sie, dass ihre Katze Minky verschwinden konnte. In der Mitte des kleinen Paradieses befanden sich ein Tisch und mehrere Stühle. Henri war schon da, genau wie dessen Tochter, die eben auf Emilio zugerast kam.

»Du siehst heute ja komisch aus«, meinte sie. Kinder! Mussten die immer sagen, was sie dachten?

Emilio verkniff sich eine Erwiderung und setzte sich. Der Tisch war bereits gedeckt, in der Mitte stand ein Kuchen.

»Ein Stück Honigkuchen, Emilio?«, fragte seine Mutter und schnitt, ehe er antworten konnte, ein Stück ab und platzierte es auf seinem Teller.

»Danke«, sagte er.

Den Kuchen hätte ich im Urlaub gut gebrauchen können!

Minky sprang auf den Tisch, offenbar wollte sie ein Stück abhaben.

»Nein, du hast schon was bekommen, zu viel ist nicht gut für dich!«, schimpfte Elisabeth und setzte das Tier sanft auf der Wiese ab.

Minky gab ein beleidigtes Fauchen von sich und stapfte davon. Ihr Fell war lang und weiß, seine Mutter musste es jeden Tag bürsten.

»Zum Glück regnet es in letzter Zeit nicht«, sagte sie und setzte sich ebenfalls. »Sonst wird Minky immer so dreckig und ihr Fell verfilzt so leicht.«

»Du könntest ihr einen Kurzhaarschnitt verpassen«, scherzte Henri.

Elisabeth schenkte ihm einen bösen Blick, die Katze war ihr lieb und teuer und sie duldete selten Witze über sie. Als sie sich Emilio zuwandte, lächelte sie, doch ihre Augen zeigten Besorgnis. »Wie geht es dir?«

Was sollte er darauf antworten? »Ganz gut.«

Henri schnaubte laut. »Unsinn! Dir geht es nicht gut! Du hast Liebeskummer, weil dein Typ sich nicht gemeldet hat!«

Wut wallte in Emilio auf. »Er ist nicht irgendein Typ!«

Beschwichtigend hob Henri die Arme. »Er meldet sich jedenfalls nicht mehr. Weißt du, was man in diesem Falle tun muss?« Er rückte etwas näher. »Man sagt sich, die Zeit war schön, jetzt ist sie vorbei!«

Konnte er nicht einfach die Klappe halten?

»Möchtest du mir von ihm erzählen?«, fragte Elisabeth.

Emilio stieß die Luft aus. Er fühlte sich erschöpft. Niemals würde er über Jones hinwegkommen. Er verstand nicht, was los war, Jones war nicht erreichbar und meldete sich auch nicht.

»Henri hatte recht«, sagte er und rührte in seinem Tee, den seine Mutter ihm hingestellt hatte. »Die Anlage war sehr schön.«

Sie nickte und wartete, bis er weitersprach. Sie war immer der geduldige Part gewesen, anders als sein Vater. Der war zu seiner neuen Freundin gezogen.

»Der Urlaub war wunderbar«, sagte Emilio ehrlich. Er durfte nicht daran denken, es tat zu weh.

»Und dieser Mann …«, erkundigte sie sich vorsichtig. »Wie ist er so?«

Einfach atemberaubend! »Er ist …«

»Scharf«, half ihm Henri auf die Sprünge und bekam einen tadelnden Blick seitens seiner Mutter.

»Was ist er von Beruf?«

»Ähm …« Emilio tippelte unruhig mit den Fingern auf sein Hosenbein. »Er … also … er arbeitet mit wichtigen Dingen … wertvollen, unheimlich alten Sachen. Die leicht … beschädigt werden könnten. Er verhindert Katastrophen.«

Elisabeth schnippte mit den Fingern. »Ah, du meinst so was wie … ein Archäologe?«

»Genau!«, sagte Emilio der Einfachheit halber.

»Interessant.«

Emilio nickte. »Sein Beruf ist sehr speziell.«

Fast war er erleichtert, als sein Handy klingelte und ihn aus diesem unangenehmen Gespräch befreite. Er entschuldigte sich und ging ins Haus. Die Nummer war ihm fremd, dennoch hob er ab.

»Hallo?«

»Hallo, Emilio.«

Sein Herz pochte aufgeregt. »Akira! Was gibt es? Wie geht es Jones?«

Akira zögerte. »Nicht so gut.«

»Was? Warum?« Emilios Brust wurde eng.

Der Krieger machte ein Geräusch, als würde er die Luft durch die Zähne einsaugen. »Es gibt schlechte Nachrichten. Bist du bereit?«

»Ja, sag schon!«

»Es scheint, als habe Pandora Jones mit einer magischen Krankheit angesteckt.«

»Das ist furchtbar! Was kann ich tun?«

»Gut, dass du fragst«, sagte Akira. »Es gibt ein Heilmittel, aber das ist sehr schwer zu beschaffen.«

»Schieß los.«

»Es befindet sich in einer anderen Sphäre«, erklärte er. »Wir haben ein Portal, durch das du reisen kannst.«

»Was ist das für eine Sphäre?« Sein Herz schlug immer schneller, er begann zu schwitzen.

»Du gelangst in die Welt, aus der die Dämonen gekommen sind.«

Emilio schluckte. »Weiter?«

»Dort gibt es die Schicksalsgöttinnen. Sie sind zu dritt und sie teilen sich nur ein Auge. Ihre Aufgabe ist es, die Fäden durchzuschneiden.«

»Fäden? Was für Fäden?«

»Die Lebensfäden der Menschen«, sagte Akira. »Wenn sie die durchtrennen, sterben sie. Du musst sie überreden, dir mehr Zeit zu geben.«

»Okay, okay. Und danach?« Hörte sich ziemlich unheimlich an.

»Anschließend musst du das Orakel von Delphi finden und eine persönliche Erinnerung opfern, damit sie dir verrät, wo sich das Labyrinth des Minotaurus befindet.«

In Emilios Kopf arbeitete es. »Okay«, wiederholte er. »Und wo ist das Heilmittel?«

»Na, in der Mitte des Labyrinths, allerdings musst du vorsichtig sein, der Minotaurus ist eine Kreatur halb Mensch, halb Stier und er bewacht sein Zuhause!«

»Okay«; sagte Emilio noch einmal, er stand unter Schock. »Wo treffen wir uns?«

»Warte, nicht so hastig! Bist du dir sicher, dass du das alles auf dich nehmen willst für Jones?«

»Es klingt furchtbar, aber ja, absolut.« Darin bestand kein Zweifel, das war das Einzige, was Emilio wusste.

»Wirklich?«

»Ja, ich will Jones retten und ich werde alles dafür tun!«

Nach einem Moment der Stille sprach Akira: »Ich habe mich nicht in dir getäuscht, das freut mich. Du kannst die Tür jetzt aufmachen.«

»Tür? Welche Tür? Hallo? Hallo?«

Akira hatte aufgelegt. Nervös drehte Emilio sich einmal im Kreis. Was sollte er …? Er drückte die Wahlwiederholung.

»Diese Nummer existiert nicht«, ertönte eine Frauenstimme.

Er fluchte.

Dann klopfte es an der Tür. Emilio schluckte, seine Kehle war staubtrocken, doch er öffnete.

»Hey!«

»Jones!«, rief Emilio perplex. »Dir … du«, stammelte er, »siehst kerngesund aus!«

»Ja.« Sein Gegenüber wirkte verwirrt.

Emilio stürmte vor und umarmte ihn.

»Du zerquetschst mich«, keuchte Jones.

Er lebte! Ihm ging es gut! Oh Gott, war Emilio froh! Nachdem er einen Moment seinen verführerischen Duft in sich eingesogen hatte, ließ er ihn los.

»Was hat Akira zu dir gesagt?«

»Er hat einen furchtbar grausamen Scherz gemacht.«

»Akira hat Humor?« Jones klang verwundert.

»Keinen besonders guten. Komm rein!« Er schloss die Tür hinter ihm. »Du bist nicht todkrank?«

Jones schüttelte den Kopf. »Ich hatte Akira gebeten, dich anzurufen«, gestand er. »Damit er abcheckt, ob du mich überhaupt sehen willst.« Unsicher schlang er die Arme um seinen Körper.

»Warum um alles in der Welt sollte ich dich nicht sehen wollen?«, fragte Emilio hysterisch. Er musste sich nach diesem Erlebnis erst wieder beruhigen. Zu glauben, Jones läge im Sterben, war mit Abstand das Schlimmste, was ihm je widerfahren war!

Jones befeuchtete seine Lippen. »Viele Menschen haben … Sommerflirts. Und sobald ihr Urlaub vorbei ist, kehren sie in ihr normales Leben zurück. Ich wollte dir Zeit zum Nachdenken geben, deshalb war ich nicht erreichbar. Du solltest noch ein letztes Mal die Wahl haben, dich für ein gewöhnliches, sicheres Leben entscheiden zu können.«

Emilio nahm Jones' Hände in seine. »Ich habe mich für dich entschieden und das wird sich nicht ändern. Außerdem wollte ich mich noch entschuldigen.«

»Wofür?«

»Für die Aussage mit dem Vanilleeis. Ich weiß, es kommt spät, aber …«

Jones winkte ab. »Ich hab überreagiert.«

»Nein, ich will, dass du weißt, dass ich dich niemals abgelehnt habe und dich nie für eine Hure halten würde, die einfach den Nächstbesten nimmt. Der Grund war …« Er atmete tief ein. »Ich konnte nicht glauben, dass sich jemand so Tolles wie du sich für jemanden wie … mich interessieren könnte.«

Jones hob eine Augenbraue und lächelte schief. »Warum nicht? Ich finde dich super.«

Sein Grinsen brach alle Barrieren in Emilio, er zog ihn an sich und küsste ihn innig. Wie sehr er ihn vermisst hatte! Wie leer er sich ohne ihn gefühlt hatte!

»Ich will kein Leben ohne dich!«, stellte er klar, nahm ihn an der Hand und führte ihn in den Garten.

»Dieses Haus ist echt schön«, bemerkte Jones auf dem Weg dorthin. »Mir gefällt das Holz und oh! Blumen!«

Elisabeth stand auf, als sie den neuen Gast erblickte, und begrüßte ihn.

»Das ist meine Mutter, Elisabeth«, stellte Emilio vor. »Mama, das ist Jones!«

»Freut mich sehr!«, sagte der.

»Der geheimnisvolle Mann aus dem Urlaub.« Elisabeth bedeutete ihm, sich zu setzen. »Jones … ist das ein Vor- oder ein Nachname?«

»Freut mich ebenfalls!«, sagte er. »Ähm, das ist eine lange Geschichte …«

Jones' Augen wurden groß, als er den Honigkuchen entdeckte. »Selbst gemacht?«, fragte er.

Sie nickte.

»Sieht toll aus.«

»Möchtest du ein Stück? Ich darf doch du sagen?«

»Selbstverständlich! Sind da Nüsse drin?«

»Niemals, ich habe eine Unverträglichkeit.«

»In dem Fall nehme ich zwei Stück.«

»Ich warne dich«, sagte Emilio zu Elisa. »Er hat immer Hunger!«

»Gut, ich backe und koche gerne. Es war schlimm für mich, als du eine Woche lang dieses Fitnesszeugs ausprobiert hast.«

Jones lachte und erstickte fast an einem Stück Kuchen, das er sich in den Mund geschoben hatte. »Du hast *was* ausprobiert? Fettburner und so?«

»Nein.« Emilio knirschte mit den Zähnen. »Ich hab nur einen Powerriegel gekostet und hatte danach ziemlich lange keinen Hunger mehr. Es waren nur zwei Tage.«

»Mama hat ihm verboten, es weiter zu versuchen«, plauderte Henri amüsiert. »Jones! Ich bin froh, dass du da bist, aber wieso erst jetzt? Emilio hat zwei Wochen nur rumgeheult.«

Jones machte ein betroffenes Gesicht. »Tut mir leid, ich musste einiges bei meiner Arbeit klären.«

»Emilio hat erzählt, dass du Archäologe bist, das klingt spannend«, meinte Elisabeth.

Jones sah Emilio an und grinste. »Ach, das hast du dir gemerkt, Liebling?«

»Natürlich!« Emilio lächelte zurück.

»Ja, mein Job erfordert es, dass ich flexibel bin«, erklärte Jones. »Oft muss ich schnell ganz weit weg, um Objekte zu bergen, die für andere ein Problem darstellen. Manchmal hab ich dort keinen Empfang.«

Elisabeth nickte. »Ich verstehe. Du hättest nicht so ein Theater machen brauchen«, sagte sie an Emilio gewandt.

Der verzog den Mund.

»Ich hab gesagt, ich komme zurück«, erinnerte Jones.

»Ich hab mir eben Sorgen gemacht. Dein Beruf kann sehr gefährlich sein.«

»Stimmt.«

Henri schüttelte den Kopf. »Ich kann nicht fassen, dass du so jemanden wie Jones gefunden hast. Ich meine, er ist das absolute Gegenteil von dir. Du bist sicherheitsliebend, er ist risikofreudig.«

»Wir ergänzen uns hervorragend, meinst du«, konterte Emilio.

»Er hält mich fest, bevor ich zu sehr abhebe«, meinte Jones. »Kann ich noch ein Stück Kuchen haben?«

»Endlich jemand mit einem gesunden Appetit!« Elisabeth freute sich und schnitt ihm eines ab.

Mit glänzenden Augen stellte Jones den Teller vor sich ab. »Das sollte bis zum Abendessen reichen.«

»Wir haben schon nach fünf!« Emilio schüttelte den Kopf. »Wie kannst du nur so schlank sein?«

»Geheimnis.« Jones aß genüsslich weiter.

Henris Tochter Jennifer kam von ihrer Entdeckungsrunde zurück und stellte sich vor ihn. »Wer bist du?«, fragte sie.

»Ich heiße Jones«, erwiderte er. »Und wer bist du, hübsche Dame?«

Jenni kicherte, wurde rot und lief davon.

»Sie ist meine Tochter«, erklärte Henri.

»Ich weiß, das hat Emilio erwähnt.«

Jennifer kehrte mit einem Gänseblümchen zurück und gab es ihm. »Hier, für dich!«

»Danke.«

Das Mädchen lachte und rannte ins Haus.

»Jennifer mag dich wohl«, bemerkte Henri und nahm einen Schluck seines Kaffees.

Mit einem gurrenden Laut hüpfte erneut die Katze auf den Tisch.

»Minky!«, mahnte Elisabeth. »Entschuldige, sie will Kuchen!«

»Oh!« Jones legte ihr ein paar Krümel hin, die sie sofort beschnupperte.

»Pass auf«, warnte Emilio. »Sie ist aggressiv. Niemand fasst sie an, außer Mama!«

»Ich liebe Katzen«, erklärte Jones. »Sie sind narzisstisch, damit kriegst du sie. Nicht wahr, Minky? Was für ein edler Name! Und was für ein hübsches Fell du hast! Das ist sicher weich und flauschig. Ja, du bist eine Göttin!«

Emilio hielt die Luft an, als Jones die Hand hob und die Katze unterm Kinn kraulte. *Jetzt beißt und kratzt sie ihn*, dachte er. *Ob ich den Verbandskasten holen soll?*

Das Tier fing an zu schnurren. Damit nicht genug, sprang sie galant auf Jones' Schoß und wälzte sich auf ihm, während sie seine Liebkosung genoss.

Erstaunt beobachteten alle die Szene.

»Unglaublich.« Selbst Elisabeth war überrascht.

»Alle scheinen dich zu lieben, Jones«, bemerkte Henri. »Gut, dass Vanessa nicht hier ist, sondern arbeiten muss, sonst würde sie sich vielleicht auch noch auf dem Boden wälzen.«

»Das macht nichts, das holen wir ein anderes Mal nach.« Jones zwinkerte übermütig.

»Erzählst du mir jetzt endlich vom Urlaub?«, verlangte Henri. »Wie habt ihr euch kennengelernt?«

Emilio sah zu Jones. »Äh, das war …«

»Mein Zimmer lag direkt neben seiner Suite«, sagte Jones.

»Suite? Wieso hattest du eine Suite?«, wunderte sich seine Mutter.

»Mein Zimmer war doppelt gebucht und es war bloß die Suite frei«, erklärte Emilio. »Das hatte ich völlig vergessen, ich wollte es erzählen.«

»Nähergekommen sind wir uns erst bei dem Ausflug«, fuhr Jones fort.

»Wo Emilio gestürzt ist?«, fragte Henri.

»Gestürzt?«, entfuhr es Elisabeth.

»Es ist nichts passiert«, beruhigte Emilio sie eilig, bevor sie sich noch aufregte. Bei dem ganzen Gerede fiel ihm auf, dass Jones ihm noch gar nichts weiter erzählt hatte. Was war in der Zwischenzeit passiert? Was war mit dem Orden?

»Würdet ihr uns einen Moment entschuldigen, ich muss Jones einige Dinge fragen.«

Er ging mit ihm etwas abseits zu dem Rosenstrauch.

»Was ist?«, wollte Jones wissen.

»Wie ist es ausgegangen? Mit dem Gremium?«, fragte Emilio. »Alles gut?«

Sein Gegenüber nickte. »Ja. Sie waren nicht begeistert von allem, was geschehen ist, aber da ich letzten Endes eine große Hilfe war und möglicherweise sogar Schlimmeres verhindert habe, darf ich meinen Job nicht nur behalten, sondern hab sogar Urlaub bekommen! Schließlich war das Buch eine unerkannte Bedrohung und infolge meiner Aktion hat uns das zu Victor geführt. Der ist übrigens ausgebrochen, doch das kümmert mich im Moment wenig.«

»Kann sein, dass er erst mal genug von Magie hat«, sagte Emilio. »Ist ja nicht gelaufen wie von ihm erhofft.«

»Richtig! Elias ist eingesperrt und kein Akasha mehr, Svend ist in Gewahrsam und Saskia noch auf der Flucht. Akira hat sich sehr für mich eingesetzt und für dich.«

»Mich?«

»Ja. Es gab eine Diskussion, ob du eine Bedrohung für unsere Welt darstellst.«

»Was bedeutet das? Werden meine Erinnerung gelöscht?«

»Wie bei *Men in Black*?«

»Ihr habt so was?« Er bekam ein wenig Panik.

Jones lachte ihn aus. »Nein. Es gibt schon Formeln, die das Gedächtnis löschen, doch die sind zu aufwendig. Es besteht nicht ausreichend Grund, sich die Mühe zu machen. Solltest du mit deinem Wissen allerdings an die Presse gehen …«

»Niemals! Wie lange hast du Urlaub?«

»Zwei Monate!«, sagte Jones fröhlich.

»Perfekt!«

»Für was?«

»Für uns!« Er griff nach Jones' Hand und streichelte seine schlanken Finger. »Ich wollte dich etwas fragen.«

»Ich höre.«

»Jones, ich liebe dich und möchte mein Leben mit dir verbringen.«

»Das hoffe ich. Du wirst mich nicht mehr los.« Jones grinste.

»Nichts macht mich glücklicher. Mein Leben war farblos ohne dich, das ist mir klar geworden«, sagte Emilio. »Deshalb wollte ich dich fragen …«

Jones sah ihn nervös an, Elisa und Henri schielten unauffällig in ihre Richtung.

»Willst du eine Weltreise mit mir machen?«

Jones' dunkle Augen wurden groß. »Ja!«, schrie er begeistert. »Das will ich!«

»Wir können an all die Orte fahren, zu denen du willst.«

»Dir ist klar, dass das Geld kostet? Ich meine, klar zahl ich selbst auch was, aber …«

»Jetzt weiß ich, wofür ich gespart habe«, meinte Emilio. »Ich bin gut abgesichert. Es wird großartig. Du planst, wohin es geht, und ich achte darauf, dass wir die richtigen Impfungen haben und was wir einpacken.«

»Cool! Oh … als Erstes könnten wir … Ägypten? Ja, die Pyramiden.«

»Wir erwecken keine Mumien zum Leben«, sagte Emilio.

»Und wenn es zufällig passiert? Oh, oder Thailand!« Jones packte ihn am Hemd und zog ihn näher. »Lass uns in einen verfluchten Tempel gehen!«

Oh Gott! »Lass uns in einen verfluchten Tempel gehen, klingt irgendwie nach …«

»Spaß?«

»Das ist genau das Wort, nach dem ich nicht gesucht habe.«

Jones ging auf die Zehenspitzen und küsste ihn. Verdammt, seine Zungenbewegungen wehten alle Gedanken hinfort, raubten ihm die Sinne.

»Lass uns in einen verfluchten Tempel gehen«, murmelte er benommen und küsste ihn erneut. Nie wieder wollte er ihn loslassen!

MAIN Verlag

Mary Bathory

Zimtküsse
und der Orden der Akasha

ISBN: 978-3-95949-147-1

Benjamin ist mit Narben gezeichnet, die eine magische Wirkung haben. Fünf Jahre nach dem Angriff ist er immer noch auf der Suche nach denjenigen, die ihm das angetan haben.
Er ist nicht der einzige. Auch die Krieger des Ordens der Akasha sind hinter ihnen her.
Micah wird nicht damit fertig, dass der Mörder der Familie seiner Schwester immer noch frei herumläuft.
Doch da ist dieser geheimnisvolle neue Nachbar, der immer sein Gesicht versteckt. Sie kommen einander näher, aber gerade als Micah glaubt, wieder glücklich sein zu können, holt ihn die Vergangenheit ein.

Viola Mignon Bierich
Prinzenherz

ISBN: 978-3-95949-191-4

Es war einmal … ein schöner Königssohn, ein Drache, eine Prinzessin und ein Frosch.

Klingt bekannt? Das dachte Raban sich auch, bevor sein Bruder, der Thronerbe, zum Frosch wurde und er nun an der Reihe war, den Drachen zu töten. Aber wie so oft kommt alles anders. Und auch Prinzessinnen sind nicht mehr das, was sie mal waren …

Ein magisches, queeres Märchen über einen Helden, der nicht nur die Probleme des Königreiches, sondern auch seine eigenen lösen muss.

Timm Seng

Glückskind im Wind

ISBN: 978-3-95949-153-2

Ein hochemotionaler Konzertmusiker. Ein cooler Banker im Anzug. Kann die zielorientierte Erfolgs-Mentalität des Bankers dem schönen Geiger helfen? Und kann der Musiker den Banker inspirieren, die emotionslose Welt der Zahlen und des Profits hinter sich zu lassen?

Beide haben ihre Dämonen zu bewältigen, jeder auf seine eigene Weise. Und beide stellen sich ihnen.

Benjamins Geige ist seine Seele und seine Musik wunderschön. Dann trifft ihn ein brutaler Schicksalsschlag und sein Leben entgleist. Denn so schön er auch spielt, seine Trauer kann er vor sich selbst nicht übertönen. Trotz allem ist er jedoch ein Glückskind, denn er findet immer wieder unerwartete Hilfe und Unterstützung.

Markus Welt besteht aus Anzügen und Euros, und zwar möglichst vielen. Trotzdem fehlt dem Banker die Erfolgsformel für das eigene Leben.

Als die beiden aufeinandertreffen, verbinden sich ihre Schicksale, während sie versuchen einander zu helfen und die Dämonen ihrer Vergangenheit gemeinsam zu besiegen. Glück fällt niemandem einfach in den Schoß, man muss dafür kämpfen …